인생사주학

인생사주학

초판 1쇄 인쇄 2012년 8월 16일
초판 1쇄 발행 2012년 8월 23일

지은이 | 강농헌, 최수천
펴낸이 | 손 형 국
펴낸곳 | (주)에세이퍼블리싱
출판등록 | 2004. 12. 1(제2011-77호)
주소 | 서울시 금천구 가산동 371-28 우림라이온스밸리 C동 101호
홈페이지 | www.book.co.kr
전화번호 | (02)2026-5777
팩스 | (02)2026-5747

ISBN 978-89-6023-958-6 03180

土

火

金

인생
사주학

木

水

강농헌
최수천 지음

ESSAY

목차

引章

　人類가 살면서 未來에 대한 궁금증은 古代나 現代나 마찬가지인 모양이다.

　필자 역시 일찍이 다가올 未來가 궁금하여 여러 先覺者분들께 解答을 구하려 했으나 明快한 答辯은 듣지 못했다. 하여 나 홀로 苦悶하던 차 어느 날 불현듯 白髮의 도사가 累家를 찾아왔다.

　나는 그가 땡중인 줄로만 알았는데 그의 말씀을 들어보니 至今까지 내가 그토록 궁금해하던 수수께끼 같은 궁금증이 한번에 解消되는 듯했다. 偶然인지 必然인지 모르지만 그 도사님은 父母님께 나를 맡아 敎育을 시키겠다고 하는 게 아닌가? 처음엔 父母님도 沈默하시다가 끝내는 許諾하셨다.

　이러한 因緣으로 만나 그날 저녁부터 나는 그 도사님으로부터 小學諺解 童蒙先習 四書三經 醫術 易術等 多樣한 學文들을 接하게 되었다. 그중에서도 내가 가장 興味로워 했던 것은 易術이었다. 남의 앞날을 점친다는 것은 나에게 있어 劃期的인 일이었다.

처음엔 도사님도 易術에 執着하는 것을 反對하셨다. 그러나 내 固執을 꺾을 수 없었는지 끝내는 許諾하셨다. 나는 그 후 命學書들을 하나씩 涉獵해 나갔다. 命理學, 紫微斗數, 奇門遁甲, 六壬, 六爻, 風水, 하락이수, 九星奇學, 月影圖, 五運六氣等……

이때 易術을 배워 至今까지 수십 년을 四柱쟁이 占쟁이 소릴 들으며 살고 있다. 이제는 이러한 命書들을 그동안 經驗한 것을 土臺로 해서 簡單히 볼 수 있는 命書로 再編著하면 좋겠다는 주위의 勸告도 있고 해서 늦게나마 命理學부터 整理해 보고자 합니다.

2012년 8월 동인천에서

강능헌, 최수천

01

역학의 기원론

    역학은 중국 삼황오제-하나라-은(상)나라-주나라(강태공)-춘추전국시대(낙녹자, 귀곡자)-한나라-위진남북조시대-수나라-당나라(이허중)-송나라(서자평, 경도, 서대승)-명나라(유백온, 만민영, 장남)-청나라(진지린, 위천리, 원수산, 심효첨, 임철초, 여춘대)-중화민국(서낙오) 등이 활동했다고 전해지는데 위에 거론된 명리술사분들이 기록해 놓은 학설들이 각자 이견이 분분하지만 그래도 기본 틀은 맥락을 같이한다고 볼 수 있다. 이허중 명서(띠 중심)부터 시작하여 서자평 이후로 지금까지 자평 명리학(일간 중심)이 주류를 이루고 있는 것이 현실이다.

02

음양오행론
陰 陽 五 行 論

　음양오행 이론은 회남자와 황제내경 등에서 처음으로 등장하는 것으로 보아 상당히 오래된 이론임에는 틀림이 없는 것 같다. 오행이 목성, 화성, 토성, 금성, 수성과 견련성이 있는지에 대해서는 언급한 책이 없다. 고대에는 태양계 행성이 태양·수성·금성·지구·화성·토성·목성·천왕성·해왕성·명왕성 등이 있는지조차 알 길이 없었을 것이다. 아무튼 음양오행이라는 것은 지구에 존재하는 물질과 우주에 존재하는 현묘한 기운이라 할 수 있겠다.

1) 음양론

　음양은 천지 만물을 만들어 내는 서로 상대되는 두 가지 성질이다. 하늘과 땅을 비롯하여 천지 만물은 모두 음양 이원으로 성립된다. 하늘과 땅이 있고, 태양과 달이 있고, 낮과 밤이 있고, 명과 암이 있고, 큰 것과 작은 것이 있고, 높은 것과 낮은 것이 있고, 딱딱한 것과 연한 것이 있고, 뜨거운 것과 찬 것이 있고, 불과 물이 있고, 돌과

나무가 있고, 숲과 사막이 있고. 살아 있는 것과 죽은 것이 있으며 수컷과 암컷이 있다. 이렇게 천지 만물은 음과 양의 이원으로 구성되어 있다. 그러므로 천지의 현상과 사물은 모두 음양으로 이루어진다는 것을 엿볼 수 있다.

2) 양의 속성론

양의 속성을 예로 든다면 하늘, 태양, 수컷, 형이상학적인 것, 밝은 것, 큰 것, 무거운 것, 강한 것, 높은 것, 움직이는 것, 열려 있는 것, 위에 있는 것, 홀수, 봄과 여름, 불, 역동적, 적극적, 즉흥적, 소비성, 긍정적, 미래지향적, 호기심, 창조, 개발, 흥분, 조급함 등이 양의 속성이라고 할 수 있다.

양의 기운을 가진 사람은 과거에 집착하지 않고 뒤끝이 없다. 또한 직설적이고 화끈하다. 무조건으로 따져보지도 않고 겉만 보고 판단하므로 때로는 손해를 보는 경우도 있다. 성격이 괄괄하므로 시비수가 많고 다혈질이라 갑자기 범죄를 저지르기도 한다.

양인은 범죄를 홧김에 저지르고 설사 계획적으로 했다 해도 금방 탄로가 난다. 양인은 비밀이 없어 두 사람 간의 비밀 대화도 금방 남에게 얘기를 해서 동네방네 다 소문이 난다.

이와 같이 양이라는 것은 감추는 것이 없고 밝히는 것이다.

씨앗 자체는 음이지만 거기서 나오는 새싹은 양이 되는 것이다.

인간은 정신이 주가 되고 몸이 객이 되며 정신은 양이 되고 몸은 음이 된다. 그러므로 인간은 정신과 몸 즉 음양이 조화를 이루어야 건강하게 살 수 있는 것이다. 또한 타고난 선천적 운명, 숙명적 운명을 음이라 한다면 후천적 행동과 긍정적 마인드, 근면 성실, 얼굴과 이름이 갖고 있는 길상 요소 등은 양이라 할 수 있다. 그러므로 이러한 음양의 요소들이 함께 어우러져 모두 작용해야만 사람의 운명이 순조롭게 펼쳐지는 것이다.

3) 음의 속성론

음의 속성을 예로 든다면 땅, 달, 암컷, 밤, 어두운 것, 작은 것, 가벼운 것, 부드러운 것, 연한 것, 순한 것, 조용한 것, 집 안, 물, 닫힌 것, 아래 있는 것, 천한 것, 가을, 겨울, 짝수, 발, 서쪽, 북쪽, 형이하학적인 것, 내성적이고 비활동적이며 집에 가만히 있기를 좋아하고 안전을 최우선으로 한다.

절약형이며 계산적이다. 남 앞에서 강력히 자기주장을 내세우지 않으며 대체로 남의 주장에 따르는 편이다.

과거 나쁜 기억을 되살리는 편이고 항상 뒤끝이 있다.

매사 부정적이고 조심조심 행동한다.

항상 돌다리도 두드려 보고 건넌다.

내면적이고 과거에 집착한다.

위와 같이 음적인 사람은 매사 부정적이고 고정관념에 사로잡혀 내면적 세계에 관심이 많아 수신자 길로 들어설 가능성이 많다.

이렇게 천지 만물은 음양의 배합으로 이루어지고 음양의 유전으로 만물은 변화한다. 천지가 있으므로 천지간의 삼라만상이 자랄 수 있고 남녀가 있으므로 인간의 새로운 생명이 탄생할 수 있다. 남자만으로 또는 여자만으로 인간의 생존을 영위할 수는 없는 것이다.

이렇게 음과 양이 배합됨으로써 만사는 조화로운 것이며 음양이 화합하지 못하면 불길한 것이다. 천지 만물이 이러하듯이 천지자연의 구성 요소인 음양의 원리는 현묘하고도 또 현묘한 것이다.

4) 오행론

동양철학에 있어서 첫째로 기본을 이루고 있는 것이 음양과 오행론이다.

음양은 태극에서 시작하고 태극은 무극에서 볼 수 없는 소립자로 형성되어 있다. 음양은 다시 4상을 낳고 4상은 다시 8괘를 형성하였다. 8괘는 다시 64괘를 만들고 64괘는 384효를 얻으니 이것을 주공과 문왕이 주나라 때 만들었다 하여 주역이라 한다.

이렇듯 음과 양은 무수히 변화를 거듭한다. 음양은 상대적 위치로 변화하는 과정에서 오행이 발생하게 된다.

음양에 오행인 목화토금수가 내재해 있고 또한 오행인 목화토금수에도 음양이 내재해 있다.

오행은 잎이 나고 꽃이 피고 열매 맺어 결실하는 과실나무에 비유되며 삼라만상의 척도라고 할 수 있으며 조직 활동과 결합 분산의 이치가 오행이다.

오행은 대우주관 및 천지간에 제반 변화 상황을 탐구 예지할 수 있는 근본이며 원리이다. 삼라만상의 모든 변화 법칙은 물론이며 철학·과학·의학·법학·정치학·경제학·천문지리학·사회학·종교학·임학·농학·산림자원학·지구과학·생물학 등 모든 제반사가 모두 오행의 법칙에 있으며 오행의 원리에서 비롯되는 것이다.

오행은 하늘의 형상과 땅의 형상으로서 태극의 무한한 에너지로서 하늘의 에너지를 받아 땅의 만물이 생겨나게 하니 生生不息으로 형상은 기와 열의 운동이 연속된다. 바로 이 기와 열이 오행인 목화토금수인 것이다.

생물의 근본이 물인데 물은 초목을 싹틔우고 성장시킨다.

나무는 봄에 사치와 향락을 마음껏 발산하고 여름에 번성한 줄기와 가지 그리고 암녹색의 그 푸르름을 맘껏 자랑하고 가을엔 견고하고 알찬 열매를 뽐내고 싶어 그 푸르던 잎을 다 떨어뜨린다.

겨울엔 그 열매가 봄에 싹이 나게 하도록 흙속에 저장시킨다. 나무는 겨울에 와서야 겸손해지고 볼품이 없어지게 된다. 웅장하던 그 기세는 다 어디로 가고…… 우리네 인생도 이와 같거늘 인생은 자연에 놀러 왔다 잠시 자연을 벗 삼아 놀다가는 것뿐 그 이상도 그 이하도 아니다.

水는 상대에게 대적하려 들지 않는다. 막으면 피해가고 높은 곳이 있으면 낮은 데로 흐른다. 물은 다른 물을 결코 거부하지 않는다. 어느 곳에서 흘러온 물이든 거부하지 않고 그 물을 맞이해서 함께 흐른다. 또한 물은 더러운 물이라고 해서 결코 거부하지 않는다. 더러운 물도 얼싸안고 함께 흐른다.

물은 위는 거들떠보지 않는다. 오직 아래를 향해 흐른다. 그러므로 물은 항상 아래를 윤택하게 한다. 그래서 물은 潤下라고 한다.

老子의 德道經에서도, 上善若水(최상의 삶은 물과 같이 사는 것이다), 水善利萬物而不爭(물은 최선을 다해 만물을 이롭게 한다. 그러나 다투지는 않는다), 處衆人之所惡故幾於道(물은 모든 사람들이 싫어하는 곳으로도 흐르므로 물은 거의 도에 가깝다), 居善地心善淵(물은 땅처럼 낮은 데에 머물고 연못과 같은 마음을 갖고 있다)이라고 얘기하고 있다.

水의 五常은 智다. 그래서 智者는 물을 좋아한다. 風水적으로도 主山이 水形이면 대체로 智者가 많이 배출된다. 水는 그 본바탕의 색이 검은 색이다. 얕은 물은 무색으로 보이지만 깊은 물은 청색으로 보이고 아주 깊은 물은 검은색으로 보인다. 水는 계절로 치면 겨울이 되고 온도는 아주 한랭하다.

木은 곧고 길게 자라기도 하고 굽고 짧게 자라기도 한다. 그래서 木은 曲直格 이라고도 한다. 木은 무한의 세포를 증식시키려 한다. 봄에 태어난 초목은 태양의 온기를 받으면서 무한정 자라고 싶어 한다. 木의 五常은 仁이다. 그러므로 仁者는 나무를 좋아한다. 風水적으로도 主山이 木形이면 대체로 文章家와 仁者가 많이 배출된다. 木의 색은 청색이며 계절로는 봄이 된다. 온기는 상승되어 따뜻하다.

火는 불이라 활활 타오르니 더위도 점점 더해진다. 그래서 火를 炎上이라고도 한다. 火의 氣勢는 너무 드세서 스스로 자제가 안 된다.

불은 火上天地를 원하며 자신의 빛을 남에게 과시하고자 한다. 불은 현실적이며 급하다. 火의 五常은 禮이다. 불을 밝히고 예의를 갖춘다. 風水적으로도 主山이 火形이면 대체로 文筆家와 孝子가 많이 배출된다. 색은 적색이고 계절로는 여름이다.

土는 씨앗을 뿌리고 가꾸어서 수확할 수 있는 곳이다. 그래서 土를 稼穡이라고 한다. 土는 만물을 생장시키므로 중앙에 제왕으로 군림한다. 土는 목화금수 모두를 감출 수 있으므로 욕심이 있고 또한 베풀기도 한다. 신용주의이며 土의 五常은 信이다. 風水적으로도 主山이 土形이면 대체로 富者와 忠臣이 많이 배출된다. 색은 황색이며 계절로는 四季에 해당된다.

金은 광물질 등을 말하며 끊고 맺음이 분명하다. 그리고 굳고 견고하다. 그래서 金을 從革이라고 한다. 또한 金 사주는 결단력이 강하며 자신의 모양을 변혁시키려 하고 새로운 일에 혁신을 기하려 한다. 金의 五常은 義이며 風水적으로도 主山이 金形이면 대체로 愛國者가 많이 배출된다. 색은 백색이며 계절로는 가을이며 온기는 서늘하다.

5) 오행의 상생상극론

자고로 동양에서는 우주의 구성 요소를 목화토금수로 이루어졌다고 하여 이것을 오행이라고 한다. 이들 오행은 한시도 쉬지 않고 반복 순환하며 움직인다. 오행이 반복 순환하며 움직일 때 음과 양이 생기며 상생, 상극, 상충 작용을 하는 것이다.

상생은 서로 친화적인 것으로 목생화·화생토·토생금·금생수·수생목 관계를 형성하고 상극은 목극토·화극금·토극수·금극목·수극화 관계를 형성하며 상충은 금목충·수화충 관계를 형성한다.

4계절로 상생상극을 보면 상생은 봄과 여름, 여름과 가을, 가을과 겨울. 겨울과 봄이며 상극상충은 봄과 가을, 여름과 겨울이다.

인간도 오행의 작용에 의하여 4계절의 영향에 지배를 받는 것이다. 인간은 정신이 주가 되고 몸이 객이 되며 정신은 양이 되고 몸은 음이 된다. 그러므로 인간은 정신과 몸 즉 음양이 조화를 이루어야 건강하게 살 수 있는 것이다.

또한 타고난 선천적 운명, 숙명적 운명을 음이라 한다면 후천적 행동과 긍정적 마인드, 근면 성실, 얼굴과 이름이 갖고 있는 길상 요소 등은 양이라 할 수 있다. 그러므로 이러한 음양의 요소들이 함께 어우러져 모두 작용해야만 사람의 운명이 순조롭게 펼쳐지는 것이다.

木(陽木陰木)=나무, 풀, 꽃 종류-천지에 존재하는 목기운(木氣運)

火(陽火陰火)=태양, 불, 빛 종류-천지에 존재하는 화기운(火氣運)

土(陽土陰土)=흙. 흙 종류-천지에 존재하는 토기운(土氣運)

金(陽金陰金)=돌, 쇠, 광물 종류-천지에 존재하는 금기운(金氣運)

水(陽水陰水)=비, 액체, 물 종류-천지에 존재하는 수기운(水氣運)

木生火, 火生土, 土生金, 金生水, 水生木

木剋土. 火剋金, 土剋水, 金剋木, 水剋火

6) 干支陰陽圖表

陽干	甲	丙	戊	庚	壬		陰干	乙	丁	己	辛	癸	
陽支	子	寅	辰	午	申	戌	陰支	丑	卯	巳	未	酉	亥

7) 干支五行圖表

五 行	木	火	土	金	水
干	甲 乙	丙 丁	戊 己	庚 辛	壬 癸
支	寅 卯	巳 午	辰戌丑未	申 酉	亥 子

8) 五行의 基礎原理圖表

五 行	木	火	土	金	水
五 常	仁	禮	信	義	智
五 色	靑	赤	黃	白	黑
五 味	酸	苦	甘	辛	鹹
五 臟	肝.膽	心血管.小腸	脾.胃.膵臟	肺.鼻.喉.大腸	腎.膀胱.子宮
五 神	靑 龍	朱 雀	黃 龍	白 虎	玄 武
五 方	東 方	南 方	中 央	西 方	北 方
四 季	春 季	夏 季		秋 季	冬 季
四 德 四 卦	元 雷	亨 離		利 兌	貞 坎
四 時	朝	晝		夕	夜
四 期	嬰幼兒期	靑壯年期		中年期	老年期
十 干	甲 乙	丙 丁	戊 己	庚 辛	壬 癸
十二支	寅 卯	巳 午	辰戌丑未	申 酉	亥 子
十 數	三.八	二.七	五.六	四.九	一.六

03

60갑자론
六十甲子論

● 연월일시를 60갑자로 표시한 것임.(위 칸은10천간이라 하고 아래 칸은 12지지라 한다)

甲	乙	丙	丁	戊	己	庚	辛	壬	癸		
子	丑	寅	卯	辰	巳	午	未	申	酉	戌	亥

1. **10천간**(天干): 갑(甲), 을(乙), 병(丙), 정(丁), 무(戊), 기(己), 경(庚), 신(辛), 임(壬), 계(癸)

2. **십이지지**(十二地支): 자(子), 축(丑), 인(寅), 묘(卯), 진(辰), 사(巳), 오(午), 미(未), 신(申), 유(酉), 술(戌), 해(亥)

예)甲子年, 甲子月, 甲子日, 甲子時 등……

時(實)	日(花)	月(苗)	年(根)
甲	甲	甲	甲
子	子	子	子
45~80세 자식, 손주, 부하, 말년을 의미함	30~45세 본인, 배우자, 내연녀, 중년을 의미함	15~30세 부모, 형제, 자매, 회사, 장년을 의미함	1~15세 조싱, 조부모, 국가, 초년을 의미함

● **根**: 만물의 근원으로서 뿌리가 있어야 싹이 나온다. 조상 및 조부모의 음덕을 살펴보고 유·소년 시절을 살펴본다.

● **苗**: 뿌리에서 나온 싹으로서 부모 형제를 살피고 청소년기를 살핀다.

● **花**: 싹이 자라서 꽃이 피는 것으로서 자기 자신과 가정, 배우자를 살피고 장년기를 살핀다.

● **實**: 꽃이 지고 열매가 열린다는 뜻으로 미래 및 자식 운을 살피고 말년 운을 살핀다.

● **육십갑자표**(六十甲子表)

甲子	乙丑	丙寅	丁卯	戊辰	己巳	庚午	辛未	壬申	癸酉
甲戌	乙亥	丙子	丁丑	戊寅	己卯	庚辰	辛巳	壬午	癸未
甲申	乙酉	丙戌	丁亥	戊子	己丑	庚寅	辛卯	壬辰	癸巳
甲午	乙未	丙申	丁酉	戊戌	己亥	庚子	辛丑	壬寅	癸卯
甲辰	乙巳	丙午	丁未	戊申	己酉	庚戌	辛亥	壬子	癸丑
甲寅	乙卯	丙辰	丁巳	戊午	己未	庚申	辛酉	壬戌	癸亥

04

십간론
十干論

陽干	甲	丙	戊	庚	壬	陰干	乙	丁	己	辛	癸

4-1 **십간** : 간(干)이란 하늘을 뜻하는 것으로 하늘(干)에 존재하는 기운 및 물질을 뜻함.

甲 : 아름드리나무(소나무, 잣나무 등)

乙 : 싹, 풀, 꽃, 넝쿨, 묘목, 작은 나무 등

丙 : 태양빛, 강력한 불 등

丁 : 태양보다 약한 불, 용광로 불, 달빛, 장작불, 촛불, 등불 등

戊 : 높고 건조한 땅

己 : 낮고 비습한 땅

庚 : 굳고 강한 돌, 암석, 쇳덩이, 대포, 장갑차 등

辛 : 작은 돌, 보석, 칼, 창, 총, 낫, 톱 등

壬 : 바다, 강물 등

癸 : 비, 구름, 안개 등

십이지론
十二支論

陽支	子	寅	辰	午	申	戌	陰支	丑	卯	巳	未	酉	亥

● 십이지란 땅을 뜻하며 땅에 있는 기운 및 물질 그리고 동물을 뜻함

子 : 쥐, 시냇물, 개천 등

　　子월은 절기가 大雪과 冬至이므로 눈이 오고 겨울의 寒기가 절정에 다다르고 水기 또한 강해 사주에 火土가 있어야 좋다.

丑 : 소, 낮고 습한 땅

　　丑월은 절기가 小寒과 大寒의 계절이므로 寒氣가 매우 강해 사주에 火기가 있어야 길하다.

寅 : 호랑이, 아름드리나무(소나무, 잣나무 등)

　　寅월의 절기는 立春과 雨水이므로 이때에 비로소 봄의 문턱에 한 발짝 다가서는 계절이므로 木氣가 강하지만 여전히 寒氣가 강해 사주에 火土가 있어야 길하다.

卯 : 토끼, 싹, 풀, 넝쿨, 꽃, 묘목, 작은 나무 등

　　卯월의 절기는 驚蟄과 春分이므로 이 시기에는 얼었던 땅이 해토되고 겨울잠을 자던 개구리가 땅 위로 나오는 계절이라 온기가 있어 역시 木氣가 강하지만 여전히 한기가 남아 있어 火土가 있어야 길하다.

辰 : 용, 넓고 습한 땅

　　辰월의 절기는 淸明과 穀雨이므로 이 시기는 밭에 씨를 뿌릴 준비를 하는 계절이다. 이때는 온기가 강하여 木氣가 매우 강하다. 그러나 습토에 한기가 조금 남아 있어 여전히 火氣가 필요한 상태다.

巳 : 뱀, 큰불, 산불, 강력한 불 등

　　巳월의 절기는 立夏와 小滿이므로 火기가 강해 농작물의 재배가 용이하다. 木기 또한 무성하다. 火기가 강하므로 水氣가 있어야 좋다.

午 : 말, 약한 불, 용광로 불, 촛불, 등불, 모닥불 등

　　午월의 절기는 芒種과 夏至이므로 이 시기는 火기가 극에 달하고 보리타작을 하는 시기이다 火기가 매우 강해 반드시 水기를 필요로 한다.

未 : 양, 낮고 건조한 땅

　　未월은 小暑와 大暑이므로 火기가 강하고 매우 덥다. 또한 燥土이므로 반드시 水기가 있어야 좋다. 만약 水기가 없다면 모든 식물은 枯死하게 된다. 다행히도 한국은 큰비가 未월에 내

려 가뭄을 해소하게 되니 이 또한 기쁘지 아니한가?

申 : 원숭이, 큰 돌, 광석, 바위, 쇳덩이 등

申월은 절기상 立秋와 處暑이므로 비로소 가을 문턱에 들어
선 것이지만 여전히 화기가 남아 있어 덥고 습하다. 그러나 이
시기에 火기를 식히기 위해 水기가 필요한 것은 아니다. 이 시
기에 비가 내려 火기를 식히면 작물이 부실해진다.

酉 : 닭, 칼, 톱, 총, 작은 돌, 쇠 등

酉월은 白露와 秋分이 있어 비로소 찬 이슬이 내리고 가을의
진정한 기운을 느끼게 하는 계절이다. 이 시기에 오곡백과가
익어가는 계절이므로 火기가 필요하다. 만약 이때 비가 오면
작물은 낭패를 보게 된다.

戌 : 개, 넓고 건조한 땅

戌월은 寒露와 霜降이 있어 찬 이슬과 찬 서리가 내리는 계절
이므로 火기가 필요하다. 이 시기는 水기는 필요 없고 오로지
火기만 필요하다.

亥 : 돼지, 바다, 강물 등

亥월은 立冬과 小雪이 있어 비로소 겨울 문턱에 들어서는 계
절이며 겨울의 상징인 눈이 내리는 계절이므로 모든 작물은
휴식기에 들어가게 된다. 이 시기에 작물을 키우려면 반드시
火기를 보존시켜야 한다.

06

합
合

● (육합, 삼합, 방합, 간합) : 오행의 물질이 2개 또는 3개가 합쳐 화
학적 변화를 일으키는 것.

1) 육합(六合)

◉子丑合化土

壬	癸	己	庚
子	丑	丑	子

◉寅亥合化木

癸	戊	丙	己
亥	寅	寅	亥

◉卯戌合化火

癸	壬	壬	癸
卯	戌	戌	卯

◉辰酉合化金

乙	庚	癸	甲
酉	辰	酉	辰

◉ 巳申合化水

戊	丁	甲	乙
申	巳	申	巳

◉ 午未合化火

甲	辛	丙	丁
午	未	午	未

2) 三合

◉ 寅午戌合化火

戊	庚	丙	壬
寅	戌	午	寅

◉ 申子辰合化水

壬	戊	甲	戊
子	辰	子	申

◉ 巳酉丑合化金

己	己	乙	乙
巳	丑	酉	巳

◉ 亥卯未合化木

辛	己	癸	丁
未	亥	卯	未

3) 방합(方合)

◈ 寅卯辰合化木

甲	癸	丙	甲
寅	卯	寅	辰

◈ 巳午未合化火

庚	己	丙	丁
午	未	午	未

◈ 申酉戌合化金

丙	庚	乙	庚
戌	申	酉	戌

◈ 亥子丑合化水

辛	壬	辛	辛
亥	子	丑	亥

4) 간합(干合)

◈ 甲己合化土

甲	己	己	甲
子	酉	巳	子

● 甲己合: 너그럽고 남과 타협을 잘하며 맡은 바 책무를 성실히 수
  행하며 타인으로부터 신임을 받는다.

● 甲일간이 己와 합하면 정직하고 신의가 있으며 활동성은 부족

한 편이다.

● 己일간이 甲과 합하면 신의는 부족한 편이나 일처리는 깔끔하며 대인관계가 원만하고 사회 활동을 잘하는 편이다.

● 사주에 甲己가 하나 이상 있으면 행실이 부정한 면이 많은 편이다.

⊛ 乙庚合化金

庚	乙	乙	庚
辰	酉	酉	午

● 乙庚合: 사주에 을경합이 있으면 성품이 강직하고 용감하며 주관이 뚜렷하고 선행을 베풀기도 한다. 그러나 칠살이 1개 이상 있으면 무정하고 인색한 편이다.

● 乙일간이 庚과 합하면 예의와 결단성이 부족하게 된다.

● 庚일간이 己와 합하면 의가 부족하며 자기주장이 강하게 된다.

⊛ 丙辛合化水(貪合忘克)

辛	丙	壬	丁
卯	子	子	亥

● 丙辛合: 사주에 병신합이 있으면 비굴하고 이기적이고 유흥을 즐기는 편이다.

● 丙일간이 辛과 합하면 지혜롭지만 건방진 행동을 하게 된다.

● 辛일간이 병과 합하면 마음의 안정이 온다.

◎丁壬合化木

丁	壬	壬	丁
未	辰	寅	亥

- 사주에 정임합이 있으면 성정이 감성적이며 자신을 과대평가하는 경향이 있으며 칠살이 1개 이상 있으면 주색을 좋아하게 된다.
- 丁일간이 壬과 합하면 소심하고 질투심이 있고 허영심이 싹튼다.
- 壬일간이 丁과 합하면 신의가 부족하게 된다.

◎戊癸合化火

癸	戊	戊	癸
丑	午	午	巳

- 戊癸合: 사주에 戊癸합이 있으면 남녀가 무정해지고 허영심이 싹트게 된다.
- 戊일간이 癸와 합하면 총명해지나 냉정해지기도 한다.
- 癸일간이 戊와 합하면 매사 십중팔구 용두사미가 된다.

07

충
冲

- 서로 맞부딪치다. 찌르다. 칠살이라고도 하며 파괴, 파산, 분리, 질병, 흉사가 발생하기도 한다. 寅申巳亥는 충을 꺼리며 충을 하면 성정이 괴팍해지기도 한다. 辰戌丑未는 충이 있어야 길 작용을 하기도 하며 형제간에 돈으로 인한 다툼이 일어나기도 한다. 子午卯酉가 충이 되면 명예가 실추되기도 하며 일신이 불안정하고 타관살이를 하게 된다.

- 천간상호간은 극이라 하며 지지상호간은 충이라 한다.

  천간이 지지를 극하면 50%가 흉하지만 지지가 천간을 극하면 90%가 흉하다. 천간끼리의 충극은 지지를 흔들기에는 미약하지만 지지끼리의 충극은 뿌리가 흔들려서 천간이 위태롭게 된다.

- 왕자를 충하면 내가 쇠약해지고 쇠한 자를 충하면 내가 왕해진다.

  희신을 충하면 흉해지고 흉신을 충하면 길하게 된다.

  칠살 때문에 신약해진 사주의 주인공은 평생 잔병치레를 하게 되며 일생을 고통 속에서 살게 되는 경우가 많다.

相冲은 가까운 천간이나 지지끼리 하게 되고 멀리 있는 천간
이나 지지끼리는 하지 않는다.

충은 월지충이 가장 흉하며 공망을 충하면 도리어 길하게 되고
합을 충하면 합이 깨진다.

년주와 월주가 충하면 일찍 객지생활을 해야 길하고 부모 형제
지간에 문제가 발생하며 인연이 박해진다.

시주와 일주가 상충하면 자손과의 인연이 박해진다.

◎ 甲庚冲

庚	甲	甲	庚
午	申	申	子

◎ 乙辛冲

辛	乙	辛	乙
巳	亥	巳	巳

◎ 丙壬冲

壬	丙	壬	丙
辰	寅	辰	午

◎ 丁癸冲

癸	丁	丁	癸
卯	卯	巳	丑

❀子午冲

庚	甲	甲	戊
午	子	子	午

❀丑未冲

丁	乙	丁	己
丑	未	丑	未

❀寅申冲

戊	壬	丙	丙
申	寅	申	寅

❀卯酉冲

辛	辛	丁	己
卯	酉	卯	酉

❀辰戌冲

丙	庚	庚	庚
戌	辰	辰	戌

❀巳亥冲

辛	乙	癸	辛
巳	亥	巳	亥

형
刑

● 三刑: 형극하다. 自刑: 자기 자신을 스스로 형극하는 것.

형은 조직의 질서 유지를 위해 필요한 것이다.

형이면서 격국이 좋으면 법조계나 의사, 감사 방면으로 성공하게 되며 격국이 좋지 않으면 불량배가 된다.

형은 내가 남을 구속하거나 내가 남에게 구속당하게 되는 것으로 사주에서 멀리 있어도 이루어지며 2개의 형만 있어도 작용이 일어난다.

천울귀인이 사주에 있으면 형의 작용이 흉은 감소되고 길은 증가된다. 형이 용신이나 희신이 되면 길하고 기신이나 흉신이 되면 흉하게 된다.

1) 三刑

a. 丑戌未三刑(2개만 있어도 형이 성립된다. 例: 戌未刑. 丑戌刑)

배은망덕하다 하여 무은지형이라 하며 성품이 냉혹하여 은

인이나 친구를 배신하게 되며 부정한 일을 스스럼없이 저지르게 된다.

辛	丁	壬	癸
丑	未	戌	丑

b. 寅巳申三刑(2개만 있어도 형이 성립된다. 例: 寅巳刑. 巳申刑)

지세지형으로서 자신의 세만 믿고 까불다 개망신만 당하게 된다.

丙	甲	己	甲
寅	申	巳	寅

c. 子卯刑 : 無禮之刑(卯가 어머니인 子를 형극하기 때문임)

무례지형으로 성질이 더럽고 예의가 없으며 남에게 피해를 주게 된다.

丙	乙	己	庚
子	卯	卯	子

2) 自刑 : 형제간에 우애가 약하며 심지가 약해 우울증에 걸리기 쉽다.

a. 辰辰自刑

甲	甲	戊	甲
子	寅	辰	辰

b. 午午自刑

丙	乙	甲	丙
子	丑	午	午

c. 酉酉自刑

辛	癸	己	庚
酉	酉	丑	子

d. 亥亥自刑

癸	癸	乙	戊
亥	亥	丑	申

09

파
破

● **깨뜨리다. 망치다. 파괴하다.**

❀子酉破

인륜을 파하기도 하며 부부간에 정이 약하다.

戊	辛	丁	庚
子	酉	酉	子

❀丑辰破

인덕이 약하고 관재구설과 질병으로 고생하게 된다.

甲	丁	丁	甲
辰	丑	丑	辰

❀寅亥破

합이 먼저 이루어지므로 파의 작용은 약하다.

乙	甲	己	乙
亥	申	卯	巳

◉ 卯午破

명예가 실추되며 주색잡기에 빠지기도 한다.

사업도 실패하며 크게 성공하기가 어렵다.

戊	癸	辛	丙
午	卯	卯	午

◉ 巳申破

합이면서 파가되므로 처음은 합의작용으로 흉은 모면하나 나중엔 파의 작용으로 패가망신하게 되기도 한다.

己	己	庚	戊
巳	巳	申	申

◉ 戌未破

형이면서 파가 되어 흉이 가중된다.

구설수 시비수 관재수가 발생하기도 한다.

丁	壬	癸	庚
未	戌	未	戌

해
害

● 방해하다. 간접적인 피해를 유발한다.

◉ 子未害

육친 간 불화를 초래하며 육친과 떨어져 살며 일이 꼬이며 성
공하기 어려워진다. 관재구설수가 따른다.

戊	辛	丁	壬
子	未	未	子

◉ 丑午害

남에게 지기 싫어하고 동기간 부부간에 화목하지 못하다.

庚	己	乙	庚
午	丑	丑	午

◉ 寅巳害

刑이면서 害이므로 흉이 더 크다. 시비구설수 형액재액 등이
생기기도 한다.

癸	丙	壬	丁
巳	寅	寅	巳

◉ 卯辰害

가까운 사람으로부터 배신을 당할 수이며 골육상쟁이 일어나
기도 한다.

戊	己	丁	甲
辰	卯	卯	辰

◉ 申亥害

자연재해(불, 바람, 물 등)로 인한 피해를 당할 수며 특히 교통
사고를 조심해야 한다.

壬	己	甲	辛
申	亥	午	丑

◉ 酉戌害

시기심과 질투심이 많은 편이다

丁	丙	丁	癸
酉	戌	巳	卯

11

공망 (空 亡)
天 中 殺

- 복(덕)이 없다는 뜻이다.(간지가 서로 짝을 이뤄 갑에서 계까지 짝을 이루고 남는 지지가 공망이다.)
- 음양이론에서는 짝이 없으면 공허하고 자식을 낳아 기를 수 없으므로 그 집안은 망한다는 이론이다.
- 공망은 형충파해를 만나면 해소된다.
- 년지가 공망이면 조상으로부터 물려받은 재산이 빈약하기도 하며 또한 물려받아도 오래 지키지 못한다.
- 월지가 공망이면 부모 유산이 빈약하며 설상 있다 해도 오래 지키기 어려우며 또한 부모 형제의 도움이 약한 편이다.
- 일지가 공망이면 자신의 성공이 어려우며 처덕 또한 빈약한 편이다.
- 시지가 공망이면 말년이 흉하며 자식 덕이 빈약하다.
- 재성이 공망이면 재물 운이 약하며 남자는 처덕이 약하게 된다.
- 건록이 공망이면 입신양명하기가 어렵다.
- 인수공망은 부모덕이 약하며 어려운 가운데서도 공부를 하면

공부로 성공할 수 있다.

- 식신공망은 평생 복이 빈약하며 게으른 편이고 사업을 해도 성공하기 어려우며 여자는 자식 덕이 빈약한 편이다.
- 비겁이 공망이면 평생 벗다운 벗이 없으며 친구나 동료로부터 손해를 보게 된다.
- 공망이 행운에서 또 공망을 만나면 공망이 해소된다.
- 일지나 월지가 화개살이고 그 화개살이 공망이면 학문, 예술, 기술 방면으로 성공할 수다.
- 과숙살이 공망이면 평생 고독하다.
- 사주에 공망이 2개이면 평생 성공이 어렵게 된다.

11-1 절로공망

사주에 절로공망이 있으면 평생 어렵게 살게 된다.
- 예) 甲己 일간에 申酉 시이면 절로공망이다.

절로공망표

일간	甲己	乙庚	丙辛	丁壬	戊癸
시지	申酉	午未	辰巳	寅卯	子丑

(아래 공망 표는 일주 기준임.)

甲子	乙丑	丙寅	丁卯	戊辰	己巳	庚午	辛未	壬申	癸酉	공戌	망亥
甲戌	乙亥	丙子	丁丑	戊寅	己卯	庚辰	辛巳	壬午	癸未	공申	망酉
甲申	乙酉	丙戌	丁亥	戊子	己丑	庚寅	辛卯	壬辰	癸巳	공午	망未
甲午	乙未	丙申	丁酉	戊戌	己亥	庚子	辛丑	壬寅	癸卯	공辰	망巳
甲辰	乙巳	丙午	丁未	戊申	己酉	庚戌	辛亥	壬子	癸丑	공寅	망卯
甲寅	乙卯	丙辰	丁巳	戊午	己未	庚申	辛酉	壬戌	癸亥	공子	망丑

조 후
調 候

⦿ 기후와의 조화를 말함인데 추울 때 태어나면 따뜻함(火)이 있어야 좋고 더울 때 태어나면 서늘함(金水)이 있어야 좋고 습하면 건조함 (火)이 있어야 좋고 건조하면 습함(水)이 있어야 좋다는 것이다.

1. 습한 사주: 따뜻함(火)이 있어야 좋다.

丙	壬	壬	辛
午	辰	辰	丑

2. 추운 사주 : 따뜻함(火)이 있어야 좋다.

丙	壬	壬	壬
午	辰	子	子

3. 건조한 사주 : 서늘함(金水)이 있어야 좋다.

壬	甲	丙	庚
申	午	戌	戌

4. 뜨거운 사주 : 차가운 물(水)이 있어야 좋다.

壬	丁	甲	丙
子	巳	午	午

상생상극론
相 生 相 剋 論

1) **상생론(相生論)** : 내가 남을 살려준다는 것이다.

木生火 — 火生土 — 土生金 — 金生水 — 水生木

상생이란 목은 화를 생해주고

화는 토를 생해주고

토는 금을 생해주고

금은 수를 생해주고

수는 목을 생해준다는 이론이다.

2) **상극론(相剋論)** : 상극이란 내가 살기 위해 남을 친다는 것이다.

木克土---土克水---水克火---火克金---金克木

상극이란 목은 토를 극하고

토는 수를 극하고

수는 화를 극하고

화는 금을 극하고

금은 목을 극한다는 이론이다.

3) 상충론(相沖論) : 두세간의 서로 이권을 위해 충돌하는 것이다.

甲庚沖 — 乙辛沖 — 丙壬沖 — 丁癸沖

子午沖 — 辰戌沖 — 寅申沖 — 巳亥沖 — 丑未沖

사주(四柱) 세우는 법

a. 사주는 태어난 연월일시의 천간지지의 네 기둥을 말하며 만세력을 보고 당사자가 태어난 연월일시를 찾아 세로로 우측부터 년주 월주 일주 시주를 차례로 써나간다.

예) 2032년 12월 1일 음력 야자시를 보면

시 일 월 년

壬 壬 壬 壬

子 子 子 子

b. 만세력에서 월주를 찾을 때는 당사자의 생일이 절입일이 지났으면 절입 이후의 간지를 쓰고 절입일이 지나지 않았으면 절입 전의 간지를 쓴다. 그러므로 입춘이 지나야 한 살을 더 먹는 것이다. 입춘이 안 지났으면 전년도 간지를 써야 한다. 시주 찾는 법은 일간이 임이니 임과 합이 되는 것은 정이니 정임합화목이 되므로 목을 극하는 오행금의 양간(庚)을 찾아 자시부터 庚子·辛丑·壬寅·癸卯·甲

辰·乙巳·丙午·丁未·戊申·己酉·庚戌·辛亥·壬子시가 되는 것이다.

子시라면

시	일	월	년
庚	壬	壬	壬
子	子	子	子

丑시라면

시	일	월	년
辛	壬	壬	壬
丑	子	子	子

寅시라면

시	일	월	년
壬	壬	壬	壬
寅	子	子	子

卯시라면

시	일	월	년
癸	壬	壬	壬
卯	子	子	子

辰시라면

시	일	월	년
甲	壬	壬	壬
辰	子	子	子

15

육친론
六 親 論

a. **본인별** : 본인별은 日干을 뜻함(일간이 木이면 木성, 火면 火성, 土면 土성, 金이면 金성, 水면 水성임.

b. **비견(比肩)** : 나와 어깨를 나란히 한다는 뜻으로서 형제, 자매, 친구, 동료, 동업자, 동지, 지간이다.
본인별과 음양오행이 동일한 것을 말함.

예) 본인별이 木성이고   甲이면 甲과 인이 比肩이고

乙이면 乙과 卯가 比肩이다.

본인별이 火성이고   丙이면 丙과 巳(體는 陰이지만

用은 陽이 된다)가 比肩이고

丁이면 丁과 午(體는 陽이지만

用은 陰이 된다)가 比肩이다.

본인별이 土성이고   戊이면 戊와 辰戌이 比肩이고

己이면 己와 丑未가 比肩이다.

본인별이 金성이고   庚이면 庚과 申이 比肩이고

辛이면 辛과 酉가 比肩이다.

본인별이 水성이고　壬이면 壬과 亥(體는 陰이지만

用은 陽이 된다)가 比肩이고

癸이면 癸와 子(體는 陽이지만

用은 陰이 된다)는 比肩이다.

c. 겁재(劫財) : 겁재는 본인별과 오행이 같고 음양이 다른 것으로
나의 재물을 뺏어가므로 나쁘다. 그러나 좋은 점도 있다.

　　　본인별이 木성이고　甲이면 乙과 卯가 劫財이고

乙이면 甲과 寅이 劫財이다.

　　　본인별이 火성이고　丙이면 丁과 午가 劫財이다.

丁이면 丙과 巳가 劫財이다.

　　　본인별이 土성이고　戊이면 己와 丑未가 劫財이다.

己이면 戊와 辰戌이 劫財이다.

　　　본인별이 숲성이고　庚이면 辛과 酉가 劫財이다.

辛이면 庚과 申이 겁재이다.

　　　본인별이 水성이고　壬이면 癸와 子가 劫財이고

癸이면 壬과 亥가 劫財이다.

d. 식신(食神) : 본인별이 생해주는 것으로서 오행이 다르고 음양
이 같은 것으로 재물을 생해주며 남녀 모두 재능을 발휘.

사업, 연극, 연주, 강의, 기술 등등으로 식신이 너무 많으면 오히려 재물이 나가며 벌여놓은 일이 꼬이며 건강 또한 나쁘게 되므로 건강관리에 신경 써야 한다.

식신이 많으면 벌여 놓기만 하고 마무리는 서투르다. 또한 오지랖이 넓고 명랑 쾌활한 면도 있다.

본인별이 木성이고　甲이면 丙과 巳가 食神이고

乙이면 丁과 午가 食神이다.

본인별이 火성이고　丙이면 戊와 辰戌이 食神이고

丁이면 己와 丑未가 食神이다.

본인별이 土성이고　戊이면 庚과 申이 食神이고

己이면 辛과 酉가 食神이다.

본인별이 金성이고　庚이면 壬과 亥가 食神이고

辛이면 癸와 子가 食神이다.

본인별이 水성이고　壬이면 甲과 寅이 食神이고

본인별이 水성이고　癸이면 乙과 卯가 食神이다.

e. 상관(傷官) : 본인이 생해주면서 오행과 음양이 다른 것.

자기의 감춰진 끼를 발산하고 능력을 발휘하는 것.

관을 친다고 하여 남자는 직장생활을 오래하는 데 지장이 있고 여자는 남편을 치기 때문에 원만한 가정생활을 하는 데 있어 애로사항이 많다.

또한 여자에겐 자식이 된다.

전문직이나 프리랜서가 좋고 재물을 생해주므로 좋은 면이 있
으나 왕상하면 좋고 휴수되면 나쁘다.

본인별이 木성이고 甲이면 丁과 午가 傷官이고

본인별이 木성이고 乙이면 丙과 巳가 傷官이다.

본인별이 火성이고 丙이면 己와 丑未가 상관이고

본인별이 火성이고 丁이면 戊와 辰戌이 傷官이다.

본인별이 土성이고 戊이면 辛과 酉가 傷官이고

본인별이 土성이고 己이면 庚과 申이 傷官이다.

본인별이 金성이고 庚이면 癸와 子가 傷官이고

본인별이 金성이고 辛이면 壬과 亥가 傷官이다.

본인별이 水성이고 壬이면 乙과 卯가 傷官이고

본인별이 水성이고 癸이면 甲과 寅이 傷官이다.

f. **정재(正財)** : 정재는 본인별이 극하는 별로서 오행과 음양이 다
른 것이다.

남자에겐 처가 되고 남녀 모두 재산이다. 월급이나 소규모의 돈
이며 생활비나 얼마간의 저축할 수 있는 돈이며 내가 노력해야
만 얻는 돈이다.

왕상하면 소유할 수 있고 휴수되면 남의 것이 되기도 한다.

정재는 정직하고 성실함을 나타내기도 한다.

본인별이 木성이고 甲이면 己와 丑未가 正財이고

본인별이 木성이고 乙이면 戊와 辰戌이 正財이다.

본인별이 火성이고 丙이면 辛과 酉가 正財이고

본인별이 火성이고 丁이면 庚과 辛이 正財이다.

본인별이 土성이고 戊이면 癸와 子가 正財이고

본인별이 土성이고 己이면 壬과 亥가 正財이다.

본인별이 金성이고 庚이면 乙과 卯가 正財이고

본인별이 金성이고 辛이면 甲과 寅이 正財이다.

본인별이 水성이고 壬이면 丁과 午가 正財이고

본인별이 水성이고 癸이면 丙과 巳가 正財이다.

g. **편재(偏在)** : 편재는 본인별이 극하는 별로서 오행이 다르고 음
양이 같은 것이다.

남녀 모두 재산과 아버지에 속하고 남자는 애인이 된다.

남녀 모두 월급 이외에 돈이고 복권 당첨금, 주식거래로 번 돈.
게임을 해서 번 돈 등으로 왕상하면 소유할 수 있지만 휴수되
면 남의 돈이 된다.

남녀 모두 사업가나 CEO 등으로 활동하면 좋다.

본인별이 木성이고 甲이면 戊와 辰戌이 偏財이고

본인별이 木성이고 乙이면 己와 丑未가 偏財이다.

본인별이 火성이고 丙이면 庚과 申이 偏財이고

본인별이 火성이고 丁이면 辛과 酉가 偏財이다.

본인별이 土성이고 戊이면 壬과 亥가 偏財이고

본인별이 土성이고 己이면 癸와 子가 偏財이다.

본인별이 金성이고 庚이면 甲과 寅이 偏財이고

본인별이 金성이고 辛이면 乙과 卯가 偏財이다.

본인별이 水성이고 壬이면 丙과 巳가 偏財이고

본인별이 水성이고 癸이면 丁과 午가 偏財이다.

h. **정관(正官)** : 본인별을 극하는 별로서 오행이 다르고 음양이 다른 것으로 구속력이 있고 여자에겐 남편이요 남녀 모두 명예이고 직장이다.

정관이 없으면 남녀 모두 직장 운이 약하고 여자는 남편 덕이 약할 수 있다.

왕상하면 관을 취할 수 있고 휴수되면 관을 잃을 수 있다.

본인별이 木성이고 甲이면 辛와 酉가 正官이고

본인별이 木성이고 乙이면 庚과 申이 正官이다.

본인별이 火성이고 丙이면 癸와 子가 正官이고

본인별이 火성이고 丁이면 壬과 亥가 正官이다.

본인별이 土성이고 戊이면 乙과 卯가 正官이고

본인별이 土성이고 己이면 甲과 寅이 正官이다.

본인별이 金성이고 庚이면 丁과 午가 正官이고

본인별이 金성이고 辛이면 丙과 巳가 正官이다.

본인별이 水성이고 壬이면 己와 丑未가 正官이고

본인별이 水성이고 癸이면 戊와 辰戌이 正官이다.

i. **편관(偏官)** : 본인별을 극하는 별로서 오행이 다르고 음양이 같
은 것으로서 구속력이 있고 여자에겐 애인이며 남자를 많이 상
대할 수도 있다

남자에겐 자식이 되며 남녀 모두 프리랜서 및 전문가가 좋다.

본인별이 木성이고 甲이면 庚과 申이 偏官이고

본인별이 木성이고 乙이면 辛과 酉가 偏官이다.

본인별이 火성이고 丙이면 壬과 亥가 偏官이고

본인별이 火성이고 丁이면 癸와 子가 偏官이다.

본인별이 土성이고 戊이면 甲과 寅이 偏官이고

본인별이 土성이고 己이면 乙과 卯가 偏官이다.

본인별이 金성이고 庚이면 丙과 巳가 偏官이고

본인별이 金성이고 辛이면 丁과 午가 偏官이다.

본인별이 水성이고 壬이면 戊와 辰戌이 偏官이고

본인별이 水성이고 癸이면 己와 丑未가 偏官이다.

j. **정인(正印)** : 본인별을 생해주는 별로서 오행이 다르고 음양이
다른 것으로 남녀 모두 어머니에 해당하고 권위로 보며 문서 학

문으로 본다. 정인이 있으면 문서나 공부하는 데 좋고 정인이 없으면 문서나 공부 운이 안 좋다.

왕상하면 좋고 휴수되면 나쁘다.

> 본인별이 木성이고 甲이면 癸子가 正印이고
>
> 본인별이 木성이고 乙이면 壬亥가 正印이다.
>
> 본인별이 火성이고 丙이면 乙卯가 正印이고
>
> 본인별이 火성이고 丁이면 甲寅이 正印이다.
>
> 본인별이 土성이고 戊이면 丁午가 正印이고
>
> 본인별이 土성이고 己이면 丙巳가 正印이다.
>
> 본인별이 金성이고 庚이면 己丑未가 正印이고
>
> 본인별이 金성이고 辛이면 戊辰戌이 正印이다.
>
> 본인별이 水성이고 壬이면 辛酉가 正印이고
>
> 본인별이 水성이고 癸이면 庚申이 正印이다.

k. 편인(偏人) : 본인별을 생해주는 별로서 오행이 다르고 음양이 같은 것으로 남녀 모두 부모의 정이 약하고 편모슬하와 같다. 기예나 술사, 강사, 학원 운영 및 전문가가 좋다.

> 본인별이 木성이고 甲이면 壬亥가 偏人이고
>
> 본인별이 木성이고 乙이면 癸子가 偏人이다.
>
> 본인별이 火성이고 丙이면 甲과 寅이 偏人이고

본인별이 火성이고 丁이면 乙과 卯가 偏人이다.

본인별이 土성이고 戊이면 丙과 巳가 偏人이고

본인별이 土성이고 己이면 丁과 午가 偏人이다.

본인별이 金성이고 庚이면 戊와 辰戌이 偏人이고

본인별이 金성이고 辛이면 己와 丑未가 偏人이다.

본인별이 水성이고 壬이면 庚과 申이 偏人이고

본인별이 水성이고 癸이면 辛과 酉가 偏人이다.

16

지 장 간
支 藏 干

● 땅속에 저장되어 있는 기운으로서 농부들이 농사를 지을 때 이
 러한 기운을 참조했다고 함.
 지장간은 절기와 밀접한 관련이 있다. 사주를 볼 때도 지장간을
 보고 그 기운을 논함으로 꼭 외워두어야 한다.

16-1 지장간 표

支期	子壬	丑癸	寅戌	卯甲	辰乙	巳戊	午丙	未丁	申戊	酉庚	戌辛	亥戊
초기	10일 1시간	09일 3시간	07일 2시간	10일 3시간	09일 3시간	07일 2시간	10일 0시간	09일 3시간	07일 2시간	10일 3시간	09일 3시간	07일 2시간
중기		辛 03일 1시간	丙 07일 2시간		癸 03일 1시간	庚 07일 3시간	己 10일 1시간	乙 03일 1시간	壬 07일 2시간		丁 03일 1시간	甲 07일 1시간
정기	癸 20일 2시간	己 18일 6시간	甲 16일 5시간	乙 20일 6시간	戊 18일 6시간	丙 16일 5시간	丁 11일 2시간	己 18일 6시간	庚 16일 5시간	辛 20일 6시간	戊 18일 6시간	壬 16일 5시간

17

시간조견표
時 間 早 見 表

生時	日干	甲己	乙庚	丙辛	丁壬	戊癸
朝子時	00:30 ~01:30분	甲子	丙子	戊子	庚子	壬子
丑	01:30 ~03:30분	乙丑	丁丑	己丑	辛丑	癸丑
寅	03:30 ~05:30분	丙寅	戊寅	庚寅	壬寅	甲寅
卯	05:30 ~07:30분	丁卯	己卯	辛卯	癸卯	乙卯
辰	07:30 ~09:30분	戊辰	庚辰	壬辰	甲辰	丙辰
巳	09:30 ~11:30분	己巳	辛巳	癸巳	乙巳	丁巳
午	11:30 ~13:30분	庚午	壬午	甲午	丙午	戊午
未	13:30 ~15:30분	辛未	癸未	乙未	丁未	己未
申	15:30 ~17:30	壬申	甲申	丙申	戊申	庚申
酉	17:30 ~19:30분	癸酉	乙酉	丁酉	己酉	辛酉
戌	19:30 ~21:30분	甲戌	丙戌	戊戌	庚戌	壬戌
亥	21:30 ~23:30분	乙亥	丁亥	己亥	辛亥	癸亥
夜子時	23:30 ~00:30분	丙子	戊子	更子	壬子	甲子

월건조견표(月建早見表)

月\年	1月	2月	3月	4月	5月	6月	7月	8月	9月	10月	11月	12月
甲己年	丙寅	丁卯	戊辰	己巳	庚午	辛未	壬申	癸酉	甲戌	乙亥	丙子	丁丑
乙庚年	戊寅	己卯	庚辰	辛巳	壬午	癸未	甲申	乙酉	丙戌	丁亥	戊子	己丑
丙辛年	庚寅	辛卯	壬辰	癸巳	甲午	乙未	丙申	丁酉	戊戌	己亥	庚子	辛丑
丁壬年	壬寅	癸卯	甲辰	乙巳	丙午	丁未	戊申	己酉	庚戌	辛亥	壬子	癸丑
戊癸年	甲寅	乙卯	丙辰	丁巳	戊午	己未	庚申	辛酉	壬戌	癸亥	甲子	乙丑

17-2 이십사절후표(二十四節候表)

陽月	2月	3월	4월	5월	6월	7월	8월	9월	10월	11월	12월	1월
節	立春	驚蟄	淸明	立夏	芒種	小暑	立秋	白露	寒露	立冬	大雪	小寒
서울 基準 日出時	07:34	06:57	06:13	05:32	05:11	05:17	05:41	06:08	06:34	07:04	07:33	07:47
日沒時	17:59	18:30	18:58	19:27	19:50	19:56	19:34	18:51	18:04	17:30	17:13	17:28
候	雨水	春分	穀雨	小滿	夏至	大暑	處暑	秋分	霜降	小雪	冬至	大寒
서울 基準 日出時	07:17	06:35	05:51	05:19	05:11	05:28	05:54	06:21	06:48	07:20	07:44	07:44
日沒時	18:15	18:45	19:12	19:19	19:57	19:48	19:15	18:29	17:44	17:17	17:17	17:42

대운론
大 運 論

◉ 대운은 사람의 운명을 10년간 지배하므로 10년씩 끊어서 계산
한다.

월주를 기점으로 음남양녀는 역방향으로 1운, 2운, 3운, 4운, 5운, 6
운, 7운으로 해서 10년씩 끊어가고 양남 음녀는 순방향으로 1운, 2운,
3운, 4운, 5운, 6운, 7운으로 해서 10년씩 끊어간다.

1. 甲丙戊庚壬年은 陽이고 乙丁己辛癸年은 陰이다.

2. 양남음녀는 순행이므로 출생일부터 다음 절기까지 날짜와 시
간을 모두 세어서 날짜와 시간을 3으로 나누어서 나머지가 1일 12
시간 이상이면 1을 더하고 나머지가 1일 12시간 미만이면 나머지를
버린다.

예를 들어 날짜와 시간을 계산해서 7일 15시간이 나왔다면 이것
을 3으로 나누면 1일 15시간이 나머지가 되므로 이는 1일 12시간 이
상이 되므로 계산해서 나온 대운수에 1을 더한다.

예를 들어 날짜와 시간을 계산해서 6일 15시간이 나왔다면 이것
을 3으로 나누면 15시간이 나머지가 되므로 이는 1일 12시간 미만

이므로 대운에 포함시키면 안 된다.

예 1.

남 양력 2050. 09. 30일 05시 00분생은 경오생이므로 양남이 되어 다음 절기까지 세어서 가면 다음 절기가 한로인데 절입일이 10월 8일 14시 10분이므로 2050. 10. 8. 14:10에서 2050. 9. 30. 05:00을 빼면 09:10:00이 나머지가 되므로 이는 1일 12시간 미만이 되므로 대운에 삽입하면 안 된다. 그러므로 대운은 그대로 3이 되는 것이다.

예 2.

여 양력 2050. 09. 30. 05:00분생은 경오생이므로 양녀가 되어 지난 절기까지 세어서 가면 지난 절기가 백로가 되는데 절입일이 8. 7. 04:27분이다. 2050. 09. 30. 05:00에서 2050. 8. 7일 04:27분을 빼면 2일 00시간 33분 00초가 되므로 2일 00시 33초가 되므로 대운에 포함시킨다. 그러므로 대운이 7인데 1을 더해 8이 되는 것이다.

예 3. 음녀는 예)1과 동일하고 음남은 예)2와 동일함.

통변론
通變論

통변 일간	比肩	劫財	食神	傷官	偏財	正財	偏官	正官	偏印	正印
甲	甲	乙	丙	丁	戊	己	庚	辛	壬	癸
乙	乙	甲	丁	丙	己	戊	辛	庚	癸	壬
丙	丙	丁	戊	己	庚	辛	壬	癸	甲	乙
丁	丁	丙	己	戊	辛	庚	界	壬	乙	甲
戊	戊	己	庚	辛	壬	癸	甲	乙	丙	丁
己	己	戊	辛	庚	癸	壬	乙	甲	丁	丙
庚	庚	辛	壬	癸	甲	乙	丙	丁	戊	己
辛	辛	庚	癸	壬	乙	甲	丁	丙	己	戊
壬	壬	癸	甲	乙	丙	丁	戊	己	庚	辛
癸	癸	壬	乙	甲	丁	丙	己	戊	辛	庚

1) 비견통변

◉ 비견은 음양오행이 동일한 것으로 어깨를 나란히 한다는 뜻이다.

- 가정에서는 형제가 되며 사회에서는 친구 및 동업자, 동료가 된다.

- 내가 힘이 약할 때는 비견의 힘을 믿고 혼자 우쭐하고 잘난 체 하며 누구의 말도 믿지 않고 혼자 해결하려는 기질이 강하며 사교에도 약하다.

- 비견은 형제이므로 재물을 같이 분배하는 것이지만 관살이 강할 때는 관살을 막아주는 방패가 된다.

- 재관이 많으면 기신이 약해지는데 비견이 많으면 기신이 왕해진다.

- 사주에 비견이 많으면 재복이 약하고 남자는 처덕이 약하며 여자는 첩이 되거나 나이 많고 자식 딸린 남자와 결혼하는 것이 좋으며 정상적으로 결혼하면 남편이 딴 여자와 살림을 차리거나 바람을 피우는 경우가 많다.

- 남자일지에 비견이 있으면 처의 위치가 일간과 동일하므로 말을 잘 안 듣게 되어 서로 충돌이 일어나 부부싸움을 자주 하게 된다.

- 비견의 특성은 독립적이며 자기주장이 강하며 남들 앞에서 결코 기가 죽지 않는다. 자존심이 강하며 모든 일에 자신감이 있으며 고집이 강한 편이다. 또한 타인의 의견을 무시하고 자기주장이 강하여 상대와 소통력이 약해 적이 많으며 타인의 배려가 부족한 편이다.

- 비견은 재를 극하므로 비견이 많으면 재를 극하는 것이 많으므

로 당연히 재가 약하다. 그러므로 재가 처이므로 처가 한 남편만 섬기지 못하게 된다. 또한 편재는 아버지가 되므로 아버지가 비견으로부터 극을 당해 아버지 덕이 없게 된다.

● 비견이 많으면 비견이 아버지를 극하므로 아버지 형제 중에 이복형제도 있는 경우가 많다.

● 편재는 첩도 되고 애인도 되는데 비견이 많으면 애인과 첩과의 인연도 박하다.

● 편재는 재물인데 신약한 사주가 편재를 거느리고 있으면 지출이 많게 되어 풍족한 삶을 영위하지 못하게 된다.

● 비견이 너무 많아 태왕하게 되면 병으로 고생하게 되고 극처가 심해 처덕이 부실하고 재물 또한 부족하게 되어 어렵게 생활하게 된다. 따라서 옹졸한 마음을 갖고 살 수밖에 없다.

● 비견이 많은 사주에 식상이 있으면 식상이 비견을 설기시키므로 상대적으로 비견이 약해지고 반면에 재물이 비견이 약해진 만큼 강해지는 것이다. 그러므로 비견이 많은 사주에 식상이 하나라도 있으면 좋은 것이다.

● 사주에서 비견이 서로 충파를 당하면 친구 덕이 약하게 된다.

● 일지에 공망은 배우자 덕이 박하고 월지에 공망은 형제 덕이 박하고 시지에 공망이면 자식 덕이 박하게 되며 년지에 공망이면 조상의 음덕이 박하다.

● 비견이 死墓絶지에 있으면 형제 덕이 박하고 형제 또한 시련이 많다.

● 비견이 많은 사주에 또 비견 운이 오면 재물이 나가게 되거나 재물이 들어오지 않는다.

2) 겁재통변

● 일간 중심으로 일간과 오행이 동일하고 음양이 다른 것을 뜻한다.
● 겁재는 재와 처를 겁탈한다. 겁재가 많으면 배다른 형제나 씨가 다른 형제가 있을 운이다.
● 겁재가 많으면 동업 운이 약하므로 반드시 동업은 피해야 한다.
● 칠살이 많은데 겁재가 있으면 칠살을 유화시켜 살 작용을 못하게 해준다.
● 겁재가 많으면 고집이 강하고 노력형이다. 동업은 불리하며 대인관계 또한 불리하다. 자기주장이 무시당하면 화를 내거나 폭력적이다. 남자는 여성을 무시하는 경향이 있다.
● 겁재는 정재정처를 극하므로 돈복과 처복이 박한 편이다.
● 사주에 겁재가 많으면 흉하다.
● 사주에 겁재가 많으면 재물 운도 박하고 처 운도 박해 결혼을 못 하거나 설령 결혼을 해도 행운에서 비겁이 오면 이혼하게 될 운이다.
● 사주에 겁재가 많으면 이복 자식을 두거나 바람을 피워 자식을 얻을 운이다.

● 겁재는 재물을 극하므로 재물이 금고에 축적되지 못하게 된다.

● 월지나 일지에 겁재가 있으면 타인을 무시하는 경향이 많으므로 남의 덕으로 살아가지 못하게 된다.

● 월지에 겁재가 있으면 투기성이 왕성하며 승부욕이 강하다.

● 사주에 겁재가 많으면 부부관계가 안 좋으며 동업하면 반드시 실패가 따른다.

● 남자 사주에 겁재가 많으면 재혼할 운세가 강하고 여자 사주에 겁재가 많으면 남편으로부터 대접을 못 받게 된다.

● 사주에 겁재와 양인이 있으면 사는 데 고통이 따르게 된다.

● 남자 사주에 겁재가 많은데 대운이 겁재고 세운이 정재이면 부부지간의 문제가 발생하여 서로 심하게 싸운다거나 배우자가 아프거나 배우자와 이별하는 수가 생긴다.

● 남자 사주에 겁재가 많은데 대운세운에서 모두 겁재가 오면 돈이 나가거나 이혼하게 된다.

● 월지에 겁재가 있으면 신용이 불량인 경우가 많고 월지나 년지에 정관이 있으면 정직하다.

● 일지와 시지에 겁재와 상관이 있으면 자식 복이 박하고 양인과 겁재가 있으면 재물 복이 박하다.

● 사주에 비겁이 많으면 평생 가난하게 살게 된다.

3) 식신통변

● 식신은 일간이 생하는 오행으로 일간과 음양이 동일하다는 뜻이다.

● 식신은 의식을 말하므로 사주에 식신이 있으면 의식이 풍족하게 된다.

● 사주에 식신이 있으면 칠살을 억제하여 수명을 늘려준다.

● 월지에 식신이 있는데 시간에 칠살이 있으면 식신이 칠살을 제하여 의식이 좋아지게 된다.

● 식신은 손자와 장모가 되므로 식신이 왕하면 손자 덕이 좋고 식신과 재와 일주가 합이 되면 장모를 모시고 살게 된다.

● 식신은 재를 도와주므로 남자는 여자관계가 복잡하게 되고 여자에 있어 식신은 딸이 되고 상관은 아들로 본다. 그러나 현실에서는 꼭 그렇지만은 않다.

● 여명 사주에서 일주가 왕하고 식신이 왕하면 출산이 용이하고 일주가 약하고 식신이 왕하면 출산에 고통이 따른다.

● 여명에서 일주가 약하고 식신이 왕하면 유산이 잘 되기도 한다.

● 여명 사주에서 일주와 식상과 관이 합을 하면 처녀가 임신하고 과부가 임신하게 된다.

● 식신이 많으면 인정이 많고 베풀기를 잘해서 좋으나 낭비가 심해 금고에 돈이 쌓이지 못한다.

● 식신은 칠살을 극하는데 칠살은 여명에게는 남편이 되고 남명

에게는 자식이 된다.

● 식신은 남명에겐 장모가 되고 여명에겐 자식이 된다.

● 여명 사주에 식신이 많으면 관을 극해 남편 덕이 박하다.

● 남명 사주에 식신이 많으면 관 덕과 자식 덕이 박해 흉하지만
식신 덕은 있다.

● 남명 사주에 식신이 많으면 몸이 약해지고 관 덕이 박하고 자식
덕이 박해 말년에 흉하며 결코 장수하기 어렵게 된다.

● 남명에 식상이 많으면 음란함이 강하고 여명에 식상이 많으면
자식은 많이 두는데 남편 덕이 박해 혼자 아이를 부양하며 살
아야 한다.

● 사주에 식상이 많은 여자는 유흥업에 종사하는 경우가 많다.

● 사주에 편인이 없고 식신이 강하면 평생 식신 덕은 있다.

● 사주에 식신이 많으면 단명하거나 흉함이 많은데 행운에서 편
인운이 오면 좋아진다.

● 식신이 생지에 있고 충파가 없으며 재가 강하면 평생 재물 복이
있다.

● 식신이 편인과 함께 있으면 시작은 좋은데 끝이 흉하다.

● 사주에 식신과 편인이 강왕하면 대인관계에서 처음엔 간까지 빼
주다가도 끝에 가서는 배신하는 일이 발생한다.

● 사주에 편인식신이 많거나 강왕하면 대인관계에서 좋지 않은 예
가 많으니 조심해야 한다.

● 사주에 식신이 하나이며 강왕하면 매우 좋은데 행운에서 편인

운이 오면 흉하다.

● 여명 사주에 식신이 하나이고 약하며 사묘절지에 있으면 자식이 죽거나 병들거나 가출하거나 자식이 속을 썩이게 돼 자식이 아니라 원수가 되기도 한다.

● 일간이 왕하고 식신이 월지에 있고 그 식신을 충파하지 않으면 먹는 것을 좋아하며 평생 식록이 있다.

● 식신이 왕하고 편인겁재가 함께 있으면 장수하지 못하고 단명하기도 한다.

● 식신은 공망이나 편인을 가장 싫어하는데 식신과 편인이 동궁하거나 옆에 붙어 있으면 흉하다. 재앙을 조심해야 한다.

● 식신이 공망이면 손해를 보는 경우가 많다.

● 남명 사주에 식신이 많은데 칠살이 있으면 길하다. 그것은 칠살이 많은 식신을 제해주기 때문이다.

● 남명 사주에서 월주에 식신이 있고 시주에 정관이 있으면 대귀하게 되는데 식신은 식록이고 정관은 관록으로 거기가 原祿地이기 때문이다.

4) 상관통변

● 傷官은 官을 손상시킨다는 뜻이다. 사주에 상관이 많으면 남을 누르고 내가 그 자리에 오르고 싶은 욕망이 자리 잡게 된다. 또한 관운이 약해 관직에 오르기가 힘들며 행운에서 관운이 들

어오면 구설수에 오른다거나 직장을 퇴직당하는 불운을 당하기도 한다.

● 남명에서 관은 자식인데 사주에 상관이 많으면 자식을 극하기 때문에 자식 복이 박하다.

● 여명 사주에서 관은 남편 및 애인인데 상관이 많으면 관을 손상시키므로 남편 및 애인 복이 박하다.

● 여명 사주에 상관이 있고 정관이 있으면 십중팔구는 이혼하게 된다.

● 여명 사주에서 상관이 많은데 자식을 얻으면 남편을 홀대하는 경향이 많다.

● 신강한 사주에 식상이 많으면 말을 잘하게 되므로 말을 많이 하는 종교·교육·언론·사회복지·NGO·정치 계통에 종사하면 좋다.

● 신약한 사주에 식상이 많으면 허풍이 강하고 자린고비 형이 많다.

● 신강하면서 상관이 많으면 지도자급의 능력이 있으며 항상 자기가 최고라고 자부하여 남을 무시하고 남에게 심부름이나 일을 잘 시키며 자기가 왕이 된 듯 착각을 하여 남을 부려먹으려는 경향이 있다.

● 여명 사주에 상관이 많으면 허영심이 강하고 항상 있는 체를 하며 남을 무시하고 특히 이런 사주는 사기꾼이 많으므로 이런 사주의 주인공과 돈거래를 하면 반드시 종국엔 손해를 보게 된다.

- 사주에 식상이 많으면 내기 운을 설기시키므로 몸이 약해지거나 내가 가진 복마저 설기를 당하므로 매우 흉하다.
- 남명 사주에 상관이 많으면 자식 복, 직장 복이 박하다.
- 여명 사주에 상관이 많으면 남편 덕이 박해 2번 결혼하거나 혼자 사는 경우가 많다. 이런 사주의 주인공은 몇 번 결혼해도 남편 복이 없으므로 차라리 혼자 사는 것이 신경 안 쓰이고 스트레스에서 해방이 되므로 좋다.
- 여명 사주에 상관이 많은데 대운에 상관이 또 있고 세운에서 정관이 들어오면 그 해에 남편과의 사이에 문제가 생긴다.
- 상관이 도화살과 함께 있으면 유흥을 좋아하거나 바람을 피운다.
- 사주에 상관과 재성이 함께 있으면 발복하여 길하다.
- 사주에 재성이 없고 상관만 있으면 평생 가난하게 산다.
- 여명 사주에 상관이 많고 양인이 있으면 남편이 비명횡사할 수다.
- 여명 사주에 상관이 많으면 방송연예 방면에서 활동을 많이 하고 남명 사주에 상관이 많으면 역술인이나 도인의 길을 가는 사람이 많다.
- 상관이 년주에 있으면 조상의 음덕이 박하고 월주에 있으면 부모 형제 덕이 박하고 일지에 있으면 배우자 덕이 박하고 시주에 있으면 자식 덕이 박하다.
- 사주에 상관과 겁재가 많으면 처자식과 이별할 수가 있다. 이별

하면 술을 벗 삼아 살다 결국 술로 망한다.

● 사주에 상관이 많으면 명예를 손상시키므로 자기 명예와는 거리가 멀다.

● 신왕한 사주에 재성이 없고 상관이 있으면 상관이 재성 역할을 하므로 길하다.

● 남명 사주에 상관이 너무 많으면 자식을 두지 못하기도 한다.

● 사주에 관성이 없는데 월지에 상관이 있고 그 상관이 합이 되어 또 다른 상관이 되면 대귀명인데 행운에서 또 상관이 오면 그때 진급하거나 혁명을 일으키면 성공하고 대통령 선거에 나서면 당선되어 나라를 다스리게 된다.

5) 정재통변

● 정재는 我剋者로서 내가 극하는 오행으로 나와 음양이 다른 것을 뜻한다.

● 정재는 처가 되고 봉급이 되고 매월 고정으로 들어오는 돈을 뜻하기도 한다.

● 사주에 정재가 용신이면 재물도 있고 처덕도 있어 좋다.

● 사주에 정재가 너무 많으면 오히려 재물 덕도 박하고 처덕도 박하게 된다. 그러나 신강하면서 정재가 많으면 길하다.

● 정재가 년월주에 있으면 길한데 정재가 충파를 당하면 재물 복이 박하고 처덕이 박하게 된다.

- 월지에 정재가 있으면 가정적이고 생활력이 강하고 정직하고 양심적이며 예의와 규범을 잘 지키는 모범생이 많다. 그러나 인색한 면이 있는 것이 흠이다.
- 남명 사주에 정편재가 혼잡해 있으면 여자관계가 복잡하여 부부간에 충돌이 자주 일어나며 심하면 이혼까지 하게 된다.
- 정재는 인수를 극하는데 인수는 어머니에 해당되므로 정재가 많으면 고부갈등이 심하거나 어머니 덕이 박하거나 사회 덕이 박한 편이다. 또한 문서를 극하므로 문서 운이 박해 제대로 되는 일이 없어 고통을 겪기도 한다.
- 사주에 정재가 많으면 학문 덕도 박해 공부가 잘 안 되며 밖으로 나가 친구와 어울리거나 알바를 해서 돈이나 벌어 쓰려고 한다. 사주에 정재가 많은 학생은 문제아가 될 확률이 높으므로 부모님의 세심한 관리가 필요하다. 또한 이러한 학생은 공부는 못하지만 연예는 선수 급이다.
- 월지에 정재가 있고 일지와 합을 하고 있으면 애처가이며 백년해로할 수다. 그러나 행운에서 충파가 들어오면 부부금실에 금이 가는 수가 생기니 주의해야 한다. 이럴 때는 꾹 참거나 잠시 떨어져 지내는 것이 좋다. 충파해가 자나가면 정상으로 돌아오게 된다.
  또한 이럴 때는 재물도 나가게 되므로 절대 금전을 빌려주거나 보증을 서주면 반드시 손해를 보게 된다.
- 사주에 정재가 생지에 들어 있으면 길하나 死墓絶지에 들어 있

으면 흉하다.

- 월지에 정재가 년지와 합을 하거나 시지와 합을 하면 바람을 피우게 될 수다.

- 정재가 일지와 시지에 있으면서 생지에 있으면서 충파를 안당하고 있으면 중년 이후 발복되어 부자가 될 수다.

- 사주에 정재가 있는데 겁재와 상관이 없으면 돈을 벌 수 있다. 사주에 정재가 있고 겁재와 상관이 있으면 돈이 잘 벌리지 않으며 설령 번다고 해도 다시 나가게 된다.

- 신약사주에 정재가 많은데 행운에서 편관과 편재가 들어오면 돈이 흉하게 되어 사업하는 사람은 돈을 까먹게 되고 금전적 사기를 당하게 된다.

- 사주에 정재가 너무 많으면 아둔한 사람이 되기도 한다.

- 사주에 정재가 많은데 또다시 행운에서 정재가 들어오면 돈이 나가거나 여자 문제로 인해 부부지간에 금이 갈 수다.

- 사주에 정재와 인수가 혼잡해 있으면 문서 운이 꼬이며 집안에 우환이 들어올 수다.

- 사주에 정관, 정재, 정인, 식신이 있으면 대부귀격이다.

- 여명 사주에 정인, 정관, 정재가 있고 충파를 당하지 않으면 현모양처가 된다.

- 대운이 정재이고 세운이 정관이면 결혼할 수다.

- 사주에 재가 많아 신약하면 제물 복이 박하다.

- 사주에 재가 하나도 없으면 재복이 박하다.

- 사주에 재가 하나이고 비겁이 많으면 재복이 박하다.
- 사주에 정재가 하나인데 그 재가 충파극을 당하면 재복이 박하다.
- 여명 사주에 인성이 전무하고 정재가 많으면 음란해진다.
- 여명 사주에 재성이 전무하고 인성이 많으면 가난해진다.
- 남명 사주에 정재와 정관이 공망이면 처자식 덕이 박하다.

6) 편재통변

- 편재는 我剋者로서 내가 극하는 오행으로 나와 음양이 동일한 것을 뜻한다.
- 편재는 불규칙적인 돈, 복권 당첨금. 아파트 프리미엄으로 생긴 돈, 주식으로 번 돈, 장사가 잘돼 갑자기 번 돈, 후원금 등을 뜻한다.
- 남명 사주에서 편재는 애인이나 내연녀가 된다.
- 편재가 오직 싫어하는 것이 있는데 그것은 비견겁재다. 비견겁재는 편재를 극한다. 그러므로 사주에 비견겁재가 많으면 편재운이 약하다.
- 남명 사주에 인수정재가 동궁하면 고부갈등이 심한 편이다.
- 남명 사주에서 정재가 강하고 편재가 약하면 내연녀를 두기 어렵다.

  그러나 편재가 정재보다 강하면 내연녀를 둘 수 있고 심하면 그

내연녀가 본처를 몰아내고 안방을 차지하기도 한다.

● 편재는 아버지를 뜻하고 정재는 아버지 형제를 뜻하므로 사주에 정편재가 혼잡되어 있으면 아버지가 배다른 형제를 두거나 본인이 양부를 둘 수 있다.

● 신약 사주에 정재와 편재가 많으면 부모덕이 박하고 평생 어렵게 생활한다.

● 사주에 편재가 많으면 연예도 적극적으로 하고 여러 가지를 섭렵하려 하지만 뒷심이 부족해 중도에 포기하는 경우가 많다.

● 사주에 편재가 많으면 허풍이 심하며 타인을 잘 돕는 편이다. 겉으론 부자인 척 좋은 차를 타고 다니며 돈도 잘 쓰며 으스대지만 속으론 속빈 강정이 많다. 이런 사주의 주인공은 사기꾼이 많으니 주의해야 하며 설령 사기꾼이 아니라면 낭비가 심해 한정치산자가 되기도 한다.

● 사주에서 편재는 편인을 극하므로 아버지와 어머니가 서로 충돌이 심해 결국 이혼까지 하게 되어 그 피해는 고스란히 자식에게 영향을 미친다. 그러므로 사주에 편재와 편인이 동궁하면 흉하다.

● 사주에서 편재는 흐르는 돈이 되므로 그 흐르는 돈을 금고에 집어넣으면 내 돈이 되지만 그렇지 못하면 그 돈은 잠시 내 곁을 스쳐갈 뿐 스스로 내 곁에 머무르지는 않는다. 그러므로 사주에 편재가 많을 때 부자가 되는 사람은 약 30%, 그렇지 못한 사람은 약 70% 정도 된다.

- 신강하면서 편재가 많으면 사업가로 성공할 확률이 높지만 신약하면서 편재가 많으면 오히려 사업에 실패할 확률이 높다.
- 신강하면서 편재가 적어도 그 편재가 생지에 있으면 발복한다.
- 신왕 사주에 편재가 왕하면 大富格이다.
- 신왕 사주에 편재와 정관이 왕하면 大富貴格이다.
- 신왕 사주에 편재가 왕해 좋은데 행운에서 겁재가 오면 재액이 흉흉하다.
- 신약 사주에 편재가 많으면 조실부모할 수도 있으며 대체로 부모덕이 박한 편이다.
- 신약 사주에서 편재가 死墓絶지에 있으면서 관살이 혼잡해 있으면 아버지를 일찍 여읠 수다. 설령 아버님이 일찍 돌아가지 않더라도 평생 아버지 덕이 박하다.
- 신강 사주에 편재가 건록지에 있으면 아버지가 발복되거나 재물이 발복한다.
- 신왕사주에 편재가 강한데 행운에서 재운이 들어오면 발복한다. 그러나 행운에서 재충 재파운이 들어오면 돈이 나가게 된다. 이러할 때 남명 사주는 이혼도 하고 위자료 및 재산분할도 하게 된다.
- 신약 사주에 편재가 많은데 대운에서 재충 재파가 들어오면 10년 동안 돈 때문에 고생이 많다.
- 월주에 편재가 있고 시주에 겁재가 있으면 인생 초기는 길한데 후반은 흉하다. 더구나 대운마저 기신으로 흐르면 더더욱 그러하다.

사주에 편재와 비견겁재가 있는데 행운에서 다시 비견겁재가 오면 재산을 탕진할 수이며 남명은 이별 수, 이혼 수가 발생하기도 하며 여자문제로 골치 아픈 수가 발생하기도 한다.

- 신왕 사주에 편재가 강왕하고 비견겁재가 없으면 부자가 될 수다.
- 여명 사주에서 정편재가 많으면 빈곤할 수다.
- 여명 사주에서 정재합, 편재합, 귀인합이 동시에 있으면 필시 부귀할 수다.
- 여명 사주에 편재가 많으면 낭비가 심하다.
- 여명 사주에 편재가 많으면 수단과 방법이 좋은 편이다.
- 여명 사주에 편재가 많으면 대인관계가 좋고 활동적이며 봉사정신이 강한 편이다.
- 사주에 편재, 편관이 강왕하면 어릴 때 잔병치레가 많은 편이며 낭비가 심하고 거짓말을 잘하는 편이다.
- 여명 사주에서 편재는 시어머니 및 그 형제가 되니 만약 여명 사주에 편재가 많으면서 시어머니 형제가 많은 집안으로 시집가면 열 명 중 여덟아홉 명은 시집살이가 고달파진다.

7) 정관통변

- 정관은 나를 극하는 오행으로 나와 음양이 다른 것으로 규범이나 규율 헌법을 뜻하기도 한다.
- 정관격은 정직하며 모범생이다. 법규를 어기면 양심이 허락하

지 않아 설령 범법 행위를 했다면 얼마 안가 후회하게 되고 자수하게 된다. 이런 사람이 강도에 연루되면 반드시 경찰서에 자수한다.

- 남명 사주에서 정편관은 자식이 되므로 남명 사주에 정편관이 많으면 가문을 중시하게 된다.

- 남명사주에서 정편관이 많으면 결혼해서 아이가 없을 땐 집에 늦게 들어오고 집안에 신경도 안 쓰다가 아이가 생기면 정반대로 집에도 일찍 들어오며 가정에도 신경을 쓰며 모범 가장이 되려고 노력하는 편이다.

- 년주에 정편관이 생지에 있으면서 합충형파해가 없으면 조상의 음덕이 있는 편이다.

- 여명 사주에서 정관은 남편이 되고 편관은 애인 및 내연남이 된다.

- 여명 사주에 정편관이 혼잡해 있으면 남자가 많은 사주가 되므로 좋은 것 같지만 오히려 남자들의 경쟁이 심해 결국 한 남자와 백년해로가 어려워져 결혼해도 이혼하거나 재혼하기도 한다.

- 정관격 사주는 정의로우며 애국자적 기질이 강하므로 이러한 사주의 주인공이 일제강점기 때 애국자가 많으며 독립운동을 활발히 하는 사례가 많다. 또한 이러한 사주의 주인공은 법을 어기는 꼴을 볼 수가 없으므로 항상 법을 어기는 것을 바로잡으려 한다.

이런 사주의 주인공은 경찰·판사·군인·감사·변호사·인권운동가·NGO 활동가로 살아가는 것이 좋다.

● 정관격은 융통성이 없어 고지식하지만 착실하고 온화한 성격의 소유자가 많다.

● 여명 사주에서 정관이 하나 있고 생지에 있으면서 형충파가 없으면 좋은 남편과 결혼할 수 있다.

● 여명 사주에서 정관이나 편관이 많으면 음란해지기도 하여 흉하다.

● 정관은 겁재를 극하므로 사주에 정관이 많으면 형제간에 우애가 박한 편이다.

● 남녀를 막론하고 사주에 정편관이 많으면 흉하다.

● 여명 사주에서 정관이 많으면 잔병이 많으며 시집가서도 사회활동을 못하고 집안에서 살림만 하게 되는데 이러한 사주의 주인공이 황혼 이혼을 많이 하게 된다.

● 사주에 정관이 하나 있는데 死墓絶지에 있거나 합충형파해를 당하면 직업이 변변치 않아 취직하면 회사가 망한다거나 또는 뜻하지 않은 일로 인해 퇴직을 당하거나 일을 해도 월급이 제대로 안 나와 돈을 잘 벌지 못하므로 평생 어렵게 살게 된다.

● 월지에 정관이 있고 년주, 일주, 시주에 편관이 하나 이상 있으면 관운이 흉하다.

● 월지에 정관이 있고 일지나 시주에 재성이 있으면 대길하다.

● 월지에 정관이 있더라도 재성이 히니도 없으면 관운이 약하게 된다.

● 신약 사주에 정관이 많으면 흉한데 행운에서 또 정관이 들어오면 남자는 직장이나 자식 운이 흉하고 관재구설수가 생기며 여명은 남편과의 문제가 발생하기도 하며 남편 신상에 문제가 발생하기도 하며 다른 남자 때문에 곤란을 겪기도 한다.

● 사주에 관살이 死墓絶지에 있거나 합충형파를 당하고 있으면 대체로 관운이 박하다.

● 행운에서 오는 십성과 관살이 합충형파를 하면 관운이 약해져 명예가 실추된다.

● 정관이 생지에 있으면서 합충형파를 당하지 않으면 부귀하며 학문으로도 성공할 수 있다.

● 천간에 편관이 있고 지지에 정관이 있으면 대체로 근심 걱정이 많고 흉한 편이다.

● 여명 사주에 정편관이 있고 그 정편관이 死墓絶에 있으며 대운마저 死墓絶지로 흐르면 남편과 사별하게 된다.

● 년간이나 월간에 정관이 있으면 대체로 조상의 음덕이 있게 된다.

● 년지나 월지에 정관이 있으면서 합충형파를 당하면 필히 자수성가할 수다.

● 여명 사주에서 정관이 합충형파를 당하고 있으면 남편 덕이 박하고 식상이 많아도 남편 덕이 박하며 관살과 식상이 합을 하면 자식 때문에 남편과 이혼하게 되거나 그렇지 않으면 남편이 고초를 당하기도 한다.

● 여명 사주에서 관살이 혼잡되고 그 관살이 합이 많으면 대체로

음란해지며 뻔뻔해지고 겸양지심, 사양지심, 수오지심, 측은지심
이 없다.

8) 편관통변

● 나를 극하는 오행으로 나와 음양이 동일한 것을 뜻한다.
● 정관은 헌법에 해당되므로 스스로 법을 지키면 된다. 그러나 세
  상에 정직한 모범생만 사는 것이 아니라서 법을 어기는 사람이
  생기기 마련이다. 법을 어기는 사람을 위해 소송법이란 것을 만
  들어 범법자들을 다스리고 있다. 편관이란 소송법에 해당된다.
● 정관은 입법부 및 행정부에 속하며 편관은 사법부에 속한다.
● 여명 사주에서 정관은 남편에 해당되고 편관은 애인 및 내연남
  에 속한다. 그러나 반드시 그러한 것만은 아니다. 편관도 남편이
  되기도 한다.
● 사주에 정편관이 혼잡해 있을 때는 정관이 남편이지만 편관만
  있을 때엔 편관이 남편이다.
● 남명 사주에서 정관은 딸이고 편관은 아들이지만 꼭 그러한 것
  만은 아니다. 사주에 정관만 있는데 아들만 있는 사람도 있고
  편관만 있는데도 딸만 있는 사람도 있다. 또한 사주에 관살이
  전무해도 아들딸이 있는 경우도 있다.
● 사주에 편관이 많으면 성격이 조급하고 인정과 의리가 많은 편
  이다.

의지가 강하고 남에게 지지 않으려는 마음이 있고 씩씩하고 영웅적 기질이 강한 편이다.

● 여명 사주에 편관이 많으면 남자 같은 기질이 있고 성격이 억세서 항상 남자를 이기려 든다. 이런 사주의 주인공과 결혼하면 충돌이 잦아 부부싸움이 심해지고 결국 이혼도 하게 된다. 만약 이혼을 안 하려면 대가 약한 사람이 참아야 한다. 그러나 둘 다 대가 세다면 필히 이혼하게 된다.

● 사주에 편관이 많으면 형제 덕이 박하고 몸도 약해져 악몽이나 가위눌림을 당하는 수가 많다.

● 사주에 편관이 많으면 귀신이 잘 들어오므로 신병으로 고생하거나 아니면 신을 받아들여 무속인으로 살 운세가 높다.

● 사주에 관살이 많으면 재복이 박하다. 그것은 관살이 재성의 기운을 빼앗기 때문이다.

● 여명 사주에 관살이 많으면 남자들이 많아 서로 바람을 넣어 한 남자만 바라보고 사는 해바라기가 되질 못한다. 이러한 사주의 주인공이 남자의 유혹에 넘어가 헤어나지 못하면 남자와 바람도 피우게 되고 그 남자가 유흥업소에 팔아넘기기도 하여 결국 몸을 파는 창녀가 되기도 하는 것이다. 그러므로 여명 사주에 관살이 많으면 몸과 마음을 잘 다스려야 이러한 불상사가 없게 된다.

● 사주에 편관이 강하고 삼형살이 있으면서 충파가 없으면 형사를 할 수 있지만 충파를 당하고 있으면 깡패가 될 확률이 높다.

● 남명 사주에 괴강살이 있고 형충파가 있으면 깡패가 될 확률이 높다.
● 남명 사주에 관살이 死墓絶地에 있으면서 형충파를 당하면 필히 자식 덕이 박하다.
● 여명 사주에 관살이 死墓絶地에 있으면서 형충파를 당하면 필히 남편 덕이 박하다.
● 남명 사주가 신약하고 관살이 태약하면 변변한 직업도 없이 세월을 보내는 한량이 되거나 수도인이 될 수다.
● 여명 사주가 신약하고 관살이 태약하면 남편 덕도 박하고 직장 덕도 박해 결국 수도인이 될 확률이 높다.
● 남명 사주에서 일지에 편관이 있고 그 편관을 제극하는 식신이 없으면 부인으로 인해 고통을 받을 수다.
● 사주에 편관 편인이 많으면 역마살이 발동해 많이 돌아다니며 살 수 다.
● 사주에 편관이 많은데 식신이 없으면 빈곤해질 수다.
● 신강 사주면서 정재가 충파극이 없고 편관이 상관과 합을 이루면 吉命이다.

9) 정인통변

● 정인은 나를 생해주는 오행으로 나와 음양이 다른 것을 뜻한다.
● 정인은 어머니가 되고 문서가 되고 공부가 된다.

● 정인은 부모 조상의 음덕이 되고 나를 도와주는 조력자가 된다.
● 년주월주에 정인이 있으면서 형충파가 없으면 공부로 출세할 수 있다.
● 사주에 정인이 있고 관살이 있으면서 형충파가 없으면 관운이 좋다.
● 사주에 관살이 없고 인수만 많으면 관운이 박해 프리랜서나 예술계통으로 나가는 것이 좋다.
● 정인은 길성으로 정인이 용신이면 명예와 예의를 중시하는 인자한 군자형이 된다. 또한 총명하여 일 처리를 잘하는 편이며 만인에게 존경을 받는 교육자가 될 수 있다.
● 사주에 정인이 많으면 상관을 극하므로 손아랫사람을 무시하는 경우가 많다.
● 여명 사주에 정인이 많으면 정관의 기운을 빼앗아 가므로 남편이 지병으로 고생하거나 사별할 수도 있다.
● 여명 사주에 정인이 많으면 자식 덕이 박하다.
● 월간에 정인이 있고 년간에 정재가 있으면 공부 운이 박하다.
● 사주에서 정인이 死墓絶지에 있는데 행운에서 死墓絶지운이 오면 어머니가 흉하게 된다.
● 사주에 정인이 있는데 정관이 없으면 고생 후에 발복한다.
● 사주에 정관이 하나 있는데 정인이 없으면 명성을 얻기 힘들다.
● 사주에 정인 정재 정관 식신이 전부 있으면 대부귀격이다.
● 사주에서 정인이 浴지에 있으면 어머니가 외간남자와 밀회를 즐

기게 된다.

● 사주에 정인이 왕하면 음주가무를 좋아하게 된다.

● 사주에 정인이 왕하면 자식이 속을 썩이는데 행운에서 재운이 들어오면 나아진다.

● 여명 사주에서 정인이 태왕하면 임신이 잘 안 되는데 행운에서 재운이 오면 그때 임신이 가능하다.

● 사주에서 정인이 하나 있고 정재가 왕하면 행운에서 정재가 들어올 때 어머니가 아프거나 사고가 나거나 갑자기 심장마비로 사망할 수도 있다.

● 사주에 정인이 월지에 있으면 인자하고 지혜로워진다.

● 여명사주에 정인 상관 양인이 모두 있으면 고독한 운명이 되는데 이러한 사주의 소유자가 수도인이 되는 사례가 많다.

● 정인이 월지면서 생지에 해당되고 합충형파가 없으면 어머니 덕이 있다.

● 사주에 정인이 왕한데 행운에서 재운이 들어오면 재물을 얻을 수다.

● 신약 사주에 정인이 하나 있는데 그것이 절지에 있고 행운에서 재운이 들어오면 돈이 나가거나 사업가는 부도가 나기도 한다. 또한 남명은 부인과의 관계가 나빠진다.

● 사주에 정인 정재가 혼잡해 있으면 우울증에 걸리기가 쉽다.

● 여명 사주에 정인이 너무 많으면 자식 덕이 박하다.

● 여명 사주에 정인과 정재가 너무 많으면 음탕해지기 쉽다.

10) 편인통변

● 편인은 나를 생하는 오행으로 나와 음양이 동일한 것을 뜻한다. 정인은 정규적인 학교 공부를 뜻하는데 편인은 비정규적인 학원공부를 뜻한다.(즉 각종 기술자격증 공부, 각종전문가공부, 종교공부, 수련공부, 교양공부, 보습학원공부, 입시학원공부, 논술학원공부 등)

● 사주월지에 인성이 있으면서 손상이 없으면 공부를 잘하게 된다.

● 사주월지에 인성이 있으면서 손상이 없는데 행운에서 재운이 들어오면 공부가 잘 안 된다. 이럴 때 아르바이트를 하는 학생이 많게 된다.

● 사주월지에 편인이 있으면서 손상이 없으면 외국어를 잘하게 된다. 그러나 손상을 당하거나 행운에서 편재가 들어오면 못하게 된다.

● 사주에 정편인이 혼잡되어 있으면 두 어머니를 모실 수다.

● 사주에서 인성과 재성이 합을 하면 어머니가 연애하거나 재혼하는 수다.

● 사주에 인성이 형을 이루면 어머니가 병을 얻을 수다.

● 사주에서 일지에 편인이 있고 월지에 식신이 있으면 부인이 부모재물을 손상시킨다.

● 사주에서 월지에 편인이 있고 일지에 식신이 있으면 부모가 처의 재물을 손상시킨다.

● 시지에 편인이 있고 일지에 식신이 있으면 자식이 돈 까먹는 귀

신이 된다.

● 편인이 많으면 인내심이 적고 게으른 편이다.

● 편인이 많으면 어느 한 가지라도 끝까지 가는 법이 없으며 늘상 중도에 하차하는 경우가 많다. 또한 독서를 해도 처음에만 열심히 읽다가 책을 접기 때문에 책 뒤페이지는 항상 깨끗하다.

● 사주에 편인과 식신이 많으면 결단코 큰 부자가 되기 어렵다. 이러한 사주의 주인공은 항시 돈 관리를 다른 사람에게 맡겨야 하며 사업을 할 시는 다른 사람의 名으로 해야 길하다. 또한 이러한 사주는 남에게 보증을 선다든지 돈을 빌려주면 재물상의 큰 손실을 보게 되므로 절대로 해서는 안 된다.

● 사주에 편인이 많으면 처자식 덕이 박하다.

● 사주에 정인과 편인이 혼잡되어 있으면 투잡을 하게 된다.

● 사주에서 년주가 모두 편인이면 노고가 많다.

예: 일주 월주 년주

　　 丙　 丙　 甲

　　 申　 寅　 寅

● 신왕사주에서 편인이 많고 재가 뿌리가 있는데 행운에서 또 재운이 들어오면 발재한다.

예: 庚　丙　丙　甲

　　 寅　申　寅　寅

● 월지가 편인인데 행운에서 편재가 오면 문서 운이 흉하다.

● 여명 사주에 편인이 많으면 복록이 적으며 장수하지 못하는 경향이 많다.

● 일지에 편인이 있고 년월간에 정인이 있으면 부모를 잘 섬기지 못하거나 가문에 누를 끼치게 된다.

예: 일주 월주 년주

　　丙　　乙　　乙

　　寅　　*　　*

● 사주에 편인 편관 상관 겁재가 모두 있으면 신용불량자가 되기 쉽다.

● 여명 사주에 편인이 많고 일지에 과숙살이 있으면 평생 고독하다.

● 사주에 편인이 너무 많으면 부모덕이 박하다. 이런 사주의 주인공은 어려서 조실부모하거나 고아원에서 생활할 수다.

20

명궁론
命宮論

● 출생 시에 태양의 위치(六壬學에서는 月將이라 함)

月宮	寅亥	卯戌	辰酉	巳申	午未	未午	申巳	酉辰	戌卯	亥寅	子丑	丑子

20-1 命宮表

月\時	우수	춘분	곡우	소만	하지	대서	처서	추분	상강	소설	동지	대한
子	寅	丑	子	亥	戌	酉	申	未	午	巳	辰	卯
丑	丑	子	亥	戌	酉	申	未	午	巳	辰	卯	寅
寅	子	亥	戌	酉	申	未	午	巳	辰	卯	寅	丑
卯	亥	戌	酉	申	未	午	巳	辰	卯	寅	丑	子
辰	戌	酉	申	未	午	巳	辰	卯	寅	丑	子	亥
巳	酉	申	未	午	巳	辰	卯	寅	丑	子	亥	戌
午	申	未	午	巳	辰	卯	寅	丑	子	亥	戌	酉
未	未	午	巳	辰	卯	寅	丑	子	亥	戌	酉	申
申	午	巳	辰	卯	寅	丑	子	亥	戌	酉	申	未
酉	巳	辰	卯	寅	丑	子	亥	戌	酉	申	未	午
戌	辰	卯	寅	丑	子	亥	戌	酉	申	未	午	巳
亥	卯	寅	丑	子	亥	戌	酉	申	未	午	巳	辰

20-2 命宮天干表

出生年度	干支											
甲己	丙寅	丁卯	戊辰	己巳	庚午	辛未	壬申	癸酉	甲戌	乙亥	丙子	丁丑
乙庚	戊寅	己卯	庚辰	辛巳	壬午	癸未	甲申	乙酉	丙戌	丁亥	戊子	己丑
丙辛	庚寅	辛卯	壬辰	癸巳	甲午	乙未	丙申	丁酉	戊戌	己亥	庚子	辛丑
丁壬	壬寅	癸卯	甲辰	乙巳	丙午	丁未	戊申	己酉	庚戌	辛亥	壬子	癸丑
戊癸	甲寅	乙卯	丙辰	丁巳	戊午	己未	庚申	辛酉	壬戌	癸亥	甲子	乙丑

21

十二運星表

干 運	甲	乙	丙	丁	戊	己	庚	辛	壬	癸
長生	亥	午	寅	酉	寅	酉	巳	子	申	卯
沐浴	子	巳	卯	申	卯	申	午	亥	酉	寅
冠帶	丑	辰	辰	未	辰	未	未	戌	戌	丑
建祿	寅	卯	巳	午	巳	午	申	酉	亥	子
帝旺	卯	寅	午	巳	午	巳	酉	申	子	亥
衰	辰	丑	未	辰	未	辰	戌	未	丑	戌
病	巳	子	申	卯	申	卯	亥	午	寅	酉
死	午	亥	酉	寅	酉	寅	子	巳	卯	申
墓	未	戌	戌	丑	戌	丑	丑	辰	辰	未
節	申	酉	亥	子	亥	子	寅	卯	巳	午
胎	酉	申	子	亥	子	亥	卯	寅	午	巳
養	戌	未	丑	戌	丑	戌	辰	丑	未	辰

21-1 십이운은 윤회사상을 바탕으로 태어나서 죽을 때까지의 전 과정을 말하는 것이다.

a. 長生, 冠帶, 建祿, 帝旺: 四旺으로 강함.

　　b. 沐浴, 墓, 胎, 養: 四平으로 보통임.

　　c. 衰, 病, 四, 節: 四衰로 약함.

1. 節 : 사물 또는 생명의 한 단락

● 식신이 절지이면 먹고사는 데 어려움이 따르게 된다.
　특히 여성 사주에서 식신이 절지이면 자식 덕이 박약하다.
　재성이 절지이면 재산의 축적이 어렵고 남명 사주에서는 부인
　덕이 박약한 편이다. 부인이 아프거나 가출하는 경향이 있다.
　관성이 절지이면 공무원이나 대기업 취업이 어렵게 되고 현직에
　있더라도 직장 운이 불안하게 된다. 직장을 자주 옮기기도 한
　다. 특히 남명 사주에서는 자식 덕이 박약한 편이다
　인수가 절지이면 모친 덕이 박약한 편이며 특히 공부 운이 박
　약하며 중도에 학업을 그만두는 현상이 일어나기도 한다.
● 년주에 절이 있으면 조상 덕이 박약하며 유년을 고달프게 보내
　기도 하며 타관에서 고생하며 살게 된다.
● 월주가 절지이면 부모 형제 덕이 박약하며 중·고등학교 때 고생
　이 많으며 사회생활이 순탄치 못하다.
● 일주가 절지이면 배우자 덕이 박약하며 매사 하는 일이 꼬이게
　된다.
● 시주가 절지이면 자녀 덕이 박약하며 자녀가 하는 일에 매사 장

애가 많이 따르게 된다.

2. 胎 : 임신한 상태, 부모의 정기를 받아 한 생명이 잉태됨.

● 식상이 태지이면 의식주가 좋아지며 재성이 태지이면 재물을 득할 운세이며 관성이 태지이면 취직이나 이전 운세이며 인수가 태지이면 공부할 운세이다.

● 년주가 태지이면 유년시절에 부모덕이 순탄치 못하다.

● 월주가 태지이면 청장년 시기에 직업이 불안하고 매사에 일이 꼬이는 운세다.

● 일주가 태지이면 안정적이지 못하고 직업 및 직장 이동이 심한 운세다.

● 시주가 태지이면 자식이 불안정하고 자식일이 잘 안 풀린다.

3. 養 : 임신 기간으로 약 280일 동안 엄마의 배 속에서 편안히 성장하는 단계임.

● 년주가 양지이면 자수성가할 운세다.

● 월주가 양지이면 주색을 조심해야 한다.

● 일주가 양지이면 부모 및 배우자 덕이 박약한 운세이다.

● 시주가 양지이면 자식 덕이 좀 있는 운세다.

4. 長生 : 출생함. 어머니 배 속에서 280일 만에 드디어 세상에 나오게 되는 시기임.

● 식신이 장생이면 의식주가 발복하고 재성이 장생이면 재물을 많이 얻을 수 있으며 관성이 장생이면 직장에서 출세할 운세이고 인수가 장생이면 문학이나 연예계에서 인기를 얻을 운세이다.
● 년주가 장생이면 조상의 음덕이 있을 운세다.
● 월주가 장생이면 부모 형제의 음덕이 있을 운세이고 청장년 시기에 발복할 운세이다.
● 일주가 장생이면 부부 운이 좋은 편이고 일이 잘 풀리는 운세이다.
● 시주가 장생이면 자녀 덕이 있으며 말년이 후덕한 편이다.

5. 沐浴 : 태어난 아기를 목욕시키다. 修身하다(1~7세)
식신이 목욕이면 의식주가 불안하며 재성이 목욕이면 재물이 불안하고 관성이 목욕이면 직장 운이 불안하며 인수가 목욕이면 각종 시험 운이 불안하고 어머니와의 관계도 불안해지며 비겁이 목욕이면 형제자매 운이 안 좋게 된다.

● 년주가 목욕이면 조상 음덕이 없으며 일찍이 타관 객지에서 고생할 운세이다.
● 월주가 목욕이면 부모 형제의 음덕이 박약한 운세이다.
● 일주가 목욕이면 매사 일이 꼬이며 배우자 덕이 박약한 운세이다.

◉ 시주가 목욕이면 자식 덕이 박약하며 말년 운이 공허한 편이다.

6. 冠帶 : 紗帽冠帶(모자를 쓰고 옷을 입고 허리띠를 맨다. 초·중·고·대학에 다니며 공부하고 졸업 후 취직하여 사회에 첫발을 내딛는 형상이다. 진취욕이 왕성한 시기이다.(7세~30대)

◉ 식신이 관대이면 의식주가 좋아지며 재성이 관대이면 재산이 늘어날 운세이며 관성이 운세이면 직장 운이 좋아지며 남자는 자식을 둘 운세이며 여성은 배우자를 만날 운세이고 인수가 관대이면 각종 시험 운이 좋은 편이며 직장에서도 승승장구할 운세이다.

◉ 년주가 관대이면 조상의 음덕이 좋은 운세이며 초년 운 또한 좋은 운세이다.

◉ 월주가 관대이면 청장년 운이 좋은 편이다.

◉ 일주가 관대이면 매사 승승장구 할 운세이나 유독 배우자 운은 안 좋은 편이다.

◉ 시주가 관대이면 작덕이 좋으며 자식 또한 부모덕을 볼 운세이다.

7. 建祿 : 사회로 진출하여 사회생활이 왕성할 때임.(30~40대)

◉ 식신이 건록이면 의식주가 호전되며 일이 잘 풀리는 운세이다.

재성이 건록이면 재물이 불어나며 관성이 건록이면 직장에서 출세하며 인수가 건록이면 각종 문서 운이 좋으며 비겁이 건록이면 형제가 발전할 운세이다.

● 년주가 건록이면 조상의 음덕이 좋고 초년 운 또한 좋은 운세이다.
● 월주가 건록이면 형제가 스스로 성공하게 되며 여성은 사회생활을 하게 될 운세이다.
일주가 건록이면 스스로 성공할 운세이며 배우자 운은 원만치 못하다.
● 시주가 건록이면 자손이 번성하며 말년 운이 좋다.

8. 帝旺 : 사회생활 중년~말년생(40~50대)으로 인생의 최고도임

● 식신이 제왕이면 의식주가 발달하며 재성이 제왕이면 재물 운이 발달하며 관성이 제왕이면 CEO까지 갈 수 있는 운세가 되며 비겁이 제왕이면 관재 구설수로 망신당할 운세이다.
● 년주가 제왕이면 조상의 음덕이 빛날 운세이다.
● 월주가 제왕이면 안하무인격이며 부모와의 인연이 박하게 될 운세이다.
● 일주가 제왕이면 일이 잘 풀리기도 하지만 부부와의 인연이 박해질 운세이다.
● 시주가 제왕이면 자손이 잘 풀리며 말년 운세가 대길한 편이다.

9. 衰 : 퇴직.(50대~60대) 만물이 쇠퇴할 시기임.

● 식신이 쇠지이면 의식주 활동이 위축되며 재성이 쇠지이면 사업
  이 부진해지며 돈을 까먹을 운세이다. 관성이 쇠지이면 직장 운
  이 나빠지며 인수가 쇠지이면 모든 문서 운이 흉해지며 비겁이
  쇠지이면 주위에 친구가 떨어져 나갈 운세이다.
● 년주가 쇠지이면 가문이 점차 쇠퇴해지며 초년 운이 박할 운세
  이다.
● 월주가 쇠지이면 부모 형제 운이 쇠약해지며 청장년 운이 약할
  운세 이다.
● 일주가 쇠지이면 매사가 꼬이며 배우자와의 운이 박약할 운세이다.
● 시주가 쇠지이면 자식 덕이 박약하고 말년 운이 흉하다.

10. 病 : 몸에 병이 생김.(60대 이후)만물이 병들어 시들어 가는 시
  기임.

● 식신이 병지이면 소화기 계통이 나빠지거나 사회활동의 장애가 따
  르며 재성이 병지이면 부인이 병이 들거나 재물이 없어지게 되며 관
  성이 병지이면 관운이 흉해지며 남성은 자식 운이 흉해지며 인수가
  병지이면 부모의 덕이 흉해지며 각종 문서나 공부 운이 흉해진다.
  비겁이 병지이면 형제자매에 병이 생길 운세이다.
● 년주가 병지이면 조상 음덕이 박약하며 초년에 아플 운세이다.

- 월주가 병지이면 부모 형제의 음덕이 박약하며 부모나 형제에게 병이 생길 운세이다. 또한 청장년 시기에 흉함이 있을 운세이다.
- 일주가 병지이면 배우자 운이 흉해지며 본인 또한 흉하게 될 운세이다.
- 시주가 병지이면 자식이 병약할 운세이며 말년 운이 흉하게 된다.

11. 死 : 病死老死. 병으로 죽거나 늙어 죽음.(60대 이후) 만물이 시들어 죽는 시기임.

- 식신이 사지이면 의식주가 흉해지며 재성이 사지이면 재산이 날아갈 운세이며 관성이 사지이면 명예와 직장이 떨어질 운세이며 남성은 자식 운이 흉해질 운세이다. 비겁이 사지이면 형제자매 운이 꼬이게 된다.
- 년주가 사지이면 조상 운이 나빠지며 초년 운이 흉하다.
- 월주가 사지이면 부모 형제 운이 박약하며 청장년 시기에 고생할 운세이다.
- 일주가 사지이면 매사 일이 꼬이며 배우자와 부모 형제 자식 덕이 빈약하다.
- 시주가 사지이면 자녀 운이 나쁘며 말년 또한 나쁠 운세이다.

12. 墓庫 : 죽어서 무덤으로 들어감. 만물이 성장을 멈추고 자기의 기를 땅속에 저장하는 시기이며 새로운 생명을 구상하는

시기임.

- 식신이 묘고이면 근검절약하게 되며 구두쇠 소릴 듣게 되며 재성이 묘고이면 열심히 절약해서 재물을 축적할 운세이며 관성이 묘고이면 직장 운이 탄탄해지며 연예인은 새로운 일이 들어올 수이며 인기를 얻을 수이다. 남성은 자식이 안정을 찾게 될 운세이다.

  인수가 묘고이면 조상의 음덕으로 잘 풀리기도 하며 직장에서 인정받을 운세이다. 비겁이 묘고이면 부모 형제가 안정을 되찾는 운세임.

- 년주가 묘고이면 조상을 모시며 살 운세이다. 초년에 고향에서 살 운세이다.

- 월주가 묘고이면 부모 형제와의 연이 박하며 금전 손실 수가 생길 운세이다.

- 일주가 묘고이면 배우자와의 연이 박하며 잠시 침체기에 들며 중년 이후에나 좋아질 운세이다.

- 시주가 묘고이면 자식 덕이 박약하며 자식으로 인해 고생할 운세이며 말년에 고생할 운세이다.

22

三　災

◉ 삼재란 天災人災, 地災로 3년간 일이 꼬이고 잘 안 풀림.

　관재구설수, 사업 실패수, 수술수, 부부 이별수, 우환수, 질병수,

　직장 운이 흉할 수, 각종 풍파수를 겪을 운이 있다.

22-1 三災表

삼재 띠	入三災	宿三災	出三災
寅午戌띠	申년	酉년	戌년
申子辰띠	寅년	卯년	辰년
巳酉丑띠	亥년	子년	丑년
亥卯未띠	巳년	午년	未년

23

신살론
神殺論

● 神(吉神), 殺(凶殺)을 뜻함.

23-1 일간기준 신살

신살 \ 일간	大極貴神	天乙貴神		福星貴神	天廚貴神	天福貴神	天官貴神	文昌貴神	節度貴神
		陽貴神	陰貴神						
甲	子午	未	丑	寅	巳	酉	未	巳	巳
乙	子午	申	子	丑亥	午	申	辰	午	未
丙	卯酉	酉	亥	子戌	子	子	巳	申	巳
丁	卯酉	亥	酉	酉	巳	亥	寅	酉	未
戊	辰戌丑未	丑	未	申	午	卯	卯	申	巳
己	辰戌丑未	子	申	未	申	寅	戌	酉	未
庚	寅亥	丑	未	午	寅	午	亥	亥	亥
辛	寅亥	寅	午	巳	午	巳	申	子	丑
壬	巳申	卯	巳	辰	酉	丑未	酉	寅	亥
癸	巳申	巳	卯	卯	亥	辰戌	午	卯	丑

23-2 일간기준 신살

신살 \ 일간	羊刃	飛刃	暗祿	金輿祿	官祿	名位祿	時祿	紅艶	夾祿	三奇	貴人
甲	卯	酉	亥	辰	寅	丙寅	亥	午	丑卯	庚	丑未
乙	辰	戌	戌	巳	卯	丁卯	戌	申	寅辰	丁	子申
丙	午	子	申	未	巳		申	寅	辰午	丁	酉亥
丁	未	丑	未	申	午		未	未	巳未		酉亥
戊	午	子	申	巳	未		申	辰	辰午	庚	丑未
己	未	丑	未	申	午		未	辰	巳未		子申
庚	酉	卯	巳	戌	申	壬午	巳	戌	未酉		丑未
辛	戌	辰	辰	亥	酉	癸酉	辰	酉	申戌	癸	寅午
壬	子	午	寅	丑	亥		寅	子	戊子	癸	巳卯
癸	丑	未	丑	寅	子		丑	申	亥丑		巳卯

24

월지기준
神殺表

길신 월지	天德貴人	月德貴人	天德合	月德合	華蓋
寅	丁	丙	寅	申	戌
卯	申	甲	巳	己	未
辰	壬	壬	丁	丁	辰
巳	辛	庚	丙	乙	丑
午	亥	丙	寅	申	戌
未	甲	甲	己	己	卯
申	癸	壬	戊	丁	辰
酉	寅	庚	亥	乙	丑
戌	丙	丙	辛	辛	戌
亥	乙	甲	庚	己	未
子	巳	壬	申	丁	辰
丑	庚	庚	乙	乙	丑

25

년지, 일지기준
神 殺 表

神殺 年日支	驛馬殺	咸池殺	月殺	亡神殺	將星殺	攀鞍殺	天殺	地殺	災殺	劫殺	喪門殺	弔客殺	血刃殺
子	寅	酉	戌	亥	子	丑	未	申	午	巳	寅	戌	戌
丑	亥	午	未	申	酉	戌	辰	巳	卯	寅	卯	亥	酉
寅	申	卯	辰	巳	午	未	丑	寅	子	亥	辰	子	申
卯	巳	子	丑	寅	卯	辰	戌	亥	酉	申	巳	丑	未
辰	寅	酉	戌	亥	子	丑	未	申	午	巳	午	寅	午
巳	亥	午	未	申	酉	戌	辰	巳	卯	寅	未	卯	巳
午	申	卯	辰	巳	午	未	丑	寅	子	亥	申	辰	辰
未	巳	子	丑	寅	卯	辰	戌	亥	酉	申	酉	巳	卯
申	寅	酉	戌	亥	子	丑	未	申	午	巳	戌	午	寅
酉	亥	午	未	申	酉	戌	辰	巳	卯	寅	亥	未	丑
戌	申	卯	辰	巳	午	未	丑	寅	子	亥	子	申	子
亥	巳	子	丑	寅	卯	辰	戌	亥	酉	申	丑	酉	亥

26

년지 기준
神 殺 表

年支\\神殺	子	丑	寅	卯	辰	巳	午	未	申	酉	戌	亥
孤神殺	寅	寅	巳	巳	巳	申	申	申	亥	亥	亥	寅
寡宿殺	戌	戌	丑	丑	丑	辰	辰	辰	未	未	未	戌
男怨嗔殺	未	午	酉	申	亥	戌	丑	子	卯	寅	巳	辰
女怨嗔殺	巳	申	未	戌	酉	子	亥	寅	丑	辰	卯	午

27

년, 월, 일, 시 기준
神 殺 表

魁罡殺	日柱	壬辰	庚辰	庚戌	戊戌		
白虎大殺	年月日時 柱柱柱柱	戊辰	丁丑	丙戌	乙未	甲辰	癸壬丑戌

23

각 종 신 살 론
各 種 神 殺 論

1) **역마살** : 인신사해로서 모두 장생이다. 일지의 삼합의 장생지화 충이 되는 지지가 역마이며 이는 삼합의 病지가 된다. 역마가 길신과 함께 있으면 대길하며 또한 재성과 동궁하면 재운이 길 하고 역마가 강하면 주변 환경에 적극 대처하게 되며 또한 변화 가 많고 바쁘게 된다. 그리고 활동적이면서 밖에서 대부분 시간 을 보낸다.

활동적이고 돌아다니기 좋아하므로 움직임이 많은 직업이 적성 에 맞다. 특히 운수업을 하면 좋다. 사주에 역마, 반안, 장성이 모두 있고 무관으로 진출하면 성공할 수다.

역마가 칠살과 함께 있으면 타향에서 고생하며 식신과 함께 있 고 왕하면 먹고사는 데는 문제가 없다. 역마운은 초년과 말년 운이 흉하며 세운에서 역마를 만나면 이사수, 변동수가 생기게 된다.

2) **지살** : 역마를 충하는 것이 지살이다. 寅--申/巳--亥로 일지와 형
충이면 교통사고 주의 요망.

3) **함지살. 년살**(도화살) : 주색, 도박, 환락, 타락 주의 요망.

4) **양인살** : 양을 잡는 칼과 같으며 비견과 겁재에 해당되며 지극
히 왕성한 것을 뜻한다.
일간이 약하면 길 작용을 하지만 일간이 강하고 사주격국이 안
좋으면 흉폭하게 된다.
사주격국이 좋고 편관이 있으면 무관으로서 성공할 수다.

5) **괴강살**

일주	庚辰	庚戌	戊戌	壬辰

반드시 일주에 있어야 괴강살이 되며 성격이 강하고 주관이 뚜
렷해 흔들리지 않는다. 총명, 용감, 결백성, 과단성, 통솔력이 있
으며 사주격국이 좋으면 대통령, 리더, 무관으로 성공할 수 있으
며 격국이 좋지 않으면 조폭 두목이 된다. 또한 괴강이 충형파
를 만나면 재앙과 질병이 많은 편이다. 여자는 남편을 무시하는
경향이 있다.
또한 자신이 너무 강해 고독을 면할 길이 없다.

괴강살이 형충되면 평생에 형액과 질병이 많으며 가난과 고통이 따르게 된다.

6) **화개살** : 일지삼합궁의 묘지가 화개살인데 묘고는 죽음과 관련되기도 하지만 창고와 관련이 있어 사람의 타고난 끼를 저장하기도 한다. 종교계, 문학계, 예술계 쪽으로 나가면 성공한다. 여자는 화류계 쪽으로 나가기도 한다.

화개살이 인수와 함께 있으면 학문 방면으로 나가면 학자로서 성공하게 되며 귀인과 함께 있으면 귀한 사주가 되며 흉살과 함께 있거나 다른 지지와 형충파해가 되면 학문 계통으로는 성공하기가 어렵다.

화개살이 공망이거나 일지가 화개이면 종교계로 진출하면 성공하고 화개살이 형충이 되면 문화예술 계열로 나가면 성공할 수 있다.

7) **문창귀인**(신) : 학문이나 예술 계열로 나가면 성공할 수다.

8) **학당귀인** : 교수, 박사, 연구가의 길로 나가면 성공할 수다.

9) **장성살** : 일지삼합의 旺지가 장성인데 이는 우두머리 운세이다. 장성이 양인과 함께 있으면 사람의 생사여탈권을 갖게 되는 운세이며 관성과 함께 있으면 관직에서 출세할 운세이며 재성과

함께 있으면 재물을 많이 얻을 수 있는 운세이다. 그러나 이는 사주격국이 좋아야 이룰 수 있는 것이고 사주격국이 나쁘면 이루어지기가 쉽지 않다.

10) **반안살** : 멋쟁이로서 모델 등이 유리하다.

11) **금여록** : 금마차를 탈 운으로서 부귀를 상징한다.

12) **명위록** : 명성과 지위를 얻을 수임

13) **천을귀인**(신) : 지혜롭고 공명이 있고 일이 잘 풀려 성공할 수다.

14) **천덕귀인/월덕귀인** : 白災 불침범 수다.

15) **대극귀인**(신) : 입신양명할 수다.

16) **절도귀인**(신) : 모범생 운수다.

17) **삼기귀인**(신) : 사주에 甲戊庚이 모두 있거나 乙丙丁이 모두 있거나 辛壬癸가 모두 있을 때이며 인간성이 좋고 박사 소리를 듣는다.

18) **천주귀인(신)** : 의식주에 걱정 없다.

19) **천관귀인(살)** : 복이 많고 성공할 수다.

20) **천덕합** : 길은 더 길하고 흉은 감소된다.

21) **천복귀인(신)** : 어려움을 당해도 주위의 도움을 얻어 해결할 수다.

22) **복성귀인(살)** : 타고난 복이 후하다.

23) **백호대살** : 교통사고수, 비명횡사수, 질병수

24) **망신살**: 사업 실패수, 사별수, 이별수, 강간수 주의

25) **혈인살**: 피를 볼 수임

26) **월살** : 소아마비 운. 돈이 고갈될 운. 종교 문제 일어날 수임.

27) **상문조객살** : 상을 당할 운세가 많다.

28) **홍염살** : 주색잡기 주의 요망

29) 천살론(天殺論)

년지	亥卯未	寅午戌	巳酉丑	申子辰
천살	戌	丑	辰	未

수재, 화재를 당할 수임. 천살이 사주에 있으면 자존심과 명예욕은 강하나 재물욕은 약한 편이고 허세가 있는 수이다.
일지에 천살이 있으면 통증증후군이 발생하기도 한다.

30) 시록 : 어려움을 당해도 금세 풀릴 수임

31) 재살 : 사고, 파재, 구속 등 각종 재난이 생길 수임.

32) 암록 : 귀인에게 도움을 받을 수임.

33) 겁살 : 도난, 성폭행 당할 수임.

34) 협록 : 재물을 많이 취할 수임.

35) 관귀학관 : 직장에서 성공할 수로서 甲乙일간-巳//丙丁일간-申//戊己일간-亥//庚辛일간-寅//壬癸이간-寅이관귀학관이다.

36) 관록 : 공무원 운수임.

37) 비인살 : 용두사미 운수임. 특히 여자는 임신과 출산 운이 약함

38) 고신, 과숙살 : 홀아비, 과부, 독수공방 운수임.

39) 현침살(懸針殺)

일주	甲申	辛卯	辛未	甲午

일주가 현침살이 되면 성격이 예민해지며 잔인해지기도 하고 관재수, 재액수, 사고수가 따른다.

한의사·의사·변호사·간호사·역술인 등을 하면 현침살을 피해갈 수 있다.

40) 귀문관살

● 귀문관살이 있으면 정신이상, 신경쇠약, 변태 주의

귀문관살표

年支	子	丑	寅	卯	辰	巳	午	未	申	酉	戌	亥
時支	酉	午	未	申	亥	戌	丑	寅	卯	子	巳	辰

41) 효신살

일주	甲子 乙亥	丙寅 庚辰	庚戌 辛丑	辛未 丁卯	戊午 己巳	壬申 癸酉

일주가 효신살이면 일찍 어머니와 사별하거나 어머니 때문에 고생을 하기도 하며 일찍이 어머니와 떨어져 고생하며 살기도 한다. 또한 어머니와 트러블이 많으며 어머니가 하는 일에 대해 매사 못마땅해 한다.

여자 일주가 효신살이 되면 자식 덕 보기가 힘들다. 여자 일주가 효신살이면서 편인이 되면 편모슬하에서 자랄 운세이며 일지가 충관계가 되면 편모와 사이가 안 좋거나 편모와 이별하게 된다.

42) 고란살

일주	甲寅	丁巳	戊申	辛亥	丙午	壬子	乙巳	戊午	己酉

여자만 해당되며 일주가 고란살이면 부부가 원만하지 못하며 십중팔구 남편 덕이 매우 약하다.

신강, 신왕, 신약론
身强, 身旺, 身弱論

● 신강신왕신약이란 말은 정신이 강하냐 약하냐이다. 신약한 자는 어떤 일이 실패 시 우울증이 걸리고 자살도 하지만 신강신왕한 자는 실패해도 굳건히 그 일을 해결해 나간다.

    1. 신왕사주 : 사주에 비견, 겁재가 많을 때임.

    2. 신약사주 : 사주에 상관, 정편재, 정편관이 많을 때임.

    3. 신강사주 : 사주에 정인, 편인이 많을 때임.

29-1 旺, 相, 休, 囚, 死

일간 월령	木	火	土	金	水
寅卯	旺	相	死	囚	休
亥子	相	死	囚	休	旺
巳午	休	旺	相	死	囚
辰戌丑未	囚	休	旺	相	死
申酉	死	囚	休	旺	相

● 旺相休囚死는 일간이 어느 월령에 태어났느냐로 강약을 보는 것이다. 일간이 木이고 寅卯월에 태어났다면 旺하고 亥子월에 출생했다면 相이 되고 巳午월에 출생했다면 休가 되며 辰戌丑未월에 출생했다면 囚가 되며 申酉월에 출생했다면 死가 되는 것이다.

격 국 론
格 局 論

● 격국은 용신을 찾는 데 중요한 역할을 한다. 격국은 형격, 형국으로 말할 수 있는데 사주에 인수가 많으면 인수격이 되고 사주가 인수로만 구성되어 있으면 인수국이 된다.

30-1 격국의 종류

1. **내격, 정격** : 식신격·상관격·정재격·편재격·정관격·편관격·인수격·편인격

2. **용신** : 사주의 상극제화·조후·중용으로 용신을 정한다.

3. **외격, 변격** : 세를 따라 정한다.
   전(종)왕격·종강격·종아격·종재격·종살격·화격·건록격·양인격·곡직격·염상격·가색격·종혁격·윤하격 등이있음.

4. **용신** : 세를 따라 정함

5. **종왕격** : 사주에 비겁이 많을 때(잘될 수도 있고 못될 수도 있다. 상대적으로 재가 약하다. 조폭은 유리하다.)

6. **종강격** : 사주에 인성이 많을 때(편한 것을 추구하고 모자자멸

이 될 수 있고 기고만장할 수 있다.)

7. **종아격** : 식상이 많아 신약하다. 남자는 자식 복이 약하고 여자
는 남편 복이 약하다.

8. **종재격** : 재가 많아 신약하다. 그러나 큰 부자가 될 수 있다. 박
찬호가 여기에 속한다.

9. **종관격** : 정관이 많아 신약하다. 그러나 크게 성공할 수다.

10. **종살격** : 편관이 너무 많아 신약하지만 크게 성공할 수 있다.
그러나 식상 운은 약하다.

11. **곡직격** : 甲 또는 乙일간이고 지지에 亥卯未나 寅卯辰이 전부 있
거나 사주가 木局을 이루고 이를 극하는 오행이 없어야 한다.

12. **염상격** : 丙 또는 丁일간이고 지지에 寅午戌이나 巳午未가 전부
있거나 사주가 火局을 이루고 이를 극하는 오행이 없어야 한다.

13. **가색격** : 戊 또는 근일간이고 지지에 辰戌丑未가 있거나 사주
가 토국을 이루고 월지에 반드시 토가 있고 이를 극하는 오행이
없어야 한다. 土를 생조하는 운은 길하고 극하는 운은 흉하다.

14. **종혁격** : 庚 또는 辛일간이고 지지에 사유축이나 신유술이 전부
있고 사주가 金局을 이루고 이를 극하는 오행이 없어야 한다.

15. **윤하격** : 壬 또는 癸일간이고 지지에 亥子丑이나 申子辰이 전부
있고 이를 극하는 오행이 없어야 한다.

16. **양신성상격** : 사주가 두 가지 오행만으로 이루어진 것으로 생
조하는 운은 길하고 극하는 운은 흉하다.

31

格局에 따른 사주의 종류

● **食神格 사주**

壬	壬	丙	甲
寅	辰	寅	寅

● **傷官格 사주**

甲	癸	甲	戊
寅	未	寅	子

● **强旺格 사주**

庚	庚	庚	庚
辰	戌	辰	辰

● **從兒格 사주**

癸	辛	壬	壬
巳	亥	子	申

● 從財格 사주

乙　壬　壬　戊
巳　午　戌　寅

● 從殺格 사주

甲　戊　甲　己
寅　寅　戌　酉

● 從殺格 사주

丁　己　乙　癸
卯　未　卯　卯

● 曲直格 사주

丁　乙　丁　己
卯　未　卯　亥

● 炎上格 사주

丁　丁　甲　丙
未　巳　午　午

● **稼穡格 사주**

戊 己 己 戊

辰 丑 未 戌

● **從革格 사주**

甲 庚 庚 癸

申 戌 申 酉

● **潤下格 사주**

癸 戊 乙 甲

丑 子 亥 午

● **合木格 사주**

壬 丁 乙 癸

寅 亥 卯 未

● **合火格 사주**

癸 戊 甲 戊

丑 戌 寅 午

● 合土格 사주

甲	己	丙	庚
戌	丑	戌	辰

● 合金格 사주

庚	乙	乙	乙
辰	丑	酉	巳

● 合水格 사주

辛	丙	庚	丙
卯	辰	子	申

32

오 행 용 신

직업론(五行用神 職業論)

1. 木用神

사무직, 행정공무원, 공원관리자, 조경사, 문화재관리자, 회계, 토목기사, 건축기사, 의류관련업, 목재업, 가구업, 한약업, 종이관련업, 법학과, 임학과, 문화재관리학과, 조경학과, 임산물취급업, 산림관리

2. 火用神

전기전자업, 연예기획사, 배우, 전산과, 정보처리사, 컴퓨터공학과, 조명업보일러기사, 극장업, 광고업, 사진관, 언론인, 정치인 등.

3. 土用神

농산물취급업, 농업기술공무원, 조경업, 과수원, 목축업, 화원, 부동산업, 도예업, 골동품업, 농학과, 원예학과, 풍수지리사, 지리학과, 고고학과, 측량학과, 지구과학과, 지구시스템공학과 등.

4. 金用神

금은세공업, 보석점, 기계업, 금속공학과, 산업공학과, 항공공학과, 금속재료공학과, 차동차정비및자동차학과, 중장비업및기사, 금형기술자, 총포업, 철공소 등.

5. 水用神

상경대학, 숙박업, 해운업, 선박업, 요식업, 커피숍, 목욕탕, 양어장, 수산업, 항해사, 수질관리사, 생물학과, 조선공학과 등.

33

용 신 론
用 神 論

1) 억부용신법 중 신강사주용신법

● 신강사주는 식상관, 재성, 관성 중에 용신이 있다.

● 비겁이 많고 관성이 있고 재성이 있어 재생관이 되면 관성이 용신이 된다.

● 비겁이 많은데 관성이 약하고 식상관, 재성이 약하면 관성이 용신이 된다.

● 인성이 강하고 관성과 식상관이 없으면 재성이 용신이 된다.

● 비겁이 많고 재성이 약하면서 식상관이 강하면 식상관이 용신이 된다.

● 비겁이 많고 식상관이 약하면서 재성이 강하면 재성이 용신이 된다.

2) 억부용신법 중 신약사주용신법

● 신약사주는 인성이나 비겁이 용신이 된다.

● 관성이 왕하고 식상이 없으면 인성이 용신이 된다.

● 식상이 많으면 인성이 용신이 된다.

● 재성이나 관성이 왕하면 비겁이 용신이다.

3) 병약용신

병이 되는 것에 약이 용신이다.

신약사주는 비겁이나 인수가 필요한데 이것을 충극하면 병이
된다.

그러므로 이 충극하는 오행을 제어하는 오행이 약이 된다.

4) 조후용신

한난조습을 다스리는 것이 조후용신이다.

목화일간이 사오미월에 출생하면 수가용신이 된다.

금수일간이 해자축월에 출생하면 화가 용신이다.

더우면 서늘하게 하고 추우면 따뜻하게 하는 것이 용신이다.

5) 통관용신

힘이 비슷한 오행이 서로 다툴 때 교량적 역할을 하는 오행이
통관용신이다.

화극금으로 서로 대치하고 있을 때 중간에 토를 써서 화생토 토생금하게 해주는 오행즉토가 통관용신이다.

6) 종강격 용신

사주가 인성으로만 이루어졌으므로 그 세를 따라 인수가 용신이다.

7) 종왕격 용신

사주가 비겁만으로 이루어짐으로 그 세를 따라 비겁이 용신이다.

8) 종재격 용신

사주가 대부분 재성으로 이루어지므로 그 세를 따라 재성이 용신이다.

9) 종관격 용신

사주 대부분이 관성으로 이루어지므로 그 세에 따라 관성이 용신이다.

10) 종아격 용신

사주 대부분이 식상으로 이루어지므로 그 세에 따라 식상이 용신이다.

34

성격판단법

1) **식신격** : 너무 많으면 무능력해지고 자기주장이 너무 강하다.

　　일을 잘 벌이고 마무리는 제대로 하지 못한다.

　　남을 잘 보살피는 경향이 있다.

　　명랑한 편이다.

　　요리사 중에 식신격이 많은 편이다.

　　오지랖이 넓은 편이다.

2) **상관격** : 자기주장이 강하고 총기가 있는 편이다.

　　직설적이고 감추지 못하는 경향이 있다.

　　의협심이 있고 잘난 체 많이 하는 편이다.

　　여자는 남자를 우습게 안다.

　　상사에게 대드는 경향이 있다.

3) **비견격** : 자존심, 의지, 자수성이 강하다.

　　남에게 지기 싫어하고 새로운 것 시작하기를 좋아한다.

4) **겁재격** : 자기중심적이며 솔직담백한 편이다.

소탐대실하는 경향이 있다.

처음엔 싼 것을 사지만 나중에 후회하는 경향이 있다.

배우자에게 정성을 다하지 못하고 배우자를 못마땅하게 생각한다.

5) **정재격**: 근검절약형이고 인색한 편이다.

6) **편재격**: 동적이고 요령이 많다.

열심히 일해서 돈도 벌고 기부도 잘한다.

통이 큰 편이다.

복권, 부동산 투기, 주식 등에 관심이 많은 편이다.

남의 일을 잘 돌보는 경향이 있다

시시비비를 잘 따지는 편이다.

7) **정관격**: 관대하고 정직하고 준수하고 착실한 편이다.

정관이 너무 많으면 용두사미형이 된다.

여자 사주에 정관이 너무 많으면 두 마음을 갖고 산다.

8) **편관격**: 남에게 지기 싫어하고 라이벌을 꼭 이기고 말겠다는 생각을 갖는다.

그릇이 큰 편이고 모험심이 강하다.

인생
사주학

단순하며 기회 포착을 잘한다.

타인을 생각하는 면이 많고 의협심이 강한 편이다.

9) **인수격**: 재물 욕심이 많지 않은 편이다.

이기적인 면이 있다.

자기를 위해선 잘 쓰는 편이다.

10) **편인격**: 잡기가 많은 편이고 명랑 온후하다.

진실한 사랑을 추구하며 고독하기도 하다.

일관성이 부족하고 투잡을 좋아한다.

자기를 잘 챙기므로 굶지는 않는다.

35

질 병 론
疾 病 論

오행	장부
목이 강하거나 약할 때	간질환, 쓸개질환, 안질환, 주근깨, 동맥경화, 생리불순, 구안와사, 관절통, 빈혈증 등
화가 강하거나 약할 때	심혈관계통, 당뇨, 변비, 놀람증, 고·저혈압, 자궁냉증 등
토가 강하거나 약할 때	위장관련질병, 췌장질병, 맹장염, 화농성질환, 비만증 등
금이 강하거나 약할 때	폐·기관지, 코질환, 대장질환, 관절통, 신경과민 등
수가 강하거나 약할 때	비뇨기과질환, 신장, 방광, 디스크, 자궁냉증, 신경통, 중풍, 자궁근종, 정력감퇴 등

36

육 친 론
六 親 論

구분	父	母	兄弟	子女	配	其他
男	偏財	印綬	比劫	正偏官	正偏財	편인:유모.계모. 편재:내연녀.애인 식신:장모 관살:사장.상사 편재:종업원.부하 비겁:동업자
女	偏財	印綬	比劫	食神傷官	正偏官	편인:유모.계모 편관:양부 편재:시어머니 편관:시누이

36-1 육친궁사

1) 부모궁사

● 용신, 희신이 부모궁에 있으면 부모덕이 있고 기신이 있으면 부
　모덕이 없다.

- 월지, 인수가 충극을 하면 부모덕이 약하다.

- 부모궁이 재성인데 다른 궁과 충극하면 부모덕이 약하다.

- 인성이 용신을 충극하면 부모로 인해 고생한다.

- 재성이 많고 인성이 약하면 모친이 장수하지 못하고 인성이 강하고 재성이 약하면 부친이 장수하지 못한다.

- 인수공망이면 모친이 지병을 얻게 된다.

- 편재공망이면 부친이 지병을 얻게 된다.

- 인수, 편재가 월지에 있으면서 공망이면 부모덕이 거의 없다.

- 인수편재가 절지에 있으면 부모덕이 약하다.

- 일주월주가 서로 충극하면 부모와 친하지 않기도 하며 자주 싸우기도 한다.

- 편재가 너무 많으면 부친이 대가 세고 인수가 너무 많으면 모친이 대가 세다.

- 편재가 부모궁에서 양인을 깔고 있으면 부친이 난폭해지고 인수가 부모궁에서 양인을 깔고 있으면 모친이 난폭해진다.

- 비겁이 용신을 충극하면 형제자매나 친구, 동료로부터 피해를 당하게 된다.

- 식신이 강하고 관살이 약한데 비겁이 식신을 생조하면 형제자매나 친구, 동료로부터 피해를 당하게 된다.

2) 본인궁사

● 일간이 강한데 행운에서 또 비겁이 오면 형제자매, 친구, 동료로 부터 피해를 당할 수 있다.

● 월지와 일지가 서로 형살관계면 본인의 형제와 배우자와 관계가 안 좋게 된다.

● 남자가 배우자감을 고를 때 일지와 재성을 살피고 행운을 살펴 봐야 한다.

● 여자가 배우자감을 고를 때 일지와 관성을 살피고 행운을 살펴 봐야 한다.

● 남자 사주에서 일지나 재성이 용신이면 처덕이 있다.

● 여자 사주에서 일지나 관성이 용신이면 남편덕이 있다.

● 일지가 기신이라도 다른 지지와 합하여 희신으로 화하면 배우 자덕을 보게 된다.

● 일지가 용신이나 희신을 충극하면 배우자 때문에 피해를 입게 된다.

● 인성이 용신인데 재성이 인성을 충극하면 배우자 때문에 피해 를 입게 된다.

● 남자 사주에서 재성이 도화살이면서 다른 지지와 합화하여 기 신으로 변하면 배우자가 외간남자와 간통하게 된다.

● 사주에 양인살이 많으면 부부사이가 안 좋게 된다.

● 남자 사주에 정편재가 혼잡되어 있으면 남자가 바람을 피우는

경향이 있다.

● 여자 사주에 정편관이 혼잡되어 있으면 여자가 바람을 피우는 경향이 있다.

● 남자 사주에서 인수가 강하고 재가 약하면 고부간에 안 좋은 일이 생기게 된다.

● 남자 사주에서 정재가 비겁과 합을 하면 부인이 외간남자를 사랑하게 된다.

● 여자 사주에서 정관이 비겁과 합을 하면 남편이 외간여자를 사랑하게 된다.

● 태강하면서 일지에 양인을 깔고 있으면 배우자 건강이 안 좋게 된다.

● 남자 사주에서 정재가 입묘되면 이별의 아픔을 겪게 된다.

● 여자 사주에서 정관이 입묘되면 이별의 아픔을 겪게 된다.

● 남자 사주에서 정재가 용신, 희신인데 다른 지지와 합화되어 기신으로 변하면 부인이 바람을 피우게 된다.

● 여자 사주에서 정관이 용신, 희신인데 다른 지지와 합화되어 기신으로 변하면 남편이 바람을 피우게 된다.

● 남자 신약 사주에서 재가 많으면서 일지에 정재가 있으면 부인이 아프게 된다.

● 여자 신약 사주에서 관살이 많으면서 일지에 정관이 있으면 남편이 아프게 된다.

● 남자 사주에서 편재가 정재보다 강하면 애인이 오래간다.

- 남자 사주에서 정재가 편재보다 강하면 애인이 오래 못 간다.
- 여자 사주에서 편관이 정관보다 강하면 애인이 오래간다.
- 여자 사주에서 정관이 편관보다 강하면 애인이 오래 못 간다.
- 여자 사주에서 정관이 용신, 희신이면서 일간과 합이 되면 부부 금실이 좋다.
- 남자 사주에서 정재가 용신, 희신이면서 일간과 합이 되면 부부 금실이 좋다.
- 여자 사주에 식상이 많으면 남편 덕이 박하다.
- 남자 사주에 비겁이 많으면 부인 덕이 박하다.
- 여자 사주에 정관이 2개 이상이고 그중 1개가 공망이면 재혼하게 된다.
- 남자 사주에 정재가 2개 이상이고 그중 1개가 공망이면 재혼하게 된다.
- 여자 사주에서 일간과 비겁이 정관과 투합하면 본인과 다른 여자가 남편을 두고 서로 다투게 된다.
- 남자 사주에서 일지와 식신이 합을 이루면 장모와 함께 살게 될 운이다.
- 여자 사주에서 천간정관이 재를 깔고 있으면 부인 덕에 남편이 출세할 운세다.
- 여자 사주가 너무 태왕하면 남자를 우습게 여겨 결국 혼자 살게 된다.
- 여자 사주에 식상관이 많으면 남편 덕이 약하다.

3) 자녀궁사

● 시주에 용신, 희신이 있으면 자식 덕을 본다.

● 시주에 기신이 있으면 자식 덕이 약하다.

● 여자 사주가 태약하고 식상관이 많으면 자식 덕이 약하다.

● 여자 사주에서 식상관이 태약하고 인수가 많으면 자식 덕이 약하다.

● 여자 사주에서 조토가 많으면 임신을 못할 수도 있다.

● 여자 사주에서 식상관이 입묘되면 유산하게 된다.

● 남자 사주에서 관살이 입묘되면 정자 활동이 둔하다.

● 남여 사주에서 자녀성이 없어도 행운에서 자녀성이 들어오면 임신할 수 있다.

● 남성 사주에서 관살이 지장간에 있으면 대리모를 통해 자식을 둘 수 있다.

37

일간총설
日干總說

1) 甲일간

- 어질고 인자함을 중요시 여기는 편이다.
- 자기 자신을 과대평가한다.
- 자존심이 강하다.
- 쉽게 굴신하지 않는다.
- 무소의 뿔처럼 홀로 노력하며 전진한다.
- 성실히 자기 임무를 수행한다.
- 리더 기질이 있다.
- 꿈과 이상이 높은 편이다.
- 자기주장이 강한 편이다.

2) 乙일간

- 인을 중요시 여기는 편이다.

● 환경 적응력이 강하다.

● 성격이 부드러운 면도 있고 강한 면도 있다.

● 남의 간섭을 싫어한다.

● 자기가 생각했던 것과 차이가 나면 몹시 화를 내는 편이다.

● 모진 역경도 꿋꿋이 헤쳐 나간다.

● 다분히 현실적이고 계산적이다.

● 자기가 해야 할 일은 철저히 하는 편이다.

● 불만이 많은 편이어서 스스로 스트레스를 많이 받는다.

● 대인관계가 좋은 편이지만 자기가 미워하는 사람은 철저히 미워
한다.

● 남을 배려하는 면도 있는 편이다.

3) 丙일간

● 예를 중요시 여기는 편이다.

● 자기의 끼를 발산하고 싶어 한다.

● 연예인 기질이 많은 편이며 실제 연예인이 많다.

● 명랑하고 정열적이다.

● 화려하고 화끈한 것을 좋아한다.

● 측은지심도 있어 봉사를 잘하는 편이다.

● 말을 잘하며 연기도 잘하는 편이다.

● 대인관계가 좋은 편이다.

- 임기응변을 잘하는 편이다.
- 솔직하고 비밀을 잘 간직하지 않는다.
- 성격이 급한 편이고 직설적이다.
- 여러 가지를 해보지만 싫증을 잘 내는 편이다.
- 겉은 화려하지만 속은 어두운 면이 많은 편이다.

4) 丁일간

- 예의범절을 중요시 하는 편이다.
- 자존심과 집념이 강한 편이다.
- 용모가 수려한 편이다.
- 정신력이 강한 편이다.
- 이기심과 질투가 심한 편이다.
- 자기가 싫어하는 사람과는 인연을 끊는다.
- 진실을 파헤치고 이해관계에서는 소송을 불사하기도 한다.

5) 戊일간

- 신뢰를 매우 중요시 여기는 편이다.
- 속이 깊고 포용력이 있는 편이다.
- 신뢰성이 있고 아량이 있는 편이다.
- 중용을 잘 지키려 한다.

- 싸움을 잘 말리는 편이다.
- 종교에 집착하는 경향이 있다.
- 누가 뭐래도 묵묵히 자기 길을 걷는다.
- 주관이 뚜렷한 편이다.
- 고집이 강한 편이다.
- 게으른 편이고 비밀을 간직 하는 편이다.

6) 己일간

- 신의를 중요시하는 편이다.
- 합리적이고 본심을 약간 감추는 편이다.
- 게으른 편이고 직업을 갖고자 하는 경향이 있다.
- 순박하지만 까다로운 면도 있다.
- 물건을 고를 때 값싸고 질 좋은 것만 추구하는 편이고 비싸더라도 자기가 맘에 들면 꼭 사고 싶어 한다.
- 비밀이 있고 귀가 얇은 편이다.
- 질투심이 많은 편이며 잔 욕심이 많고 사교성이 부족한 편이다.
- 욕심이 없고 허술한 것 같지만 챙길 것은 철저히 챙기는 편이다.

7) 庚일간

- 의리를 중요시하는 편이다.

- 이해관계가 분명하고 강직한 편이다.
- 냉정한 것 같지면 마음은 따스한 편이다.
- CEO기질이 있다.
- 명분을 중요시하며 나를 알아주는 상사나 리더에게 목숨을 걸기도 한다.
- 좋고 나쁨이 분명한 편이다.
- 경금일간은 쉽게 부리지 못한다.

8) 辛일간

- 의리와 신뢰를 중요시한다.
- 자기중심적이다
- 자존심이 강하고 담백한 성격이다.
- 똑똑함과 까다로움이 있는 편이다.
- 짝사랑만 하는 편이다.
- 냉담하고 소극적인 면이 있다
- 적극적이지 못한 면이 있다.
- 한번 정을 주면 오래가고 배신하지 않는 편이다.
- 정을 주고 배신당하면 상처가 오래 가는 편이다.
- 사교성이 부족한 편이다.
- 수다쟁이와는 거리가 먼 편이다.
- 적극적인 자기표현이 부족한 편이다.

9) 壬일간

- 지혜롭다.
- 아량이 넓다.
- 분석력이 뛰어난 편이다.
- 참모, 군사형이다.
- 처세술이 좋은 편이다.
- 비밀이 많은 편이며 음흉한 면도 있다.
- 설계나 디자인을 하면 좋다.

10) 癸일간

- 지혜롭고 환경 적응을 잘하는 편이다.
- 온화유순하다.
- 아량이 넓다.
- 참모 및 보좌형이다
- 묵묵히 자기 맡은 업무를 빈틈없이 수행한다.
- 남의 마음 이해를 잘하는 편이다.
- 부탁받으면 거절하지 못하고 최선을 다해 도와주려 한다.
- 새로운 것에 흥미를 느껴 시도하지만 오래가지 못한다.
- 시비를 잘 가리며 직설적인 면이 있다.
- 청백리형이며 이익에 아첨하는 것을 배척한다.

● 소처럼 근면 성실하게 일하는 것을 최상으로 생각한다.

● 눈치만 보며 설렁설렁 대충 얼버무리는 것을 제일 싫어한다.

38

일 주 총 설
日 柱 總 說

1) 甲子日柱

● 담백 온화하고 자존심이 강하며 군자다운 성품이다.

● 학문과 지식이 풍부하며 약간의 사치성도 있다.

● 부부간의 겉 정은 있으나 속정은 약하다.

2) 乙丑日柱

● 소심 온순하고 청고하다.

● 근검절약형이며 조용한 타입이다.

● 학문, 예술, 종교 계통에 관심이 있는 편이다.

● 고독한 마음이 지배적이고 얼굴엔 미소가 인색한 편이다.

● 속마음을 별로 드러내지 않는 편이다.

● 타인에게 호의적이지 못해 대우를 받지 못하는 편이다.

3) 丙寅日柱

● 멋을 내고 허영심과 욕심이 많으며 가정으로부터 구속을 싫어 하는 편이다.

● 기가세서 남의 말을 잘 믿지 않는다.

● 조금도 손해 보는 일을 하려 하지 않는다.

● 타인의 배려심이 인색하다.

● 항상 자기 잘난 맛에 산다.

● 남의 단점을 잘 들쳐 내는 편이다.

● 솔직한 면은 있으나 남의 욕을 잘하는 편이다.

● 달면 삼키고 쓰면 뱉는다.

● 배신을 잘한다.

● 스승의 은혜 따위 발톱에 때로 여긴다.

● 자기가 받는 것은 좋아하는데 주는 것은 싫어한다.

● 대인관계에서 자기 뜻을 따라주지 않으면 뒤에서 욕을 한다.

● 항시 마음이 我田引水格이다.

● 남에게 절대 屈身을 안한다.

● 여자 丙寅일주는 예쁜장하고 사교술이 좋아 상대 남자들이 유 혹당하기 쉽다.

4) 丁卯日柱

● 온화 조용하고 깨끗하며 좀 까다로운 편이다.

● 외유내강한 편이다.

● 평상시엔 착하고 선량한 편이나 화가 나면 물불을 안 가리는 편이다.

● 남이 하지 않는 특수 분야에 관심이 많은 편이다.

● 종교적인 자비심으로 사회생활을 열심히 하는 편이다.

● 결벽증이 약간 있는 편이다.

● 부부간에 애정은 깊지 못하고 배타적인 경향이 있다.

● 소화기능이 약한 편이며 병고에 시달리기도 한다.

5) 戊辰日柱

● 고집이 강하고 덕망이 있으며 단체에서 두각을 나타내는 편이다.

● 정직하고 속임수가 없는 편이다.

● 자기 일보다는 남의 일을 먼저 신경 쓰는 편이다.

● 항시 실속 없는 일을 벌이고 다니는 편이다.

● 자금관리 능력이 약한 편이다.

● 겉으론 똑똑해 보이나 손해를 잘 보는 편이다.

● 군중 속에 고독한 사람이기도 하다.

● 부부지정은 별로여서 예쁜 여자를 보면 기웃거린다.

● 남에게 보증을 서서 금전적인 손해를 보기도 한다.

6) 己巳日柱

● 소심 겸손하고 나서지 않으려 하며 안정을 좋아하는 편이다.
● 자존심이 강한 편이며 권모술수가 능한 편이다.
● 정치인 중에 己巳 일주는 정권을 장악하려 수단과 방법을 총동원하는 편이다.
● 자신을 과대평가하는 경향이 있다.
● 타인을 무시하는 편이다.
● 자신을 PR하려고 광범위하게 대인관계를 유지하며 매스미디어를 활용하는 편이다.
● 여명己巳일주는 여장부다운 기질이 있다.

7) 庚午日柱

● 겉으로는 강한 척하며 화를 내나 뒤끝이 없고 속으론 약하며 책임감이 강한 편이다.
● 인물은 빼어나나 성격이 급한 편이고 자기주장이 강하다.
● 리더 급이며 의리가 있다.
● 얌전하다가도 자기 성격에 안 맞으면 3번 정도 인내 후 폭발한다.
● 해결해야 하는 일은 끝까지 쫓아가서 해결하는 편이다.
● 법규를 어기거나 정도에 벗어나는 일을 하지 않는 편이며 법도를 어기는 사람을 증오하는 편이다.

● 자기가 미워하는 사람은 누가 뭐래도 끝까지 미워한다.

● 내가 콩이라고 믿으면 끝까지 콩으로 믿는다.

● 주술적 언변이 좋아 술사에 적합하다.

● 말 속에 항상 칼날이 섞여 있다.

● 결코 호락호락하지도 않고 만만치도 않다.

● 괜히 잘못 건드렸다가는 혼쭐만 나고 본전도 못 찾는다.

● 골통, 관절통, 요통이 오기 쉬우므로 항상 주의해야 한다.

8) 辛未日柱

● 자존심이 강하고 재주가 있어도 빛을 못 보며 단순하며 이기적
이며 기계적인 면이 있다.

● 성격이 까다롭고 섬세한 편이다.

● 평소 조용한 것을 좋아하며 고성방가를 싫어한다.

● 영웅다운 면모는 없지만 인품은 좋은 편이다.

● 연구 활동을 하는 것이 좋다.

● 부부간의 속정은 약한 편이다.

9) 壬申日柱

● 냉정 온화하며 속이 깊은 편이며 비밀을 잘 간직하며 조급한 면
이 있다.

● 자기 일보다는 남의 일에 신경을 많이 쓰는 편이며 단체 활동에
  적극적인 편이다.
● 다소 신경질적인 면이 있고 남의 말을 잘 들으려 하지 않는 편이다.
● 성욕이 강한 편이고 위장 장애를 주의해야 한다.

10) 癸酉日柱

● 혼자 조용히 일 처리하는 것을 좋아한다.
● 자기가 배우고저 하는 것은 반드시 배워야 직성이 풀리는 편이다.
● 한약이나 침술에 관심이 많은 편이다.
● 인정도 많지만 욕심도 많은 편이다.
● 뼈를 잘 다치므로 매사 주의해야 한다.
● 수술할 수가 생기므로 항상 몸 관리를 잘해야 한다.
● 불면증에 걸릴 수가 많고 신경이 쇠약해지는 수가 있다.
● 남명은 장모 덕이 박한 편이고 여명은 자식 덕이 박한 편이다.
● 남명은 정력이 약한 편이며 여명은 자궁이 약한 편이다.

11) 甲戌日柱

● 호쾌하며 직선적인 면이 있으며 한 가지 일에 꾸준히 종사하기
  어려우며 남의 일에는 적극적인 편이다.

● 종교적인 편향이 강한 편이다.

● 가정적이지 못한 편이다.

● 단체를 이끄는 통솔력이 있는 편이다.

● 일확천금을 노려 복권을 잘 사는 편이다.

● 가끔 풍류와 유흥을 좋아하기도 한다.

● 씨는 뿌리나 결실을 거두지 못하는 편이다.

● 매사에 장애가 많고 일이 잘 안 풀리며 꼬이는 경향이 많다.

● 결혼 운이 박해 일찍 결혼하기 어려움이 있고 설령 일찍 결혼했
  다 하더라도 배우자 덕이 박한 편이다.

● 재물 운이 박한 편이다.

● 공부는 많이 해도 공부로부터 오는 덕이 박하다.

● 사막 한가운데 서 있는 올리브 나무와 같아 남에게 그늘이 돼 주
  지만 정작 본인은 뜨거운 태양으로부터 고통을 당하는 편이다.

12) 乙亥日柱

● 창의적인 생각은 잘하는 편이나 실행력이 부족한 편이며 배짱
  이 부족하다.

● 희생과 봉사심이 강한 편이다.

● 가정과 사회를 위해 열심히 일하는 편이다.

● 인자한 면이 있어 남의 입장을 잘 이해하려 한다.

● 타인을 생각하고 배려하는 마음이 있다.

- 창의적이고 근검절약 형이며 모범생인 편이다.
- 공부할 운은 있으나 재복은 약한 편이다.

13) 丙子日柱

- 외모는 수려하나 소심한 편이다.
- 여명은 예쁜 편이며 애교나 사교술이 좋은 편이다.
- 사회생활이 원만한 편이다.
- 품행이 방정한 편이어서 남에게 좋은 평을 듣는 편이다.
- 부부간 애정은 별로인데 사회적인 애정은 좋은 편이다.
- 의처증, 의부증을 조심해야 한다.
- 여명은 건달과 결혼하는 예가 많다.
- 여명은 남자답고 용기 있는 남자를 좋아한다. 그런데 용기 있는 자가 미인을 차지한다고 대부분 용기있는 자는 건달이 많다.
- 여명은 대체로 남편 덕이 박한 편이다.

14) 丁丑日柱

- 내향적이고 생활력이 강한 편이며 자기주장이 강하다.
- 온순하며 사색적이며 홀로 있기를 좋아하기도 한다.
- 인내심이 강한편이다.
- 여명은 남편 덕이 박한 편이다.

- 남명은 주머니에 돈이 있으면 다 쓰는 편이다.
- 결혼은 늦게 하는 사람이 많으며 만약에 조혼을 했다면 이혼수가 따른다.
- 여명은 나이 많은 사람과 결혼하면 좋다.

15) 戊寅日柱

- 표면적으론 강한 것 같으면서 내심 불안한 면도 있다. 하지만 차분히 대처해 나간다.
- 여명은 얼음공주가 많은 편이다.
- 배우자 덕이 박한 편이다.
- 규범을 잘 지키며 매사를 법대로 처리하려는 경향이 있다.
- 자기를 과대평가하지 않으며 허풍을 싫어한다.
- 신의를 존중하고 매사 구상과 계획적이며 메모를 잘하는 편이다.
- 자기가 구상한 것이 많지만 그것을 실천하려는 의지와 힘이 약한 편이다.
- 겉보기와는 달리 유학한 면이 있어 어려움을 당하면 추진하던 일을 포기하는 경향이 있다.
- 자신은 배신을 잘 안 하지만 상대가 배신을 하거나 태클을 걸어 혼자서 감내해야 하는 고통이 자주 발생하는 편이다.
- 정치인은 대중을 압도하는 카리스마가 있다.

16) 己卯日柱

- 마음이 약해 자주 흔들리며 남 앞에서 강력히 자기주장을 펴지 못하는 경향이 많다.
- 체질이 약한 편이어서 꿈을 자주 꾸거나 가끔 흉몽을 꾸기도 하며 가위눌림을 당하기도 한다.
- 배우자 덕이 박한 편이다.
- 자주 마음을 바꾸므로 계획대로 살지 못하는 편이다.
- 귀가 얇아 남의 말을 잘 듣는 편이다.
- 비사교적이어서 고독한 면이 있다.
- 물건을 구매하는 데 신중을 기하는 편이다.
- 가끔 낭비성 구매도 하는 편이다.
- 사업운, 재물운이 박한 편이다.
- 항상 두 마음을 갖고 있다.
- 남에게 의지하려는 경향이 많은 편이다.
- 게을러서 남에게 심부름을 잘 시키는 편이다.
- 자기가 왕자인 양, 공주인 양 착각 속에 산다.
- 과로하면 금세 체력이 고갈되므로 수시로 휴식이 필요하다.
- 주로 정적이어서 운동을 싫어하는 경향이 있다.

17) 庚辰日柱

● 의리와 허풍이 있고 자기과시를 잘하며 약자를 돕는 편이다.

● 강자에겐 강하고 약자에겐 약한 편이다.

● 과묵하고 강한 성격이어서 쉽게 접근하기가 어려운 경향이 있다.

● 사리가 분별하며 남에게 손해를 끼치려 하지 않는다.

● 여명은 결벽증이 심해 결혼을 늦게 하거나 안 하는 경우가 많다.

● 여명 사주에 庚辰일주는 미혼이 많은 편이다.

● 여명의 피부는 깨끗하고 고운 편이며 자외선에 약한 편이다.

● 부부간에 애정이 결핍돼 냉기가 많은 편이다.

● 고집이 센 편이어서 남의 충고를 잘 받아들이지 않는 편이다.

● 사소한 일에 성질을 잘 내나 큰일에는 대범한 편이다.

● 심지가 깊고 사리 구별이 밝아 사법 계통에 종사하면 좋다.

18) 辛巳日柱

● 단정하고 품위를 좋아하며 아주 강직한 성품은 못된다.

● 상식이 풍부하고 교양도 있는 편이다.

● 활동력이 강하고 언행이 민첩한 편이다.

● 성실히 노력은 잘하나 노력에 비해 소득이 적은 편이다.

● 타인을 잘 부리지만 타인의 의견을 잘 받아들이지 않는 편이다.

● 자존심이 강한 편이다.

● 여명은 연애결혼을 할 운수가 강한 편이다.

19) 壬午日柱

● 타산적이며 꾀가 많고 사람을 잘 다루는 편이며 외향은 부드러운 것 같지만 속으론 강한 면모가 있다.
● 유순한 성격에 조급한 면이 있다.
● 절약 정신이 투철하며 인색한 편이다.
● 여명은 남편 덕이 박한 편이다.
● 리더 급이며 남 앞에 나서기를 좋아하며 자기 의견을 관철시키려는 경향이 있다.
● 약방의 감초 같은 경향이 있다.
● 자기 의사 표현을 잘하는 편이다.
● 사업은 하지만 결실이 적은 편이다.
● 항상 마음속에 칼날이 감추어져 있다.

20) 癸未日柱

● 나약하며 실패가 많은 편이고 배짱이 없어 남에게 이용당하기쉽고 기회를 잘 놓친다. 계획안을 잘 내며 참모에 적합하다.
● 신체가 강한 편이 아니어서 과격하거나 심한 운동을 하면 금방몸에 이상이 온다.

● 항상 조용하고 감상적이고 공상적인 면이 있으며 스스로 고독을 즐길 줄 안다.

● 씨를 잘 뿌리나 결실이 적어 경제적인 고통이 있을 수다.

● 결혼 운이 박하므로 독신 생활도 생각하고 있어야 한다.

● 사색과 철학에 심취하며 살아가는 것이 좋은 삶이다.

21) 甲申日柱

● 마음의 여유가 없는 편이며 자존심만 세운다.

● 독선적이며 폭군적인 기질이 있는 편이다.

● 타인을 지배하려는 경향이 있다.

● 타인을 무시하고 자기를 과시하려는 경향이 있다.

● 몸을 다칠 운이 많은 편이다.

● 상대에게 배신당할 운이 강하다.

● 배우자 덕이 박한 편이다.

● 부부 불화가 강한 운세다.

22) 乙酉日柱

● 단정, 유순, 소심한 편이고 실패가 많은 편이다.

● 비활동적이며 상대에게 의하려는 경향이 있다.

● 신체가 약한 사람이 많은 편이다.

● 고독을 즐길 줄 알고 혼자 있기를 좋아하는 편이다.

● 외적으론 수수하나 내적으론 화려한 면이 있다.

● 예술적이며 미적 감각이 풍부한 편이다.

● 문학을 좋아하고 독서를 좋아하는 경향이 있다.

23) 丙戌日柱

● 급한 성격이 많고 낙천적이며 쓸데없는 일을 잘 저지르는 편이다.

● 인정이 메마르고 흥분을 잘하는 편이다.

● 자신만을 생각하는 경향이 있다.

● 도량이 넓어 보이나 경솔한 언행으로 구설수에 휘말리는 경향
  이 많다.

● 작은 구멍을 못 막아 큰 구멍을 내기도 한다.

● 부부간에 갈등이 많은 편이다.

● 배우자 덕이 박한 편이다.

● 여명은 자궁이 약한 편이다.

24) 丁亥日柱

● 외모가 수려하며 겁이 많고 소심하다.

● 언행이 겸손하며 교양미가 있는 편이다.

● 학구적인 노력을 하는 편이다.

● 매사 냉정하고 정확함을 추구하는 편이다.
● 여명은 색기가 많은 편이다.
● 대인관계가 좋은 편이다.
● 배우자 덕은 있는 운수다.

25) 戊子日柱

● 근면 성실하며 이재에 밝은 편이다.
● 금전운은 있는 편이다.
● 여명은 현모양처가 많으며 자기를 희생해서라도 남편을 출세시키려는 욕망이 강하게 있다.
● 처덕이 있어 집안일은 부인이 알아서 잘하므로 자기가 하고 싶은 일을 하면서 사는 편이다.
● 남명은 멋을 잘 부리며 가정사에 있어 크게 신경을 안 쓰는 편이다.
● 자기 부인 자랑을 잘하는 편이며 애처가가 많은 편이다.

26) 己丑日柱

● 신의가 있고 겸손 온화하며 묵묵히 자기 일을 하는 스타일이며 희생정신이 강한 편이다.
● 정직 성실하며 매사에 세밀한 편이다.

● 여명은 주부 역할을 잘하고 남명은 가정적인 편이다.

● 마음속에 찬 기류가 있으므로 가끔씩 밖으로 돌출되기도 한다.

● 매사에 모범적인 편이다.

● 저축성이 강한 편이다.

27) 庚寅日柱

● 통솔력이 있고 호탕적이며 정치적 경향이 많은 편이다.

● 권위적이며 매사에 끊고 맺음이 확실한 편이다.

● 정치외교 방면에 탁월하며 운동에도 일가견이 있는 편이다.

● 남자는 영웅호색적이며 여명은 남편을 출세시키려는 욕망이 많은 편이다.

● 고집이 센 편이고 자기가 손해 보는 일을 조금도 안 하려 한다.

● 대인관계에서 명분을 중시하며 의리도 있다.

● 자기를 알아주는 상사에게 충성을 맹세한다.

● 돈은 잘 벌기도 하며 잘 쓰기도 하는 편이다.

● 약간의 조급한 면도 있다.

28) 辛卯日柱

● 맺고 끊음이 확실하고 처세에 빈틈이 없어 보인다.

● 외적으론 단정하고 세심해 보이지만 속은 그렇지 못하다.

- 자신감이 결여되고 심신이 약해 어려운 일을 당하면 당황하게 되어 안절부절못하는 편이다.
- 타인을 믿지 못하는 경향이 있다.
- 인색한 면이 많아 수전노 소리를 듣기도 한다.
- 부모덕이 박한 편이다.
- 대인관계에서 조금도 손해를 안 보려 한다.
- 돈 앞에서는 부모 형제도 없다.
- 돈을 무척 좋아하는 편이다.

29) 壬辰日柱

- 심중이 깊은 편이며 정적인 일을 잘하며 계획을 잘 세우나 다소 거친 면도 있다.
- 돈보다 명예를 중요시하는 경향이 있다.
- 자기주장이 강한 편이다.
- 권위와 위신을 중요시한다.
- 평상시엔 조용하다가도 성질이 나면 쓰나미 같은 면이 있다.
- 옹졸하고 꽁한 면이 있어 한 번 눈 밖에 나면 쳐다보지도 않는다.
- 명예욕과 허영심이 강한 편이다.
- 준법정신이 강한 편이고 권모술수가 뛰어나 참모로 적합하다.
- 여명은 남편 덕이 박하다.
- 보수적인 경향이 있다.

30) 癸巳日柱

● 계산에 빠르며 실속파다. 회계를 잘 보며 내부 관리를 잘하는
  편이다.
● 언행이 바르고 단정한 편이다.
● 총명하며 분명한 것을 좋아한다.
● 금전에 집착하는 편이다.
● 경제활동을 많이 하는 편이다.
● 항상 부지런하고 바쁘며 실리적이고 현실적이다.
● 현실만 생각하므로 교양적인 면이 부족한 편이다.
● 처덕이 박하다.
● 처를 경쟁자로 여기는 경향이 있다.

31) 甲午日柱

● 영리하고 수단이 좋으며 오만한 면도 있고 남 비평을 잘하며 자
  기표현 능력이 강하고 남을 이기려는 마음이 강한 편이다.
● 멋을 잘 내며 예술적 감각이 뛰어난 편이다.
● 여명은 남편 덕이 박한 편이다.

32) 乙未日柱

● 단정하고 명쾌한 편이며 섬세하고 유능하지만 타산적이다.
● 매사 성실한 편이다.
● 조심성이 너무 강해 소심해 보인다.
● 너무 생각이 깊어 꾸물대어 행동이 늦는 편이다.
● 종교와 인연이 깊고 위장이 약한 편이다.
● 삼강오륜을 잘 지키는 편이고 부부지정도 좋은 편이다.

33) 丙申日柱

● 검약하고 노력파다. 그러나 끈기가 부족해 실패도 많이 따른다.
● 재물에 대한 욕심이 적고 마음이 착한 편이다.
● 낭비 성향이 약간 있어서 가끔 경제적 어려움을 겪기도 한다.
● 항상 바빠서 집보다는 밖에 있는 시간이 더 많다.
● 여명은 남편 출세욕이 강한 편이다.

34) 丁酉日柱

● 명쾌 발랄한 편이고 단순하며 대인관계가 많은 편이다.
● 재능과 식복이 있는 편이다.
● 가끔씩 유흥을 즐기기도 하며 주색에 빠지기도 한다.

● 망신살이 있으므로 언행을 삼가며 신중히 행동해야 한다.

● 우울증 걸릴 확률이 높은 편이다.

● 너무 인색한 면도 있다.

● 남명은 여자로 인해 큰 낭패를 볼수가 있으니 여자의 유혹을 조심해야 한다.

● 교양과 지식은 부족한 편이다.

35) 戊戌日柱

● 기가 세며 자기주장이 강한 편이다. 투지가 왕성하고 남의 일을 잘 봐준다.

● 신뢰와 용모가 수려하고 충직한 편이다.

● 말수가 적으면서 황소처럼 일을 하므로 믿음이 가는 편이다.

● 매사 근면 성실하므로 타인으로부터 평판이 좋은 편이다.

● 성직자로서 인류에 봉사하며 산다면 만인으로부터 사랑을 받을 것이다.

● 잔꾀를 모르고 우직성이 있고 저축성이 강한 편이다.

● 유비무환 정신이 투철하므로 항상 주머니에 비상금을 갖고 다니는 편이다.

● 남녀 관계에서는 첫째도 믿음, 둘째도 믿음, 셋째도 믿음을 중시한다.

● 여우 같은 여자보다는 곰 같아도 믿음이 가면 그 곰 같은 여성

을 선택하는 경향이 있다.

36) 己亥日柱

- 소유욕이 강하며 현실적이고 부지런하며 실속파다.
- 경제적 활동이 활발한 편이다.
- 재복이 있고 돈도 잘 쓰므로 항상 주위에 자기 사람들이 있는 편이다.
- 주색잡기에 능한 사람이 많다.
- 여명은 낭비성이 있는 편이며 오지랖이 넓은 사람이 많다.

37) 庚子日柱

- 결단력이 좋고 일 처리를 잘한다.
- 성격이 강한 면이 있어 상대방을 깎아내리려 한다.
- 인물이 좋고 싹싹하며 사교성도 있다.
- 이지적이고 이기적인 면이 있어 상대방을 무시하는 경향이 있다.
- 타인의 비평을 잘하고 시비구설수가 많은 편이다.
- 남명은 처가 일을 잘 봐주는 편이고 여명은 남편보다 자식을 위해 헌신한다.
- 부부간에 이해타산이 강해 갈등이 자주 일어나는 편이다.

38) 辛丑日柱

● 깐깐하며 고집이 세다.

● 자기 마음에 들면 잘해주지만 마음에 안 들면 배척한다.

● 재주는 있는 편이나 우물 안 개구리다.

● 귀가 얇으며 물건 사는 것을 좋아하며 남을 잘 믿지 못하지만 자기가 믿는 사람은 끝까지 믿고 한 번 틀어지면 끝까지 단절하는 편이다.

● 냉정하며 얼굴에 화색이 적은 편이나 혼자서는 잘 웃는 편이다.

● 연애와는 인연이 멀고 배우자 덕이 박하다.

● 스스로 자기를 고독하게 만든다.

● 남의 호의를 무시하며 분위기를 맞추지 못한다.

● 내가 남에게 도움을 줄망정 남의 신세는 조금도 안 지려는 결벽증이 있다.

● 남에게 빚지고는 못 사는 성격이므로 외상값이 있으면 빨리 갚아야 마음이 편하다.

● 단순한 것을 좋아하고 복잡한 것을 싫어한다.

● 문리, 수학같이 논리적이고 계산적이고 고리타분한 공부는 싫어한다.

39) 壬寅日柱

● 먹는 것을 좋아하며 성격이 온순하고 너그러워서 남을 잘 도와
  주는 편이다.
● 대체로 풍채가 좋은 편이다.
● 시원시원하고 붙임성도 있어 대인관계가 좋은 편이다.
● 근면성실한 편이고 씀씀이가 쿨한 편이다.
● 남명은 처덕을 보지만 여명은 남편 덕이 박하다.
● 남성에 비해 여성이 더 성욕이 강한 편이다.
● 자기를 안 좋게 말하는 사람에겐 끝까지 복수를 해야 직성이 풀
  린다.

40) 癸卯日柱

● 조용하고 담백하며 예술과 문학을 좋아하는 편이다.
● 얌전하고 맵시도 있어 여성은 남성에게 인기가 많은 편이다.
● 다방면에 소질이 많고 팔방미인이 많은 편이다.
● 여성스런 남자가 많고 마마보이가 많은 편이다.
● 대체로 남자는 연상녀를 좋아한다.
● 생활력이 약하고 게으른 사람이 많은 편이다.
● 여명은 자식 복이 있는 편이다.

41) 甲辰日柱

● 통솔력과 융통성이 있으며 理財에 밝다.

● 풍류를 좋아하는 편이다.

● 가끔 꽁생원이 되기도 한다.

● 남명은 부인을 잘 다스리는 편이다.

● 돈도 잘 벌지만 쓸 때는 잘 쓰는 편이다.

42) 乙巳日柱

● 외모가 수려하고 멋을 부리며 변덕이 있는 편이다.

● 옷을 고를 땐 짜증날 만큼 세심하다.

● 여명은 남편 덕이 박하다.

● 남명은 호의적이어서 호감도가 좋은 편이다.

● 위장이 안 좋은 편이어서 평생 위장약을 달고 살기도 한다.

● 재물과는 거리가 멀고 고생은 많이 해도 대가는 별로 없다.

● 부자로 살기는 어렵고 거지로 살기도 어렵다.

● 여명은 말년에 조금 자식 덕이 있는 편이다.

43) 丙午日柱

● 명랑 쾌활하면서 매사 적극적이며 언변이 화려하고 동적이며 개

방적이고 성격이 급한 편이다.

● 돈에 있어서는 양보가 없으며 독한 마음이 있다.

● 자기와 물이 안맞으면 엄격히 배제한다.

● 싫어하는 사람은 끝까지 미워한다.

● 최고만을 고집하고 허영심도 있고 남에게 자기를 과시하려 한다.

● 식탐이 있어 비만형이 많다.

● 공황장애를 조심해야 한다.

● 급한 성격이 있으므로 자기를 잘 다스려야 큰 덕을 볼 수 있다.

● 초반에는 고생하지만 후반에는 형편이 좋아지는 편이다.

● 외면은 화려하지만 내면엔 고독함이 있다.

44) 丁未日柱

● 단순 선량하며 주위 사람에게 친절한 편이다.

● 부지런하고 비밀이 없으며 상대방에게 잘 베풀고 매사 적극적
  이다.

● 항상 배우고 노력하는 자세다.

● 배우자 덕이 박한 편이다.

● 성격이 급해 손해를 보기도 한다.

● 몸에 지병을 갖고 살아야 한다.

● 당뇨나 고혈압을 주의해야 한다.

● 예의에 어긋나는 행동을 멸시한다.

● 종교와 밀접한 관계가 있다.

45) 戊申日柱

● 식성이 좋으며 실속파다.
● 상대방을 얕보는 경향이 있으며 친절한 면도 있는 편이다.
● 건강하고 화술이 좋은 편이다.
● 유행에 민감하고 연예인은 인기를 많이 얻을 수 있다.
● 자기를 지나치게 과시하는 경향이 있다.
● 타인을 무시하는 경향이 있는 편이다.
● 정력이 강한 사람이 많은 편이다.
● 사업력이 강해 집안을 소홀히 하는 경향이 있다.
● 여명도 집안일보다는 사업을 더 중요하게 여긴다.

46) 己酉日柱

● 친절하나 잔소리가 많은 편이며 음식을 좋아한다.
● 치밀한 성격의 소유자가 많으며 남의 일에 관심이 많은 편이다.
● 재치가 많고 친화력이 뛰어나 대인관계가 좋다.
● 유행에 민감하고 화술도 좋은 편이다.
● 타인의 심리를 잘 파악하므로 심리학자가 많은 편이다.
● 멋을 잘 내며 깔끔하며 야멸친 면도 있다.

● 타인의 심리를 잘 파악하고 상술이 뛰어 나서 장사로 성공하는
　사람이 많다.
● 남녀상열지사는 좋은 편이다.

47) 庚戌日柱

● 정의감이 투철하며 대장부답다.
● 희생정신이 강하며 남의 일을 잘 떠맡는다.
● 의리를 지키는 충신형이다.
● 외유내강하다.
● 자비심이 많아 약자를 잘 돌보는 편이다.
● 봉사를 내 일처럼 하기도 한다.
● 허영심이 적고 실속파다.
● 지식도 있고 천한 행동을 잘 하지 않으므로 타인으로부터 지탄
　을 받지 않는다.
● 남편은 자식을 더위하고 여자는 남편을 더 위하는 편이다.
● 부부지정은 서로 노력하는 편이다.

48) 辛亥日柱

● 외모가 수려하고 피부가 맑고 깨끗한 편이디.
● 비판을 잘하며 의심이 많다.

● 간혹 잘난 체도 하고 유흥을 좋아하는 편이다.

● 정에 약한 면이 있어 애인과 헤어지고 가슴 아파한다.

● 온유하고 농담도 잘 하는 편이다.

● 의리도 있고 강압적이지 않다.

● 자식에게는 인자한 면이 있어 자식에게 미움을 받지 않는다.

● 젊어서는 고생이 많으나 늙어서는 안정된 삶을 영위할 수 있다.

● 여성은 재치와 유머가 풍부하므로 남성에게 인기가 있는 편이다.

● 여성은 남편 덕이 박한 편이다.

● 여성도 사회생활을 하는 것이 좋다.

● 언론인이나 기자로 활동하기에 적합하다.

49) 壬子日柱

● 심중이 깊고 이해심과 포용력이 있는 편이다.

● 지략이 뛰어나며 과묵할 땐 한없이 과묵한 편이다.

● 남을 다스리려는 통솔력이 강한 편이다.

● 씀씀이가 큰 편이다.

● 사회활동이 많아 가정일은 소홀한 편이다.

● 남에게 자기 뜻을 따라주기를 바라며 따라줄 것을 강요하기도
한다.

● 형제자매들에게도 자기 뜻에 따라달라고 강요한다.

● 선거 때도 자기가 선호하는 사람을 찍으라고 강요하기도 한다.

- 잘나가다가도 하루아침에 추락할 수도 있다.
- 정력이 강한 편이고 특히 여성은 성욕이 강한 편이다.
- 여성은 고집이 있고 냉기도 있는 편이다.
- 여성은 재물 욕심이 강하고 인색한 편이다.

50) 癸丑日柱

- 소심하며 소극적이고 의타심이 많은 편이다.
- 매사 주저하는 성격이고 잔꾀가 많은 편이다.
- 총명하고 재치가 있는 편이다.
- 조용하면서도 카리스마가 있다.
- 매사 적극적이며 붙임성도 있다.
- 모임을 잘 이끌어 나가며 지인의 대소사도 내 일처럼 적극적으로 하는 편이다.
- 노력에 비해 결실이 적은 편이다.

51) 甲寅日柱

- 통솔력, 영웅력, 투지력이 왕성한 편이다.
- 독립심, 자존심이 강하다.
- 남에게 지배를 안 받으려 한다.
- 강직한 성격으로 인해 굴신하려 들지 않는다.

- 배우자 덕이 박하다.
- 학자나 선비형이 많다.
- 풍류를 좋아해서 여자들에게는 인기가 있지만 부인에게는 미움을 산다.
- 주머니에 돈이 있으면 유흥비로 다 날리는 편이다.
- 여자에게 차이고 아쉬워서 계속 연락하는 편이다.
- 군자형이 많다.
- 물질적 여유가 있다면 나무랄 데 없는 호인이다.
- 사업을 하기도 하지만 결실이 적은 편이다.
- 부모님의 도움이 없으면 경제적 고통을 당하기도 한다.
- 버릇없이 제멋대로 행동하는 자식이 있을 수다.

52) 乙卯日柱

- 성실 치밀하고 대쪽 같은 성품이 많다.
- 내심 강인하고 일의 끝맺음을 잘하는 편이다.
- 친구 사귀기를 좋아하며 대인관계가 좋은 편이다.
- 지조와 절개가 있고 인동초 같다.
- 부부간에 속정은 없는 편이다.
- 재물복과 사업 덕이 박하다.

53) 丙辰日柱

● 비밀이 없고 유흥을 좋아하는 편이다.

● 매사 적극적이며 사교적이다.

● 식성이 좋은 편이다.

● 연예인이 많은 편이다.

● 매사 성실하고 인정에 약한 편이다.

● 동정심이 있어 때로는 꼼수에 휘말려 손해를 보기도 한다.

● 남명은 외도를 주의해야 한다.

● 여자는 외모가 수려한 사람이 많은 편이다.

● 여자는 덕망이 있어 현모양처가 많다.

54) 丁巳日柱

● 정신력이 강하고 집요력이 강한 편이다.

● 화나면 매우 강렬하며 민첩한 편이다.

● 성격이 급한 편이다.

● 다혈질이라 흥분을 잘하고 화내는 일이 많다.

● 생기발랄하고 활동적이다.

● 친구를 좋아하며 항상 바쁘게 산다.

● 남의 일을 잘 봐주는 편이다.

● 여행이나 관광을 좋아하는 편이다.

● 약간 여성스러운 면이 있다.

● 여성은 예쁜장하면서 고집이 세고 자존심이 강한 편이다.

● 남편을 이기려는 기질이 있다.

● 자기가 공주라고 착각하기도 한다.

55) 戊午日柱

● 배짱이 두둑하고 허영심이 많으며 성격이 급한 사람이 많다.

● 상대방에게 지기 싫어하지만 인덕도 있는 편이다.

● 영특하고 자존심도 강하고 고집도 강한 편이다.

● 매사 자기가 앞장서서 일 처리를 하는 편이다.

● 문서로 인한 손해를 볼 수이므로 주의해야 한다.

● 배우자 덕이 박한 편이다.

● 여명은 남편과 자식으로 인해 속 썩일 수가 있다.

● 특히 여명은 자궁근종을 주의해야 한다.

56) 己未日柱

● 외유내강의 성격이며 야무지고 빈틈이 없는 듯하다.

● 일에 임하면 정열적이고 어려운 상황을 잘 극복해 나간다.

● 자기주장이 강한 편이다.

● 시작과 끝이 분명한 편이다.

- 오늘 할 일을 내 일로 미루지 않는다.
- 인내와 끈기가 있고 근면 성실한 편이다.
- 자비심과 신의가 있다.
- 법을 어기려 하지 않는 편이다.
- 교제에도 희생적이다.
- 사기꾼을 철저히 배척한다.
- 믿음을 중시하기에 신뢰가 없거나 거짓말을 잘하는 사람을 혐오한다.
- 부부지정은 약한 편이다.

57) 庚申日柱

- 외유내강하며 배짱도 있는 편이다.
- 결단력이 빠르며 투쟁을 좋아하는 사람이 많다.
- 우두머리 급이며 통솔력도 있다.
- 정치나 사법 계통에 적합하다.
- 서도 하는 사람이 많은 편이다.
- 도리를 잘 지키므로 사회로부터 지탄받는 일이 적다.
- 타인으로부터 총애를 받을 수다.
- 재물운이 부족한 편이다.
- 처덕이 박하고 두 번 결혼할 수가 있다.

58) 辛酉日柱

● 피부가 깨끗하며 성격이 단순하고 고집이 있는 편이다.
● 상대방에게 지기 싫어하는 경향이 있으며 똘똘한 사람이 많다.
● 매사 정열적이지 못해 손해를 보는 경향이 많다.
● 연애 점수는 빵점이다.
● 부부지간은 성격만 잘 조절한다면 길한 편이다.
● 사업운과 재복은 박한 편이다.

59) 壬戌日柱

● 동적이며 꾀가 많다.
● 겉으론 큰소리치나 속으론 나약한 면이 있다.
● 예의 바르고 교양이 있는 편이다.
● 약간 독선적인 면이 있다.
● 남의 충고는 잘 받아들이는 경향이 있다.
● 허영심은 없고 학문적 열정은 있는 편이다.
● 망중한을 잘 즐기는 편이다.
● 남 앞에 서기를 주저하는 면이 있다.
● 주어진 일을 소신 있게 처리하는 편이다.
● 힘들여 모은 재산을 한방에 날릴 수가 있으니 주의해야 한다.
● 여명은 남편 덕이 박해 가장 노릇을 할 수다.

◉ 과거사는 쿨하게 잊어버리는 편이다.

60) 癸亥日柱

◉ 얌전하지만 개방적이고 섹스를 좋아하는 사람이 많다.

◉ 계획적인 면도 있어 참모에 적합한 편이다.

◉ 자기 자랑을 잘 안 하는 편이어서 속내를 잘 모르는 경우도 많다.

◉ 맡은 업무는 잘 해결하여 이익을 취하는 편이다.

◉ 밖의 일로 항상 바쁘다.

◉ 내심 수심이 많은 편이다.

◉ 운동을 좋아하는 사람이 많은 편이다.

◉ 남에게 돈을 빌려주면 잘 받지를 못하는 편이다.

◉ 남녀상열지사로 인해 탈선의 기회가 많은 편이다.

◉ 성적 욕구가 강한 편이다.

39

육 신 총 설
六 神 總 說

1) **비견** : 고집이 센 편이다. 독단적이다. 독립심이강하다. 기가 세다. 똑똑하다. 남을 무시하는 경향이 있다.

2) **겁재** : 질투심이 강하다. 투기나 도박을 좋아하는 경향이 있다. 승부욕이 강하다. 낭비벽이 강한 편이다.

3) **식신** : 자기표현을 잘한다. 적극적이다. 헌신적이다. 낙천적이다. 솔직하다. 소박하다. 친절하다.

4) **상관** : 재주가 많다. 영리하다. 멋대로 산다. 상대방의 기를 꺾으려한다. 비평을 잘한다.

5) **정재** : 근면 성실하다. 생활력이 강하다. 부지런하다. 고지식하다. 타산적이다. 일 처리가 꼼꼼하다. 꺼진 불도 다시 봐야 마음이 편하다.

6) **편재** : 理財에 밝다. 직선적이다. 공격적인 면이 있다. 통솔력이 있다. 융통성이 있다. 호탕하다. 영웅적이다. 풍류를 좋아한다.

7) **정관** : 정직하다. 순종파다. 단정하다. 책임감이 강하다. 고지식하다. 소극적이다. 수동적이다. 모범적이다. 착한 편이다.

8) **편관** : 권위적이다. 반항적이다. 용감하다. 투쟁적이다. 위협적이다. 잔인성인 경향이 있다.

9) **정인** : 정직하다. 명예와 명분을 중요시한다. 말수가 적은 편이다. 까다롭다.

10) **편인** : 게으르다. 예술성이 있다. 신비주의적 성향이 있다. 괴팍한 면이 있다. 까다롭다. 공상을 잘하는 편이다. 기능과 창작성이 있다.

40

사주간명론
四柱看命論

1) 사주간명 총설

(1) 사주에 식상이 많으면 할머니가 재가를 하거나 할아버지가 재
   취할 수다.

> **예** 시주   일주   월주   년주
>
>   壬   辛   壬   *
>
>   *   *   *   亥

(2) 사주에서 일주와 역마나 지살이 합이 되면 타향살이를 할 수다.

> **예1** 일주   월주   년주
>
>   *   *   *
>
>   申   巳   酉

예2 일주   월주   년주

      *   *   *

     寅   亥   酉

(3) 사주에 역마와 지살이 일월지에 있으면 대체로 이사를 많이 한다.

예 일주   월주   년주

      *   *   *

     亥   巳   酉

(4) 사주에서 인수가 월지에 있으면서 백호살이 되면 대체로 어머니가 아버지보다 일찍 사망하게 된다.

예 일주   월주

     辛   戊

     *   辰

(5) 인성이 삼형살이 되면 대체로 어머니 덕이 박하다.

예1 일주   월주   년주

     丁   *   *

     巳   寅   申

일주   월주   년주

　辛　 *   *

　未   戌   丑

(6) 사주에 편재가 없으면 대체로 아버지 덕이 박하다.

예 시주

　戊   戊   戊   庚

　午   寅   寅   寅

(7) 사주에서 일지, 월지, 년지가 합충형파가 되면 대체로 어머니
　　덕이 박한 편이다.

예1 일주   월주   년주

　丁   *   *

　巳   寅   申

예2 일주   월주   년주

　乙   *   *

　巳   寅   亥

(8) 월간이 편재이면서 년간과 합충이 되면 대체로 아버지 덕이 박
한 편이다.

예1 일주   월주   년주

乙   己   甲

卯   巳   午

예2 일주   월주   년주

己   癸   丁

卯   卯   亥

(9) 년월일주에 인성, 관성, 재성이 있고 그것들과 합충형파가 없으
면 일찍 출세할 수다.

예 일주   월주   년주

乙   壬   庚

丑   午   寅

(10) 사주에서 인성이 년지에 있으면서 월지년지가 공망이면 대체
로 어려 어머니를 잃게 된다.

일주	월주	년주
甲	壬	癸
子	戌	亥

(11) 사주에서 인성이 월간에 있으면서 장생지에 있으면 대체로 어머니 덕이 있는 편이다.

예

일주	월주	년주
甲	壬	己
辰	申	酉

(12) 사주에서 편재가 월간에 있고 백호살이면 대체로 아버지를 일찍 잃게 된다.

예

일주	월주	년주
戊	壬	戊
戌	戌	申

(13) 사주에서 일지와 월지가 원진살이면 대체로 며느리가 시어머니를 좋아하지 않거나 시어머니가 며느리를 좋아하지 않게 된다.

	예	일주	월주	년주
		*	*	*
		酉	寅	酉

(14) 월주에 印성이 있으면서 寅申巳亥가 모두 있고 일지에 상관, 월지에 정관, 년지에 정재가 있으면 필시 외교관을 하면 좋은 사주다.

	예	시주	일주	월주	년주
		丙	辛	己	甲
		申	亥	巳	寅

(15) 사주에 寅申巳亥가 모두 있고 그것이 財官이 되고 그 財官이 合을 이루고 있으면 주식이나 금융전문가로 나가면 좋다.

	예	시주	일주	월주	년주
		丙	辛	壬	丁
		申	巳	寅	亥

(16) 사주에 삼형살이 모두 있으면 경찰이나 수사관으로 나가는 것이 좋다.

예1

시주	일주	월주	년주
*	*	*	*
丑	戌	未	丑

예2

시주	일주	월주	년주
*	*	*	*
申	酉	巳	寅

(17) 사주에 寅이 역마이거나 巳가 역마이면 항공 계통으로 나가
면 좋다.

예1

시주	일주	월주	년주
*	*	*	*
寅	*	*	申子辰

예2

시주	일주	월주	년주
*	*	*	*
巳	*	*	亥卯未

(18) 사주에 卯戌酉가 함께 있으면 약사나 의사로 나가면 좋다.

예	시주	일주	월주	년주
	*	*	*	*
	戊	酉	戊	卯

(19) 사주에 比劫이 많고 官성이 없으면 역술인을 하면 좋다.

예1	시주	일주	월주	년주
	辛	辛	癸	己
	卯	丑	酉	酉

예2	시주	일주	월주	년주
	甲	丙	甲	丙
	午	午	午	午

예3	시주	일주	월주	년주
	庚	壬	丁	庚
	子	子	亥	子

예4	시주	일주	월주	년주
	壬	癸	壬	庚
	子	亥	午	子

예5	시주	일주	월주	년주
	甲	甲	丙	甲
	子	辰	寅	午

예6	시주	일주	월주	년주
	戊	乙	甲	戊
	寅	卯	寅	子

예7	시주	일주	월주	년주
	丙	丁	乙	辛
	午	未	未	卯

예8	시주	일주	월주	년주
	己	戊	丙	壬
	未	戌	午	辰

예9	시주	일주	월주	년주
	己	己	戊	丙
	巳	未	戌	戌

예10	시주	일주	월주	년주
	庚	庚	庚	庚
	辰	辰	辰	辰

(20) 戊申 일주에 官성이 없고 金水가 많으면 역술가 운이 있다.

예	시주	일주	월주	년주
壬	戊	庚	丙
子	申	子	申

(21) 戊子 일주에 官성이 없고 水성이 많으면 역술가 운이 있다.

예	시주	일주	월주	년주
壬	戊	壬	壬
子	子	子	辰

(22) 乙亥 일주에 官성이 없고 寅이 두 개 이상이면 역술가 운이 있다.

예	시주	일주	월주	년주
戊	乙	甲	戊
寅	亥	寅	子

(23) 丁未 일주에 官성이 없고 戌이 두 개 이상이면 역술가 운이 있다.

예	시주	일주	월주	년주
	丁	丁	戊	丙
	未	未	戌	戌

(24) 己亥 일주에 官성이 없고 亥가 두 개 이상이면 역술가 운이
있다.

예	시주	일주	월주	년주
	戊	己	己	丙
	辰	亥	亥	戌

(25) 辛亥 일주에 官성이 없고 亥가 세 개면 역술가 운이 있다.

예	시주	일주	월주	년주
	己	辛	癸	戊
	亥	亥	亥	子

(26) 乙丑 일주에 官성이 없고 丑이 세 개면 역술가 운이 있다.

예	시주	일주	월주	년주
	丁	乙	甲	己
	丑	丑	戌	丑

(27) 丁丑 일주에 官성이 없고 丑이 세 개면 역술가 운이 있다.

예 시주   일주   월주   년주

辛   丁   辛   丙

丑   丑   丑   戌

(28) 己丑 일주에 官성이 없고 丑이 두 개 이상이면 역술가 운이 있다.

예 시주   일주   월주   년주

戊   己   辛   丙

辰   丑   丑   戌

(29) 辛丑 일주에 官성이 없고 丑이 두 개 이상이면 역술가 운이 있다.

예 시주   일주   월주   년주

己   辛   癸   戊

丑   丑   亥   子

(30) 癸丑 일주에 戌이 세 개면 역술가 운이 있다.

시주　일주　월주　년주

　壬　　癸　　戊　　丙

　戊　　丑　　戊　　戊

(31) 丁亥 일주에 亥가 세 개면 역술가 운이 있다.

시주　일주　월주　년주

　辛　　丁　　己　　丙

　亥　　亥　　亥　　戊

(32) 丁巳 일주에 戊이 세 개면 역술가 운이 있다.

시주　일주　월주　년주

　庚　　丁　　壬　　戊

　戊　　巳　　戊　　戊

(33) 丁巳 일주에 寅이 세 개면 역술가 운이 있다.

시주　일주　월주　년주

　壬　　丁　　戊　　庚

　寅　　巳　　寅　　寅

(34) 癸丑 일주에 亥가 세 개면 역술가 운이 있다.

예	시주	일주	월주	년주
癸	癸	癸	癸
亥	丑	亥	亥

(35) 癸丑 일주에 丑이 세 개면 역술가 운이 있다.

예	시주	일주	월주	년주
癸	癸	乙	癸
丑	丑	丑	亥

(36) 癸丑 일주에 寅이 세 개면 역술가 운이 있다.

예	시주	일주	월주	년주
壬	癸	戊	丙
戌	丑	戌	戌

(37) 癸亥 일주에 寅이 세 개면 역술가 운이 있다.

예	시주	일주	월주	년주
甲	癸	戊	庚
寅	亥	寅	寅

인생
사주학

(38) 부인에 순종해야 좋은 사주

예1

시주	일주	월주	년주
戊	甲	戊	己
辰	戌	辰	丑

예2

시주	일주	월주	년주
丁	乙	己	戊
丑	未	未	戌

예3

시주	일주	월주	년주
戊	丙	辛	戊
戌	戌	酉	申

예4

시주	일주	월주	년주
辛	丁	辛	己
丑	酉	未	酉

예5

시주	일주	월주	년주
壬	戊	壬	壬
子	寅	子	子

예6	시주	일주	월주	년주
	癸	己	癸	癸
	酉	亥	亥	亥

예7	시주	일주	월주	년주
	丙	庚	丙	甲
	子	寅	寅	寅

예8	시주	일주	월주	년주
	甲	辛	甲	癸
	午	卯	子	卯

예9	시주	일주	월주	년주
	丙	壬	甲	丙
	午	午	午	午

예10	시주	일주	월주	년주
	丁	癸	丙	丁
	巳	巳	午	巳

(39) 현모양처와 인연이 박한 사주

예1

시주	일주	월주	년주
庚	甲	戊	己
午	戌	辰	丑

예2

시주	일주	월주	년주
辛	乙	己	戊
巳	未	未	戌

예3

시주	일주	월주	년주
壬	丙	辛	戊
辰	戌	酉	申

예4

시주	일주	월주	년주
癸	丁	辛	己
卯	酉	未	酉

예5

시주	일주	월주	년주
甲	戊	壬	壬
寅	寅	子	子

예6	시주	일주	월주	년주
	乙	己	癸	癸
	丑	亥	亥	亥

예7	시주	일주	월주	년주
	丙	庚	丙	甲
	子	寅	寅	寅

예8	시주	일주	월주	년주
	丁	辛	甲	癸
	酉	卯	子	卯

예9	시주	일주	월주	년주
	戊	壬	甲	丙
	申	午	午	午

예10	시주	일주	월주	년주
	己	癸	丙	丁
	未	巳	午	巳

(40) 부인을 무시하는 사주

예1

시주	일주	월주	년주
戊	甲	壬	壬
辰	子	寅	寅

예2

시주	일주	월주	년주
己	乙	甲	癸
卯	亥	寅	卯

예3

시주	일주	월주	년주
庚	丙	己	乙
寅	寅	卯	巳

예4

시주	일주	월주	년주
辛	丁	乙	丁
丑	卯	巳	未

예5

시주	일주	월주	년주
壬	戊	戊	丙
戌	戌	戌	午

예6	시주	일주	월주	년주
	癸	己	戊	丙
	酉	巳	戌	戌

예7	시주	일주	월주	년주
	甲	庚	戊	己
	申	申	辰	丑

예8	시주	일주	월주	년주
	乙	辛	辛	戊
	未	丑	酉	戌

예9	시주	일주	월주	년주
	丙	壬	庚	庚
	午	申	辰	子

예10	시주	일주	월주	년주
	丁	癸	壬	壬
	巳	亥	子	子

예11

시주	일주	월주	년주
庚	庚	庚	庚
辰	辰	辰	辰

예12

시주	일주	월주	년주
丙	丁	庚	庚
午	未	辰	辰

예13

시주	일주	월주	년주
甲	甲	癸	丁
子	辰	卯	巳

예14

시주	일주	월주	년주
甲	庚	庚	庚
申	申	辰	申

예15

시주	일주	월주	년주
壬	戊	丙	戊
戌	戌	辰	辰

2) 사주간명 실례

(1) 건명 1916. 2. 15. 酉時. 陰曆. 6大運

癸 甲 辛 丙
酉 寅 卯 辰

96	86	76	66	56	46	36	26	16	6
辛	庚	己	戊	丁	丙	乙	甲	癸	壬
丑	子	亥	戌	酉	申	未	午	巳	辰

解

驚蟄甲木이므로 나약한 편은 아니다. 甲木은 위로 만향해 자라나므로 기고만장해진다. 그러므로 전정을 해야 하는데 마침 辛金이 酉金에 根이 있어 다행이다. 본 사주는 木月에 木이 강하므로 木이 病이다. 그러므로 강한 木을 쳐내야 하므로 金이 용신이다. 40세부터 희용신이 와서 발복하였다. 39세까지 공부만 하며 한량으로 지냈다. 그런 와중에 공교롭게도 배우자궁이 忌神에 해당되어 부인과도 이별하고 그럭저럭 지내다 40이 되어 겨우 초등학교 교단에 서게 되어 교사로 재직하다 물러났다. 퇴직 후 소일하다 85세에 김天했다.

(2) 乾命 1900. 9. 6. 未時. 陰曆. 4大運

辛	甲	丙	庚
未	戌	戌	子

94	84	74	64	54	44	34	24	14	4
丙	乙	甲	癸	壬	辛	庚	己	戊	丁
申	未	午	巳	辰	卯	寅	丑	子	亥

解

霜降甲木이므로 木기가 나약하다. 土기가 너무 강해 土에 매몰될 직전이다. 본 사주는 土가 病이다. 강한 土는 木으로 설기시켜야 한다. 그러므로 木이 용신이다. 배우자궁이 忌神에 해당되어 이혼했다. 재혼했지만 역시 얼마 안 살고 또 이혼했다. 일찍부터 희용신이 들어와 대학까지 무난히 나와 미국 유학까지 다녀와 평생 교수로 재직하다 퇴직 후 향촌생활을 하다 83세에 김天했다.

(3) 乾命 1912. 11. 6. 亥時. 陰曆. 8大運

乙	甲	壬	壬
亥	子	子	子

98	88	78	68	58	48	38	28	18	8
壬	辛	庚	己	戊	丁	丙	乙	甲	癸
戌	酉	申	未	午	巳	辰	卯	寅	丑

解

大雪 甲木이므로 木기가 약하다. 水기가 너무 많아 浮木이 되었다. 본 사주는 水의 힘을 거역할 수 없는 형국이다. 그러므로 종세격이다. 水를 따라가야 산다. 水가 용신이다. 배우자궁 역시 용신에 해당되어 부부금실은 좋은 편이었다. 일찍이 강원도 소재 강에서 나룻배를 띄우고 고기잡이를 하면서 평생 살다 87세로 귀天했다.

(4) 乾命 1917. 5. 14. 戌時. 陰曆. 9大運

丙	乙	丙	丁
戌	巳	午	巳

99	89	79	69	59	49	39	29	19	9
丙	丁	戊	己	庚	辛	壬	癸	甲	乙
申	酉	戌	亥	子	丑	寅	卯	辰	巳

解

夏至乙木이므로 가지가 무성하다. 그런데 사주에 火기가 너무 많아 조열하다. 화의 세력이 너무 강해 거부할 수 없다. 그러므로 화에 종해야 한다. 화가 용신이다. 배우자궁 역시 용신에 해당되어 동네 처녀와 결혼해서 금실 좋게 살았다. 초등학생부터 아버지가 운영하는 숯가마에서 평생을 보내다 84세에 길고긴 여정을 마감하고 召했天다.

(5) 乾命 1888. 8. 6. 酉時. 陰曆. 9大運

乙　乙　辛　戊

酉　酉　酉　子

99	89	79	69	59	49	39	29	19	9
辛	庚	己	戊	丁	丙	乙	甲	癸	壬
未	午	巳	辰	卯	寅	丑	子	亥	戌

解

白露乙木이므로 木기가 약하다. 가을에 나무고 金기가 강해 乙木이 손상당할 상황이다. 강한 金기를 어쩔 수 없어 부득이 종해야 좋지만 年支에 子水가 있어 그나마 자존심이 강해 종하지 못해 결국 金기와 싸워야 한다. 본 사주는 金이 病이다. 배우자궁 역시 忌神에 해당되어 이혼했다. 재혼했지만 악처로 소문이 났다. 수시로 부부는 싸우며 살았다. 결국 두 번째 부인과도 이혼하고 홀로 아이들과 함께 생활했다. 金과 싸우는 것이 木이다.

그러므로 木이 용신이다. 제기동에서 한약재업을 하는 선친을 따라 평생 한약재업에 종사 하다 82세에 귀天했다.

(6) 乾命 1914. 3. 20. 未時. 陰曆. 7大運

辛	甲	戊	甲
未	子	辰	寅

97	87	77	67	57	47	37	27	17	7
戊	丁	丙	乙	甲	癸	壬	辛	庚	己
寅	丑	子	亥	戌	酉	申	未	午	巳

解

清明甲木이라 木기가 강해지기 시작하는 단계다. 더군다나 사주에 木기가 너무 강해 金이 필요하다.

그러므로 본 사주는 金이 용신이다. 배우자궁은 忌神에 해당되어 성격이 맞지 않아 늘 싸우며 살다 별거했다. 별거 중에 첩을 두고 살았다. 金이 용신인데 마침 時干에 金이 있어 다행이다. 일찍이 희용신으로 대운이 흘러 발복했다. 문래동에서 철공소를 운영하다 자식에게 물려주고 95세에 귀天했다.

(7) 乾命 1910. 8. 13. 寅時. 8大運

己 甲 乙 庚

巳 申 酉 戌

98	88	78	68	58	48	38	28	18	8
乙	甲	癸	壬	辛	庚	己	戊	丁	丙
未	午	巳	辰	卯	寅	丑	子	亥	戌

解

白露甲木이므로 나약한데 金기가 많아 木기가 손상당할 상황이
다. 배우자궁 역시 忌神에 해당되어 늘 싸우며 살았다. 金기를 다스
리는 것은 木기이므로 본 사주는 木이 용신이다. 월간에 乙木이 己
土에 뿌리를 내리고 있어 능히 金기를 다스릴 수 있겠다. 대운이 희
용신으로 흘러 발복했고 평생 교육자로 살다 87세로 끔天했다.

(8) 乾命 1906. 6. 9. 申時. 陰曆. 3大運

壬 甲 乙 丙

申 戌 未 午

93	83	73	63	53	43	33	23	13	3
乙	甲	癸	壬	辛	庚	己	戊	丁	丙
巳	辰	卯	寅	丑	子	亥	戌	酉	申

解

大暑甲木이라 무성하지만 火기가 강하고 燥土에 있어 흉하다. 배우자 역시 忌神에 해당되어 死別했다. 사별 후 여동생이 가정을 돌봐주었다. 水기가 필요하다. 그러므로 水가 용신이다. 時干壬水가 장생지에 있어 능히 조토를 습토로 만들 수 있겠다. 대운이 희용신으로 흘러 발복했다. 평생 교수로 재직했다.

퇴직 후 봉사활동으로 분주히 살다 88세에 김天했다.

(9) 坤命 1905. 12. 6. 陰曆. 2大運

壬	甲	戊	乙
申	辰	子	巳

92	82	72	62	52	42	32	22	12	2
戊	丁	丙	乙	甲	癸	壬	辛	庚	己
戌	酉	申	未	午	巳	辰	卯	寅	丑

■解■

冬至甲木이므로 木이 침체되었다. 사주에 水기가 너무 강하다. 수기를 다스리는 것은 火다. 그러므로 火가 용신이다.

대운이 희용신으로 흘러 발복했다. 평생 교사로 봉직했다.

퇴직 후 밭농사로 소일하다 91세에 召天했다.

(10) 坤命 1902. 11. 28. 巳時. 陰曆. 6大運

己	甲	壬	壬
巳	申	子	寅

96	86	76	66	56	46	36	26	16	6
壬	癸	甲	乙	丙	丁	戊	己	庚	辛
寅	卯	辰	巳	午	未	申	酉	戌	亥

■解■

冬至甲木이므로 木이 침체되었다. 水기가 너무 왕하다.

火기가 용신이다. 時支에 巳火가 있어 다행이다. 그런데 대운에서 희용신이 46세부터 들어오므로 일찍 발복이 어려웠다. 학교도 못 다니고 무학이라서 한글도 모른 채 생활했다. 20세에 결혼해서 어렵게 살다 26세 때 남편이 병으로 죽고 혼자 딸을 키우며 살았다. 배우자궁 역시 忌神에 해당되어 배우자 덕이 薄하다.

70이 되어서야 초등학교에 입학해서 어린 손녀와 함께 공부했다. 지금은 고인이지만 회고하기를 그래도 50~60대가 가장 좋았다고 했다. 85세에 김天했다.

(11) 乾命 1914. 4. 24. 酉時. 陰曆. 6大運

```
癸  甲  己  甲
酉  辰  巳  寅
```

96	86	76	66	56	46	36	26	16	6
己	戊	丁	丙	乙	甲	癸	壬	辛	庚
卯	寅	丑	子	亥	戌	酉	申	未	午

解

立夏甲木이라 木氣가 왕성한데 年柱도 木氣로 이루어져 있고 辰土에 뿌리를 내리고 있어 더더욱 木氣가 강왕하다. 강한 木氣는 金氣가 약이므로 時支酉金이 용신이다. 용신이 官이므로 財生官이 되어 官운이 좋다. 대운도 희용신으로 일찍이 법대를 나와 사법고시에 합격해서 판사를 역임하고 평생 변호사로 활동하다 기력이 쇠해져 집에서 쉬다 86세에 김天했다.

(12) 乾命 1891. 5. 11. 子時. 陰曆. 4大運

甲	甲	甲	辛
子	戌	午	卯

94	84	74	64	54	44	34	24	14	4
甲	乙	丙	丁	戊	己	庚	辛	壬	癸
申	酉	戌	亥	子	丑	寅	卯	辰	巳

解

芒種에 甲木이라 木기가 왕성한데 사주에 木기가 울타리를 형성하고 있어 몹시 흉하다. 木이 병이다. 그러므로 金이 약이다.

본 사주 역시 金이용신인데 대운 또한 일찍이 희용신으로 흘러 일본 동경대에서 건축공학을 전공하고 교수로 재직했다.

퇴직 후 소일거리로 여생을 보내다 95세에 召天했다.

(13) 乾命 1927. 6. 12. 未時. 陰曆. 1大運

癸	乙	丁	丁
未	巳	未	卯

91	81	71	61	51	41	31	21	11	1
丁	戊	己	庚	辛	壬	癸	甲	乙	丙
酉	戌	亥	子	丑	寅	卯	辰	巳	午

解

小暑乙木이라 나뭇가지가 무성하지만 사주에 火기가 너무 강해 고전 중이다. 하지만 時干에 癸水가 있어 다행이다. 그런데 火기가 너무 강해 癸水로는 水의 원신이나 뿌리가 없어 약하지만 그래도 行運에서 받쳐주면 힘이 되기 때문에 용신이 될 수 있다. 본 사주의 주인공은 일찍이 조실부모하고 큰집에서 더부살이를 했는데 일제강점기 때 소학교 3학년 중퇴하고 반 머슴살이로 큰집에서 성장했다. 16세에 일제 정신대에 안 끌려가기 위해 애쓰던 이웃집 15세 중학생과 혼인을 하고 강원도 소재 산으로 들어가 화전을 일궈 감자 농사를 지으며 겨우 연명했다. 그런데 6·25때 폭격으로 아내가 죽고 자식도 없이 혼자 산속에서 지냈다. 배우자궁 역시 忌神에 해당되어 배우자 덕이 薄하다. 필자가 산에 놀러갈 때마다 감자와 옥식이를 먹으라고 내놓곤 했는데 그 재미에 필자는 자주 그곳을 찾아가곤 했었다. 결국 83세에 한 많은 업을 마감하고 歸天했다.

(14) 乾命 1908. 8. 27. 陰曆. 6大運

庚　庚　辛　戊

辰　辰　酉　申

96	86	76	66	56	46	36	26	16	6
辛	庚	己	戊	丁	丙	乙	甲	癸	壬
未	午	巳	辰	卯	寅	丑	子	亥	戌

解

白露에 庚金이라 매우 강왕하다. 더구나 사주가 온통 금으로 에워 싸여 어찌할 수가 없다. 강한 금기는 목기로 설기해야 하는데 사주에 투출된 목기가 없다. 그렇다면 이 사주는 용신이 없다고 단정 지을 수 있다. 하지만 용신을 정하는 데는 격도 중요한데 본 사주는 종세격이라 할 수 있다. 사주에 火기가 없고 土기와 金기만 있기 때문에 능히 金에 종하는 사주다. 그러므로 金이 용신이다. 본 사주는 재운이 약하다. 본 사주의 주인공은 일찍이 결혼해서 외아들을 두었는데 어느 날 화전 밭에 일하러 나갔다가 화전 밭 옆에 탐스런 싸리버섯이 있어 그것을 따다가 버섯수제비를 해서 먹었는데 갑자기 구토를 일으키며 죽어갔다. 이로 인해 본인만 남고 모두 사망했다.

아마도 독버섯인 듯싶다. 그 후로 혼자 살다 80세에 升天했다. 명이 긴 것은 틀림이 없다. 독버섯을 먹고도 살아남았으니 말이다.

(15) 乾命 1945. 8. 7. 未時. 陰曆. 1大運

辛	甲	乙	乙
未	申	酉	酉

91	81	71	61	51	41	31	21	11	1
乙	丙	丁	戊	己	庚	辛	壬	癸	甲
亥	子	丑	寅	卯	辰	巳	午	未	申

解

白露甲木이라 나약하다. 그런데다 사주에 金기가 너무 많아 병이 되었다. 乙木이 용신이다. 이 사주는 재가 약하다. 일찍이 대운에 희용신이 들어와 대학에서 전기공학을 전공하고 직장생활을 하다 명퇴했다. 명퇴 후 은행 융자를 받아 벤처기업을 창업했다. 1년 정도 유지하다 빚만 지고 파산했다. 그 후유증으로 부인과 이혼하고 혼자 그럭저럭 지내다가 결국 자살로 생을 마감했다.

본 사주를 보면 火水가 있어야 甲木이 잘 성장할 텐데 火水가 없다. 또한 甲木이 조열한 땅에 뿌리를 내리고 있어 고사할 지경에 있다. 그리고 배우자궁이 忌神에 해당되어 배우자 덕도 약하다. 그러므로 더 이상 버티지 못하고 50세에 생을 마감한 것 같다.

(16) **乾命** 1896. 10. 13. **寅時. 陰曆. 6大運**

乙	甲	己	丙
丑	戌	亥	申

96	86	76	66	56	46	36	26	16	6
己	戊	丁	丙	乙	甲	癸	壬	辛	庚
酉	申	未	午	巳	辰	卯	寅	丑	子

解

立冬甲木이라 생장하기 어렵다. 甲木이 잘 성장하려면 火氣가 있어야 하는데 마침 年干에 丙火가 있어 다행이다. 그런데 火氣가 50대에나 들어오므로 일찍이 발복하지 못하고 갖은 고생을 하며 살다가 50대에 들어서 하던 일이 잘 풀려 집도 장만하고 살 만해졌다. 91세에 召天했다.

(17) **坤命** 1961. 11. 10. **子時. 陰曆. 7大運**

甲	甲	庚	辛
子	申	子	丑

97	87	77	67	57	47	37	27	17	7
庚	己	戊	丁	丙	乙	甲	癸	壬	辛
戌	酉	申	未	午	巳	辰	卯	寅	丑

解

　大雪에 甲木이라 火기가 필요하다. 그런데 사주에 火기가 全無하다. 그러므로 대운에서 火기가 온다 해도 최대 50%뿐이 발복이 안 된다. 따라서 과거에 비해 최대 50%는 나아질 것이다.

　본 사주의 주인공 역시 19세에 동네 오빠랑 결혼해서 30세에 이혼했다. 남편은 부동산 사무실 보조원이었는데 손님에게 사기를 쳐서 사기죄로 2년 수감생활을 했다. 당시 안양교도소에 수감됐었는데 필자와 함께 면회 갔던 생각이 난다. 남편은 출소 후 또다시 부동산 사무실에 나갔다. 그것을 부인은 탐탁지 않게 생각했다. 말려도 보았지만 남편은 요지부동이었다. 남편은 부동산으로 한탕 해먹겠단 생각이 지배적이었다. 하여 부인은 남편을 포기하고 이혼 신청을 했다. 쉽게 이혼 도장을 안 찍어서 재판으로 법정 이혼했다. 본 사주에서는 金水가 病인데 공교롭게도 일지 배우자궁이 忌神에 해당되어 배우자 덕이 薄하다. 또한 재운도 약한 상태라 앞으로 열심히 노력해야 먹고살 수 있을 것이다. 이혼 후 부인은 보험사에 들어가 보험설계사로 일하고 있다. 현재 52세인데 남양주 별내면에 조그마한 아파트도 장만했다. 본 사주의 주인공은 필자의 제자이다. 자식농사는 슬하의 외동딸이 있는데 현재 군무원으로 의정부 미군 부대에 근무 중이다. 결국 본 사주의 주인공 역시 40대까지는 지지리도 고생하다가 火 기운이 들어온 50대에 들어서야 조금 형편이 나아졌다. 지금도 밝게 웃으며 보험사에 출근하고 있다. 인생은 누구나 흐린 날이 있다. 그 흐린 날을 넘기면 반드시 맑은 날이 온다. 인생의 흐린 날과 맑은 날을 아는 방법은 용신과 대운을 보면 70%는 알 수 있다.

(18) 乾命. 1923. 10. 20. 子時. 陰曆. 7大運

丙	乙	癸	癸
子	巳	亥	亥

97	87	77	67	57	47	37	27	17	7
癸	甲	乙	丙	丁	戊	己	庚	辛	壬
丑	寅	卯	辰	巳	午	未	申	酉	戌

解

小雪乙木이라 성장을 멈춘 부평초다. 그래도 부평초의 삶을 지탱하려면 火기가 있어야 하는데 마침 丙火巳火가 있어 다행이다. 그런데다 배우자궁이 용신에 해당되어 평생 부인 덕에 살았다. 부인은 식당을 하며 그럭저럭 생활을 영위해 나갔다. 남편은 대운이 忌神으로 흘러 배우지도 못하고 남의 집에 머슴살이를 하며 성장했다. 40세에 결혼하여 가정을 꾸리고 부인이 운영하는 식당에서 함께 일하며 생활했다. 부인이 운영하던 식당은 남양주시 조그마한 읍내 장터였다.

장터는 5일장이라 평소에는 손님이 별로인데 장날만 되면 사방에서 장돌뱅이와 손님들이 모여들었다. 부인은 그 장터에서 순댓국밥집을 운영했다. 돈은 별로였지만 그런대로 생활은 되는 편이었다. 티끌 모아 태산이라고 그래도 국밥집을 수십 년 하다 보니 60세가 되어서야 읍내에 조그마한 집을 장만했다.

결국 본 사주의 주인공은 火用신이라 火대운인 50~60대에 들어서서 겨우 허리를 펴며 살 수 있었다. 필자가 군에 근무 시 휴가만 나오면 그 순댓국밥집에 가서 순대국밥을 먹곤 했다. 지금은 본 사주의 주인공이 살던 동네가 재개발되어 아파트가 들어섰다. 올해 90세가 되었는데도 정정하다. 식당은 현재 딸이 맡아 운영 중이다.

(19) 乾命 1938. 12. 11. 午時. 陰曆. 2大運

丙　丁　乙　戊

午　卯　丑　寅

92	82	72	62	52	42	32	22	12	2
乙	甲	癸	壬	辛	庚	己	戊	丁	丙
亥	戌	酉	申	未	午	巳	辰	卯	寅

解

大寒丁火로서 火기가 약하다. 그러나 時柱에 丙午가 있어 강하게 됐다. 더군다나 木기까지 강해 丁火가 더욱 기고만장해졌다.

본 사주에서 大寒의 丙午까지는 괜찮지만 木기까지 강한 것은 매우 흉하다. 그러므로 木이 病이다. 木을 다스리는 것이 金인데 사주에 金이 없다. 즉 용신이 없으므로 일생에서 크게 성공하기는 어렵다.

설령 세운이 좋아 돈을 벌더라도 다 나가게 된다. 부인궁 역시 忌神에 해당되어 20년째 별거 중이다. 본 사주의 주인공은 경북 성주에서 출생해 농고를 나와 농업에 종사하던 중 성주참외를 처음 개발한 당사자다. 하지만 개발만 해서 보급만 시켰지 정작 돈은 벌지 못했다. 제대 후 경찰에 투신 6년간 순경으로 재직하다 부인의 만류에도 불구하고 경찰직을 사직했다. 경찰직을 사직한 것은 사업을 해서 많은 돈을 벌기 위함이었다. 60~70년대만 해도 경찰 봉급이 목구멍에 풀칠할 정도였으니까 이해는 간다. 결국 주인공은 과거 자기 관할구역에 은행 대출을 받아 나이트클럽을 창업했는데 얼마 안가 미성년자 출입금지령이 내려지고 그런 와중에 미성년자를 출입시킨 것이 적발되어 벌금도 맞고 영업정지 처분까지 받아 경영난에 허덕이다 결국 폐업정리하고 말았다. 폐업 후 주머니엔 돈 한푼 없었다고 했다. 갑자기 실업자가 된 남편을 부인이 곱게 보겠는가? 날마다 부인과 싸우기도 그렇고 무엇보다도 자존심 때문에 도저히 집안 식구들을 볼 면목이 없어 무작정 집을 나와 폐지와 고철을 수집하여 고물상에 팔아 그 돈으로 생계를 꾸려나갔다. 그러던 중에 자기와 처지가 비슷한 여인을 만나 동거를 했는데 부인 덕이 없어서인지 그 여인마저도 어느 날 새벽에 고철을 리어카에 싣고 차길을 가던 중 교통사고를 당해 결국 하늘나라로 보내고 말았다. 참으로 기구한 운명이다. 주인공은 본부인과 자녀 2명을 두었는데 20년 이상을 한 번도 본 적이 없다고 한다. 현재는 고물상을 그만두고 지인의 소개로 경기도 모처에서 홀로 돼지를 키우며 생활하고 있다. 주인공의 운명이 이렇게 꼬인 것은 사주의 용신이 없기 때문이다. 용신은 나를 살려주는 보이지 않는 손인 것이다.

(20) 坤命 1930. 11. 3. 子時. 陰曆. 5大運

戊	丙	戊	庚
子	午	子	午

95	85	75	65	55	45	35	25	15	5
戊	己	庚	辛	壬	癸	甲	乙	丙	丁
寅	卯	辰	巳	午	未	申	酉	戌	亥

解

冬至에 丙火라 약한 것 같지만 年支日支에 午火가 幫助하고 있어 강한 편이다. 그런데 午火는 子水와 沖을 하고 있어 약해졌다. 또한 兩戊에게 丙火가 설기를 당해 나약해졌다. 그러므로 본 사주의 용신은 木이다. 그런데 사주의 木이 없다. 대운은 木기로 흘렀는데 용신이 없어 무용지물이 되었다. 남편인 午火가 子로부터 충을 받아 남편 덕도 전무하다. 그러므로 주인공은 평생 어렵게 살았다. 이와 같이 사주에 용신이 없으면 사는 것이 허접하다.

자식 역시 기신에 해당되어 평생 자식 덕이 없었다.

(21) 乾命 1915. 3. 10. 子時. 陰曆. 9大運

甲	甲	庚	乙
子	申	辰	卯

99	89	79	69	59	49	39	29	19	9
庚	辛	壬	癸	甲	乙	丙	丁	戊	己
午	未	申	酉	戌	亥	子	丑	寅	卯

解

甲木이 芒種에 출생해서 온기가 충만해 나무는 끊임없이 세포를 증식하려는 욕망이 팽배해 있는 시기다.

辰월이라 木氣가 강한데 년주에 乙卯가 있고 時支에 子水가 있어 더욱 더 木氣가 강왕하다.

이렇게 木氣가 강왕할 땐 金이 있어야 길한데 월간에 庚金이 있어 다행이다. 庚金이 用神이며 官이다.

초기 대운이 喜神으로 흘러 일찌감치 전문학교를 나와 교육계에 투신 평생 교단에서 학생들을 가르쳤다.

이와 같이 用神이 官에 해당되면 공무원이나 직장에서 성공할 수 있다. 본 사주에서는 木이 忌神인데 년주가 忌神에 해당되어 조상 곁을 못 지키고 함경남도에서 월남하여 객지에서 자수성가했다.

퇴직 후 부인과 함께 가평 산골에서 밭을 일구며 소일하다 90세에 소천했다.

(22) 坤命 1930. 9. 1. 巳時. 陰曆. 6大運

辛　乙　丙　庚

巳　巳　戌　午

96	86	76	66	56	46	36	26	16	6
丙	丁	戊	己	庚	辛	壬	癸	甲	乙
子	丑	寅	卯	辰	巳	午	未	申	酉

寒露에 乙목이라 한기가 가득해서 온기가 필요한 계절이지만 본 사주는 지지가 전부 火氣로 가득해서 매우 조열하다.

더구나 시간과 일간이 충발을 하고 있어 매우 凶한 형국이다.

본 사주는 너무 조열해서 水氣가 있어야 좋은데 애석하게도 사주에 물 한 방울 찾아볼 수가 없다.

이 형국으로 가다간 乙木은 곧 고사하게 될 것이다.

그러나 사람은 죽으라는 법은 없다는데 천만다행으로 대운이 희용신으로 흘러 목숨을 연명할 수 있었다.

본 사주의 주인공은 소작농의 9남매 중 막내딸로 태어나 어렵게 살았다. 그래서 부모는 입 하나라도 덜어낸다고 본 사주의 주인공을 16세에 아직 공부를 해야 할 때인데도 이웃 마을의 31세의 노총각에게 시집을 보냈다. 아마도 부모 입장에서는 집에서 제대로 못 먹고 못 입고 지내는 것이 안쓰러워 제발 시집가서 잘 먹고 잘 입으라고 일찍이 어린 나이에 시집을 보냈다고 하는데 세상은 그렇게 녹녹하지 않은 법이다. 중매쟁이 말에 의하면 신랑감은 논이3,000평 있고 밭이 2,000평 있다고 하여 가족을 굶기기는 않겠구나, 라는 생각이 들어 중매쟁이만 믿고 서둘러 시집을 보냈는데 그 서두른 것이 화근이었다. 신랑은 송곳 하나 꽂을 땅 한 평 없는 천하의 난봉꾼이며 한량이었다.

결혼 후 덜컥 임신을 해서 이듬해 자식을 낳고 3년 후 또 낳아 결국 6남매 자식을 낳았다. 그런데 남편은 자식만 낳고 일도 안 하는 한량이라 어린아이를 동냥젖을 먹이며 겨우겨우 목숨을 연명시켰다고 한다.

본 사주의 주인공은 팔자가 그래서인지 평생 날품팔이로 고생고생하며 아이들을 키워내며 살았는데 사주가 조열해서인지 결국 나이 들어서는 당뇨병과 고혈압에 시달려야 했다.

남편 덕이 없으면 자식 덕도 없다고 하는데 자식 역시 忌神에 해당되어 종국에는 남편 덕, 자식 덕도 못 보고 병고에 시달리다 73세로 생을 마감했다.

본 사주의 주인공 역시 용신이 없어 한평생 고생만 했다.

(23) 乾命 1902. 7. 26. 午時. 陰曆. 3大運

庚	甲	戊	壬
午	申	申	寅

93	83	73	63	53	43	33	23	13	3
戊	丁	丙	乙	甲	癸	壬	辛	庚	己
午	巳	辰	卯	寅	丑	子	亥	戌	酉

 亥

甲木이 處暑에 출생하니 立秋가 지난 터라 아침저녁으론 찬바람이 불어 시원하지만 처서라 한낮에는 온기가 가득하여 열매는 한층 더 여물어간다. 본 사주는 金氣가 너무 강하다. 甲木도 絶地에 있어 더더욱 흉하다. 이렇게 金氣가 강할 때는 木이 있어야 좋은데 년지에 寅이 있어 길하다. 寅木이 용신이다.

그러나 용신이 년지와 충을 해 용신작용을 못해 아쉽다. 자식과 부인은 忌神에 해당되어 자식 덕과 부인 덕은 없었다.

그래도 대운이 30대부터 희용신으로 흘러 먹고사는 데는 큰 걱정은 없었다.

일찍이 22세에 결혼하였으나 30세에 이혼하고 다시 35세에 결혼했으나 또 이혼하고 다시 48세에 결혼했으나 또 결별하고 쭉 홀아비로 살았다. 자식을 3명 두었으나 모두 애비 곁을 떠났다.

결국 경기도 모처에서 소작농으로 살다 75세에 소천했다.

사주에 용신이 있다 해도 그 용신이 충파를 당하면 용신 기능이 저하되어 흉하다.

(24) 乾命 1959. 3. 14. 戌時. 陰曆. 5大運

壬	癸	戊	己
戌	酉	辰	亥

95	85	75	65	55	45	35	25	15	5
戊	己	庚	辛	壬	癸	甲	乙	丙	丁
午	未	申	酉	戌	亥	子	丑	寅	卯

穀雨에 癸水라 온기도 있어 길하다. 능히 만물을 생장시키는 데 이로움을 줄 수 있다. 본 사주는 土水 기운이 왕성하다. 이렇게 土水가 강왕할 때는 木이 있어야 좋은데 辰월에는 木氣기 강한 계절인데도

불구하고 사주에 木이 투출되어 있지 않다. 겨우 지장간에 있을 뿐이다. 본 사주에서의 용신은 辰中에 乙木이다.

배우자와 자식은 모두 忌神에 해당되어 흉하다. 부인과는 24세에 결혼하여 2명의 자식을 두었으나 32세에 집을 나가 지금까지 소식이 없다. 그런데 2명의 자식모두 행방불명이다. 해외 어학연수 다녀온다고 떠난 지 10년이 되었는데도 아직까지 소식이 없다.

대운은 희용신으로 흘러 돈은 많이 못 벌어도 먹고사는 데는 문제가 없다.

(25) 乾命 1931. 11. 4. 丑時. 陰曆. 1大運

己	辛	庚	辛
丑	丑	子	未

91	81	71	61	51	41	31	21	11	1
庚	辛	壬	癸	甲	乙	丙	丁	戊	己
寅	卯	辰	巳	午	未	申	酉	戌	亥

解

大雪의 辛金이라 天寒地凍의 풍상을 겪어야 될 형국이다.

조후로서 火氣를 긴급히 수혈해야 하는데 시주에 火氣한 점 투출되어 있지 않아 흉하다. 억부로서는 木氣가 있어야 좋은데 木氣 역시 투출되어 있지 않다. 다만 년지 未中에 木氣火氣가 있을 뿐이다.

그러나 겨울의 未中 木火氣는 그 역량을 제대로 발휘할 수가 없다. 겨울의 지장간은 그 힘이 약하다. 그 이유는 만물은 겨울이 되면 자기의 기운을 감추기 때문이다. 그러나 봄, 여름, 가을의 지장간은 각기 맡은 바 역할을 충분히 할 수가 있다.

본 사주의 주인공은 용신이 木火인데 사주에 투출되어 있지 않으므로 대성공은 바라볼 수가 없다. 부인궁은 己神에 해당되어 처덕이 미약했다. 부인은 동네에서 악처로 소문이 나있다. 남편의 기를 꺾어 놓고 남편이 돈을 못 벌어 오면 남편을 대문 밖으로 내치기 일쑤다. 평생 부인을 보면 기를 못 필 정도로 驚妻가로 살았다.

그러나 그 악처도 백년해로는 못하고 악처로 살아서 벌을 받아서인지 골수암으로 50세에 이승을 떠났다.

자식궁 역시 己神에 해당되어 자식이 2명 있지만 어려서부터 자식이 공부는 안하고 각종 사고만 저지르고 골통 짓만 했다.

지금도 첫째는 건달로 남의 등이나 치면서 살고 둘째는 사기꾼으로 전국을 배회하고 있다. 년주도 己神에 해당되어 조상의 음덕도 없었다. 본 사주의 주인공은 나전칠기 공장에서 보조로 일하면서 생활을 했으나 나전칠기가 사양길로 접어들면서 직장도 문을 닫아 생활고에 시달려야 했다. 산 목구멍에 거미줄 치랴마는 주인공은 막노동을 전전하며 목숨을 영위하다 부인도 병으로 죽고 자식도 사기죄로 수배를 당해 집을 나가 은신했기 때문에 결국 혼자 거리를 떠돌다 중풍으로 쓰러져 행려환자로 서울 시립병원에 잠시 누워 있다 65세에 한 많은 이 세상과 작별하고 말았다. 주인공 역시 용신이 허접하여 성공도 못해보고 고행의 길만 걸으며 살았다.

(26) 乾命 1959. 8. 25. 丑時. 陰曆. 6大運

辛	壬	癸	己
丑	子	酉	亥

96	86	76	66	56	46	36	26	16	6
癸	甲	乙	丙	丁	戊	己	庚	辛	壬
亥	子	丑	寅	卯	辰	巳	午	未	申

壬子일주가 秋分에 출생하여 한습하다. 조후로 火氣가 필요한데 사주원국에 투출된 것도 없고 지장간에도 없어 매우 흉하다.

년지가 己神이라 조상의 음덕도 없다. 또한 처궁과 자식궁 모두 己神에 해당되어 처자식 덕이 박하다. 본 명조는 위 명조의 큰아들이다. 초등생서부터 공부는 뒷전이고 골통 짓만 하고 다녀 부모 속을 어지간히 썩혔다. 어느 날 주인공의 부모가 날 찾아와 내가 공부를 잘해서 우등상을 타온 것을 보고 내게 노트와 연필을 잔뜩 사주면서 우리 큰애와 같이 공부를 하라고 그 당시 과외선생에게 나와 큰아들을 보냈다. 그런데 수업시간에 공부는 안 하고 물만 먹고 딴 짓만 해서 결국 과외선생님이 두 손을 다 들고 포기했다.

결국 본명조의 주인공은 학교를 중퇴하고 그때부터 망나니 길로 접어들었다. 동네에서 말썽이란 말썽은 다 부리고 다녔다.

이웃집 호박밭에 말뚝 박고 오이꽃을 다 따버려 오이가 안 열려 주인에게 배상을 해주기도 했다. 또한 동네에 공동 우물이 있었는데 그 우물에 인분을 퍼 넣어 결국 그 우물을 통째로 청소를 해야만 했다. 심지어는 임산부 배를 걷어차서 유산을 시키기도 했다.

온갖 망나니짓은 다 하다가 성인이 되어 이웃집 처자를 임신시켜 그 처자와 결혼을 시켰는데 그 처자는 애기만 낳고 도망갔다.

그 애기도 엄마에게 맡기고 계속 건달들과 어울려 못된 짓만 일삼았다. 그 후 부모가 다 돌아가셨는데도 지금까지 철부지로 남을 등쳐 먹으며 살고 있다. 현재 모처에서 조폭 두목으로 활동 중이다.

(27) 乾命 1961. 9. 23. 未時. 陰曆. 8大運

己	戊	戊	辛
未	戌	戌	丑

98	88	78	68	58	48	38	28	18	8
戊	己	庚	辛	壬	癸	甲	乙	丙	丁
子	丑	寅	卯	辰	巳	午	未	申	酉

霜降의 戊戌生으로 새벽에 서리가 내려 한기가 가득하다.

조후로는 火氣가 있어야 좋고 억부로는 木氣가 있어야 길한데 모두 투출된 것은 없고 지장간에만 존재하므로 과히 좋지는 않은 형국이다. 년월주 모두 忌神에 해당되어 조상의 음덕은 없다.

자식궁과 처궁이 忌神에 해당되어 처자식 덕이 박하다.

더군다나 지지에 축술미 삼형살이 있고 그 삼형살이 忌神에 해당되어 매우 흉함을 예고하고 있다.

원래 삼형살이 喜神이면 사법 계통이나 군 계통으로 나가면 두각을 나타낼 수가 있는데 삼형살이 忌神이면 조폭이나 사기꾼 또는 불량배가 될 확률이 높다. 본 명조의 주인공 역시 辛未生의 막내아들이다. 어릴 때부터 음악을 좋아해서 집에는 항상 오디오가 켜져 있었다. 집안에 항상 음악소리가 들려서 이웃에겐 소음이 되기도 했다. 주위 사람들 모두가 말하기를 이 아이는 앞으로 커서 딴따라로 나갈 것이라고 말할 정도였다. 그 당시 유행하던 미국의 팝가수들의 노래는 모두 꿰고 있었다.

그러나 인생이란 예측불허인 것 같다. 초등학생 때부터 계속 음악만 끼고 살아서 중학교에 가서도 쭉 음악밖에 몰랐다.

물론 음악만 좋아했기 때문에 공부는 항상 꼴찌를 면치 못했다.

그러한 연유에서 고등학교는 좋은 데를 못가고 시골에 있는 신설 고등학교에 겨우 들어갔다. 고등학교에서도 밴드부를 지켰다.

고교 졸업 후 해군 군악대에 들어가서 해외 공연도 많이 했다.

그런데 군 제대 후 180도 인생이 바뀌었다. 제대 후 바로 사기꾼집단에 들어가 사기를 치기 시작해서 교도소를 내 집처럼 드나들었다.

부모의 고통은 말로 형언할 수 없었다. 오죽하면 자식이 아니라 웬수라고 했겠는가? 자식 둘이 모두 깡패와 사기꾼이니 그 심정 십분 이해하고도 남는다. 지금도 사기죄로 경찰에 쫓기는 신세다.

아마도 본 명조의 주인공이 이렇게 된 이유는 삼형살이 忌神에 해당되고 용신이 투출되지 않았기 때문이다.

(28) 乾命 1936. 9. 26. 申時. 陰曆. 9大運

甲	乙	己	丙
申	未	亥	子

99	89	79	69	59	49	39	29	19	9
己	戊	丁	丙	乙	甲	癸	壬	辛	庚
酉	申	未	午	巳	辰	卯	寅	丑	子

解

小雪이라 그야말로 天寒地寒季節의 乙 木이다.

조후로서는 火氣가 필요하고 억부로서는 木氣가 필요하다.

그런데 모두 사주원국에 투출되어 있어 매우 길하다.

본 명조에서는 木火가 용신이다. 년간에 丙火가 있어 조상의 음덕이 있다. 자식 또한 희신에 해당되어 길하다. 그런데 처궁이 己神에 해당되어 흉하다.

본 명조는 일찌기 대운이 희용신으로 흘러 좋은 대학을 나와 공무원에 투신, 2급 공무원으로 퇴직했다. 자식은 아들만 둘 있는데 모두 미국에서 박사 학위를 받고 현재 한국에서 교수로 재직하고 있다.

그런데 부인은 50세에 중풍을 맞아 지금까지 남편의 간호를 받으며 겨우 목숨을 연명하고 있다.

비록 처덕이 약한 것이 흠이지만 그래도 한평생 공무원으로서 의식주 걱정 없이 잘살았고 자식이 잘되었고 현재 집과 땅이 있으니 이만하면 좋은 팔자가 아니겠는가?

(29) 乾命 1924. 3. 14. 寅時. 陰曆. 6大運

庚	丙	戊	甲
寅	寅	辰	子

96	86	76	66	56	46	36	26	16	6
戊	丁	丙	乙	甲	癸	壬	辛	庚	己
寅	丑	子	亥	戌	酉	申	未	午	巳

清明에 丙火라 火氣가 충만하여 능히 만물을 생장시킬 수 있다. 그런데 木氣가 왕성한 것이 흠이다. 木氣가 왕성할 땐 金氣가 있어야 좋은데 시간에 庚金이 있어 길하다. 庚金이 용신이다.

년주에 甲木이 있어 조상의 음덕은 박하고 배우자는 용신이 되어 길하고 그 용신이 자식궁에 있으니 그 또한 길하다.

본 명조 역시 대운이 희용신으로 흘러 일찍이 대학을 나와 공무원에 투신, 2급 공무원으로 퇴직했다. 자식이 둘 있는데 장남은 고대를 졸업하고 현재 사업을 하고 있으며 차남은 한의대를 졸업하고 현재 한의원을 경영하고 있다.

부인은 이화여대를 졸업하고 대학에서 후학을 양성했다.

퇴직 후 부인과 파주에서 텃밭을 일구며 소일하다 83세에 소천했다. 사주의 주인공 역시 용신이 투출되어 있고 그 용신이 충파를 안 당해 한평생을 잘 먹고 잘살았다.

(30) 乾命 1939. 1. 24. 申時. 陰曆. 3大運

甲	庚	丁	己
申	戌	卯	卯

93	83	73	63	53	43	33	23	13	3
丁	戊	己	庚	辛	壬	癸	甲	乙	丙
巳	午	未	申	酉	戌	亥	子	丑	寅

解

驚蟄이라 아직 한기가 서려 있어 초목이 생장하기엔 火氣가 더 필요하다. 그리고 사주에 木이 왕성하다. 왕성한 목을 다스리려면 金氣가 있어야 하는데 시주에 申金이 있어 길하다. 火金이 용신이다. 월주시주에 용신이 있어 길하다.

어머니 덕도 있었고 부인과 처덕도 있었다. 주인공 역시 대운이 희용신으로 흘러 일찍이 전문대를 졸업하고 공무원에 투신, 3급 공무원으로 퇴직했다. 부인은 여고를 나와 기업을 운영했고 자식은 셋 있는데 큰자식은 대학원을 나와 교수로 재직하고 있고 둘째는 사업가로 일일신 우일신 하고 있으며 셋째는 대기업 상무이사로 재직하고 있다. 본 명조의 주인공은 퇴직 후 명리풍수학을 열심히 공부하며 살고 있다.

(31) 乾命 1926. 5. 21. 申時. 陰曆. 3大運

甲	庚	甲	丙
申	寅	午	寅

93	83	73	63	53	43	33	23	13	3
甲	癸	壬	辛	庚	己	戊	丁	丙	乙
辰	卯	寅	丑	子	亥	戌	酉	申	未

解

夏至에 庚寅일주이므로 火氣가 極에 달해 天熱地熱이 대지를 덮고 있으니 水氣가 간절한 형국이다. 또한 사주에 木氣가 너무 왕하니 金氣가 절실하다. 그런데 시주에 申金이 있어 사막에서 오아시스를 만난 것처럼 기쁘다. 본 명조는 金水용신이다. 水氣 역시 申金中에 있으니 능히 쓸 수가 있다. 년월주는 忌神이 되어 조상의 음덕은 박하다. 처덕 역시 忌神이 되어 박복하다.

그런데 자식궁에 용신이 있어 자식 덕은 있다. 본 명조 역시 부모덕은 박하나 대운이 희용신으로 흘러 일찍이 중학교를 졸업하고 산업 전선으로 뛰어들어 직장생활을 하다 목돈이 생겨 조그마한 가게를 차려 독립했는데 그 가게가 승승장구하여 기업이 되었다.

70세까지 기업 회장으로 재직하다 자식에게 물려주고 현재는 전원에서 텃밭을 일구며 소박하게 살고 있다.

자식이 여럿 있는데 모두 아버지 회사에서 중역으로 근무 중이다.

부모에게 한 푼도 물려받지 못하고 스스로 노력하여 자수성가한 사람이다. 이렇게 대기업으로 성장시킨 원동력은 대운이 희용신으로 흘렀기 때문이다. 이와 같이 용신이 투출되어 있고 대운도 희용신으로 흐르면 대길명이 된다.

(32) 乾命 1957. 11. 18. 午時. 陰曆. 1大運

庚	甲	癸	丁
午	申	丑	酉

91	81	71	61	51	41	31	21	11	1
癸	甲	乙	丙	丁	戊	己	庚	辛	壬
卯	辰	巳	午	未	申	酉	戌	亥	子

解

小寒이니 天寒地凍이다. 일주 甲木은 추위에 고사 직전이고 게다가 絶地에 있으니 더더욱 흉하다. 다행히 木火가 사주원국에 있어 길하다. 그런데 丁火는 癸水에게 충을 당하고 甲木은 庚金에게 충을 당하고 있어 대흉하다. 초기 대운 역시 忌神으로 흘러 흉하다. 부인은 忌神에 해당되어 박복하다. 그래도 자식은 용신에 해당되어 다행이다. 박복한 부인과는 26세에 결혼해서 28세에 성격 차로 이혼했다. 2살 된 아이를 혼자 키워야 했다. 雪上加霜으로 간경화가 찾아와 34세에 자식 한 명을 남기고 요절했다.

본 명조와 같이 용신이 있어도 충파가 되면 흉하고 원국에 용신이 투출되어도 대운이 忌神으로 흐르면 흉하다.

(33) 乾命 1963. 12. 8. 辰時. 陰曆. 5大運

庚	庚	乙	癸
辰	午	丑	卯

95	85	75	65	55	45	35	25	15	5
乙	丙	丁	戊	己	庚	辛	壬	癸	甲
卯	辰	巳	午	未	申	酉	戌	亥	子

解

大寒이므로 天寒地凍이다. 庚金 역시 몹시 한랭하다.

火氣가 있어야 길한데 지지에 午火가 있어 길하다.

午火가 용신이다. 용신이 처궁에 있으니 처덕이 있다.

그런데 대운이 忌神으로 흘러 초기의 삶은 몹시 허접했다.

학교 공부도 제대로 못하고 중학교 1학년 때 부모님이 사고로 돌아가시는 바람에 졸지에 고아가 되었다. 주인공이 실질적 가장이므로 학교를 그만두고 신문 배달과 스티커 붙이는 일을 하며 생계를 꾸려나가야 했다. 동생이 있지만 동생만큼은 학교에 보내야 된다는 일념에 열심히 일했다. 그런데 그 동생마저 학교에서 집으로 오다 교통사고를 당해 그만 사망하고 말았다. 용신이 忌神으로 흘러서 되는 일이 없고 집안에 우환만 생겼다. 결국 부모님과 동생까지 잃게 된 주인공은 슬픔을 못 이기고 30세를 일기로 생을 마감했다.

아쉬운 것은 그래도 열심히 살다 보면 말년에는 용신운이 들어와 길하고 또한 처덕이 있어 결혼만 하면 잘 살아갈 텐데 애석하기만 하다.

(34) 乾命 1973. 10. 13. 丑時. 陰曆. 10大運

辛　丁　壬　癸
丑　未　戌　丑

100	90	80	70	60	50	40	30	20	10
壬	癸	甲	乙	丙	丁	戊	己	庚	辛
子	丑	寅	卯	辰	巳	午	未	申	酉

解

霜降에 丁火이므로 火晦地露다. 조석으로 한기가 충충한 계절인데 천간에 壬癸水가 있어 더욱 火氣가 절실하다. 未戌中 丁火가 용신이다. 그런데 서로 충파를 당하고 있어 좋지 않다.

또한 년주시주 모두 忌神에 해당되므로 조상의 음덕과 자식 덕 모두 박한 형국이다. 처궁 역시 충파를 당해 흉한 형국이다. 그리고 지지에 삼형살이 있고 충살이 있어 매우 흉하다.

본 명조의 주인공은 40세부터 용신운이 들어오는 형국이라 40세 이전의 삶은 녹녹지 않을 것이다. 실제로 주인공은 고교를 중퇴하고 건달 세계로 들어가 온몸에 문신을 하고 거들먹거리며 거리를 활보했다. 20세에 결혼해서 두 명의 아이를 낳고 행복하게 사는 듯 보였다. 어린 나이에 건달 같은 사람이 멋있게 보여서 결혼했지만 결혼은 현실이라 그리 녹녹지만은 않다. 결국 부인은 성격 차로 이혼했다. 사주에 삼형살과 충살이 있으면 성격이 강강하고 괴팍하며 남의 충고를 잘 받아들이지 않으며 자존심이 강하고 고집이 세다.

주인공 역시 그러했다. 결혼하고도 건달로 살았으니 그 삶이 어떠했겠는가? 아이 분유 값이 없어 부인이 친정과 형제들에게 손을 내밀며 구차하게 이혼 전까지 생활했다. 현재 주인공은 아이 둘을 고시원에서 살게 하고 본인은 택시 기사를 하면서 열심히 살고 있다. 지금은 한 달에 150만 원 정도 벌지만 40세 이전에는 10원 한 푼 벌지를 못했다.

(35) 乾命 1928. 7. 11. 卯時. 陰曆. 5大運

癸	丁	庚	戊
卯	酉	申	辰

95	85	75	65	55	45	35	25	15	5
庚	己	戊	丁	丙	乙	甲	癸	壬	辛
午	巳	辰	卯	寅	丑	子	亥	戌	酉

處暑에 丁火이므로 아직 더위가 머물러 있고 金氣가 강해 木氣가 절실하다. 시지에 卯木이 용신이다. 그런데 용신이 충을 당하고 있어 흉하다. 년지일지는 忌神에 해당되어 조상의 음덕과 부인덕은 박하다. 용신이 자식궁에 있으니 자식 덕은 있는 형국이다.

대운은 일찍이 희용신으로 흘러 길하다. 본 명조의 주인공은 10세 때 평양에서 서울로 내려와 고등학교를 졸업하고 영업에 투신했다. 그 당시 휴대용 오디오 영업을 했는데 실적이 좋아 10년 만에 전자 대리점을 오픈하고 대리점이 계속 승승장구하였는데 서서히 장사가 사양길로 접어들면서 장사가 안 돼 종국엔 대리점을 폐업하고 재활용센터를 개업해서 열심히 일하다 58세에 간암으로 사망했다.

슬하에 자식 두 명을 두었는데 모두 대학을 나와 아버지가 창업한 재활용센터를 맡아 운영 중이다. 부인은 악처로 소문이 나 있다. 지독하게 욕심쟁이며 남에게 베풀 줄 모르고 자기만 알고 자기 치장에만 신경 쓰며 남편 섬기기를 발톱의 때만큼도 안 여긴다. 보통 사람 같으면 벌써 이혼했을 텐데 끝까지 참고 산 것은 아마도 성격이 좋기 때문일 것이다.

주인공이 간암에 걸린 것은 木이 肝인데 사주에 金多木弱이 되고 또한 卯酉충이 되어 있어 간이 약하다. 간이 약한 사람이 술을 계속 먹으면 간경화나 간암에 걸릴 확률이 높다.

사람이 빨리 죽으려면 자기 몸을 학대하는 것이다. 필자가 계속해서 간이 약하니 술 먹지 말고 간에 좋은 음식과 한약을 먹으면서 건강관리를 하라고 충고를 했는데도 막무가내로 나 이렇게 살다 죽을 거야, 라고 핀잔을 주곤 했다. 결국 자업자득인 셈이다.

(36) 乾命 1952. 7. 5. 辰時. 陰曆. 5大運

丙	癸	戊	壬
辰	卯	申	辰

95	85	75	65	55	45	35	25	15	5
戊	丁	丙	乙	甲	癸	壬	辛	庚	己
午	巳	辰	卯	寅	丑	子	亥	戌	酉

解

處暑이므로 더위가 머물러 있는 상태다. 그런데 丙火와 壬水가 있어 길하다. 사주에 土金이 강해 木氣가 필요하다. 일지에 卯木이 있어 길하다. 卯木이 용신인데 충파를 안 당해 기쁘다.

처궁에 용신이 있어 처덕은 있다. 부인은 현모양처로 소문이 자자하다. 대운은 25세부터 희용신으로 흘러 고교를 졸업하고 군대 제대 후 26세에 경찰에 입문해서 30년을 경찰에 헌신하고 명퇴했다. 명퇴 후 정치에 입문해서 정치 공부를 하고 있다.

주인공 역시 경찰에 투신하여 높은 직위까지 지냈으니 이 모두가 용신이 건재하고 대운 또한 희용신 방향으로 흘렀기 때문이다.

(37) 乾命 1939. 9. 12. 申時. 陰曆. 5大運

壬　甲　甲　己

申　午　戌　卯

95	85	75	65	55	45	35	25	15	5
甲	乙	丙	丁	戊	己	庚	辛	壬	癸
子	丑	寅	卯	辰	巳	午	未	申	酉

解

霜降이라 조석으로 서릿발이 성성하다. 조후로서 火氣가 필요한데 일지에 午火가 있어 길하다. 그리고 사주에 木氣가 너무 왕하다. 金氣가 절실하다.

시지 申金이 용신이다. 시지에 용신이 있고 충파를 안 당해 길하다.

대운은 일찍이 희용신으로 흘러 고교 졸업 후 육사에 입학, 장교로 임관해서 나라를 지키는 데 헌신하다 중장으로 예편했다. 예편 후 명리 풍수학 공부에 전념하고 있다.

(38) 乾命 1963. 2. 7. 辰時. 陰曆. 9大運

戊　甲　甲　癸

辰　辰　寅　卯

99	89	79	69	59	49	39	29	19	9
甲	乙	丙	丁	戊	己	庚	辛	壬	癸
辰	巳	午	未	申	酉	戌	亥	子	丑

解

雨水는 아직 한기가 서려 있어 조후로서 火氣가 필요하다.

본 명조는 寅木월에 태어나 木氣가 너무 많아 억부로서 金氣가 필요하다. 그런데 사주에 金氣가 전무하다. 寅월에는 寅中丙火를 세가 약해서 용신으로 쓸 수가 없다. 대운은 29세부터 희용신으로 흘러 길하지만 원국에 용신이 없어 흉하다.

사주의 주인공은 어려운 가정에서 태어나 겨우 고등학교를 나와 여러 직업을 전전하며 겨우 생활만 영위하는 편이어서 결혼도 못하고 모아 놓은 돈도 없어 셋방을 전전하며 어렵게 살고 있다. 현재 서울에서 짜장면 배달 일을 하고 있다.

(39) 坤命 1980. 1. 1. 寅時. 陰曆. 4大運

丙	己	戊	庚
寅	未	寅	申

99	89	79	69	59	49	39	29	19	9
戊	己	庚	辛	壬	癸	甲	乙	丙	丁
辰	巳	午	未	申	酉	戌	亥	子	丑

立春이라 天寒地冷이다. 조후로서 火氣가 필요할 때다. 또한 寅木월에 출생해 가뜩이나 木왕절인데 사주에 木氣가 너무 왕하다. 억부로서 金氣가 필요하다. 그런데 시간에 丙火가 있고 년지에 申金이 있어 길하다. 火金이 용신이다.

丙火寅木으로부터 생조를 받으니 강하고 申金은 왕한 寅木으로부터 충발을 받으나 申金 또한 戊土와 庚金으로부터 생조를 받아 강왕하다. 그러므로 용신 중 어느 하나 파손되는 것이 없어 길하다. 대운 역시 희용신으로 흘러 길하다.

본 명조의 주인공은 일찍이 고등학교를 졸업하고 산업 전선에 뛰어들어 승승장구하고 있다. 인터넷으로 온라인 창업을 해서 20억을 벌었다. 종목은 의류와 음식이다.

(40) 乾命 1946. 3. 3. 丑時. 陰曆. 1大運

癸　戊　辛　丙
丑　申　卯　戌

91	81	71	61	51	41	31	21	11	1
辛	庚	己	戊	丁	丙	乙	甲	癸	壬
丑	子	亥	戌	酉	申	未	午	巳	辰

春分의 戊土라 火氣의 생조를 받아야 양기가 충발하여 능히 만물을 생장시킬 수 있다. 그리고 사주에 土金氣가 강왕해서 木氣가 필요하다. 그런데 년간에 丙火와 월지에 卯木이 있어 길하다. 木火가 용신이다. 대운이 희용신으로 흘러 길하다.

본 명조의 주인공은 일찍이 대학원을 졸업하고 학원 강사로 활동하다 현재 사회교육원장을 맡고 있다.

(41) 乾命 1974. 7. 10. 巳時. 陰曆. 4大運

辛　庚　壬　甲

巳　子　申　寅

94	84	74	64	54	44	34	24	14	4
壬	辛	庚	己	戊	丁	丙	乙	甲	癸
午	巳	辰	卯	寅	丑	子	亥	戌	酉

處暑이므로 아직 더위가 모여 있는 상태다. 壬水가 子水에 통근하고 있어 水氣 또한 강한 편이다. 그런데 시지에 巳火가 있어 水氣를 제극할 수 있다. 그리고 사주에 金氣가 왕해 木氣가 필요한데 마침 년주에 甲木이 寅木에 통근하고 있어 뒷심이 있어 길하다.

본 명조에서는 木火가 용신이다. 대운은 초기부터 용신운으로 흘러 조짐이 좋다. 주인공은 일찍이 대학을 졸업하고 요식업 계통에 투신, 현재까지 요식업을 경영하고 있다.

(42) 乾命 1961. 9. 17. 巳時. 陰曆. 6大運

乙	壬	戊	辛
巳	辰	戌	丑

96	86	76	66	56	46	36	26	16	6
戊	己	庚	辛	壬	癸	甲	乙	丙	丁
子	丑	寅	卯	辰	巳	午	未	申	酉

解

霜降이라 조석으로 서리가 내려 한기가 감도는 계절이므로 火氣가 필요하다. 그런데 시지에 巳火가 乙木으로부터 생조를 받아 강건하다. 또한 사주에 土金이 강왕해 木氣가 필요한데 시간에 乙木이 있고 壬水로부터 생조를 받으므로 강하고 충파가 없어 길하다. 대운은 초기부터 희용신으로 흘러 길하다.

본 명조의 주인공은 일찍이 대학에서 호텔경영학을 전공하고 관광호텔에 20년 근무했다. 현재 관광호텔을 경영하고 있다.

(43) 乾命 1889. 4. 1. 午時. 陰曆. 9大運

```
甲   丙   戊   己
午   子   辰   丑
```

```
99   89   79   69   59   49   39   29   19   9
戊   己   庚   辛   壬   癸   甲   乙   丙   丁
午   未   申   酉   戌   亥   子   丑   寅   卯
```

解

穀雨이므로 火氣가 충충한데 일지에 子水가 辰中癸水에 통근하고 있어 능히 火氣를 제극할 수 있고 또한 사주에 土氣가 많아 흉한데 시간에 甲木이 子水로부터 생조를 받아 강건하다.

본 명조는 木火가 용신이다. 대운은 초기부터 희용신으로 흘러 길하다.

주인공은 일찍이 일본에 유학가서 건축학을 전공하고 경성제국대학교와 연희전문학교에서 교수를 역임하고 퇴임 후 건축설계사무소를 운영하다 95세에 타계했다. 슬하에 1남 2녀를 두었는데 모두 대학을 나와 현재 모 대학에서 교수로 재직하고 있다.

부인은 64세에 지병으로 작고했다.

(44) 乾命 1939. 10. 10. 午時. 陰曆. 4大運

甲	辛	乙	己
午	酉	亥	卯

94	84	74	64	54	44	34	24	14	4
乙	丙	丁	戊	己	庚	辛	壬	癸	甲
丑	寅	卯	辰	巳	午	未	申	酉	戌

解

立冬이라 조석으로 한기가 가득하다. 火氣가 필요한데 시지에 午 火가 있어 한기를 해소할 수 있다. 그리고 사주에 木氣가 과한데 일 지 酉金이 있어 능히 木氣를 제어할 수 있다.

대운은 초기부터 희용신으로 흘러 길하다. 본 명조의 주인공은 고 교를 졸업하고 사법시험에 합격하여 검사로 재직하다 명퇴하여 변호 사로 재직 중이다. 두 명의 자식이 있는데 모두 유학을 다녀와 모 대 학에서 교수로 재직하고 있다.

(45) 乾命 1930. 12. 19. 未時. 陰曆. 1大運

丁	壬	庚	辛
未	辰	寅	未

91	81	71	61	51	41	31	21	11	1
庚	辛	壬	癸	甲	乙	丙	丁	戊	己
辰	巳	午	未	申	酉	戌	亥	子	丑

解

立春이라 天寒地冷이다. 火氣가 절실하다. 또한 사주에 土金이 강왕해 木氣가 필요하다. 그런데 시간에 丁火가 未中丁火에 통근하고 있고 일지에 寅木은 壬水로부터 생조를 받고 있어 강하다.

본 명조에서는 木火가 용신이다. 월주와 시주에 용신이 있어 부모덕과 자식 덕이 있다. 대운은 초기부터 희용신으로 흘러 일찍이 의대를 나와 비뇨기과 병원을 운영하고 있다.

부모님 모두 교수로 재직했고 자식은 셋 있는데, 첫째는 산부인과 의사이고 둘째는 대학교수이며 셋째는 강남에서 학원을 운영하고 있다.

(46) 乾命 1949. 2. 30. 辰時. 陰曆. 8大運

丙	戊	丁	己
辰	午	卯	丑

98	88	78	68	58	48	38	28	18	8
丁	戊	己	庚	辛	壬	癸	甲	乙	丙
巳	午	未	申	酉	戌	亥	子	丑	寅

春分은 아직 火氣가 필요한 상황이다. 그리고 사주에 土氣가 강왕해서 흉하다. 그런데 시간에 丙火丁火가 午火에 통근하고 있어 강건하니 봄 가뭄이 예상되어 긴급히 水氣를 수혈해야 된다.

사실 火氣는 春分의 寒氣만 解消하면 되는 것인데 火氣가 너무 많으면 過猶不及이 되어 오히려 흉하다. 그런데 辰과 丑 중에 癸水가 서로 공조하여 능히 火氣를 제어할 수 있다. 卯木은 火氣의 영향을 받아 스스로 강건하니 능히 강한 土氣를 제어시킬 수 있다.

본 명조의 용신은 水木이다. 년월주와 시주에 용신이 있어 길하다. 대운은 초기부터 희용신으로 흘러 길하다. 주인공은 일찍이 의대를 나와 대형병원에서 산부인과 의사로 재직하다 현재는 경기도 모처에서 산부인과 병원을 개원하여 운영 중이다.

자녀는 1남 1녀인데 장녀는 산부인과 의사로 아버지의 뒤를 잇고 막내아들은 아버지 병원 원무과장으로 재직 중이다. 그런데 부인궁이 忌神에 해당되어 처덕은 미미하다. 부인은 심장질환이 있어 항상 심장 약을 끼고 산다.

(47) 乾命 1950. 10. 12. 巳時. 陰曆. 5大運

乙　壬　甲　庚

巳　辰　申　寅

95	85	75	65	55	45	35	25	15	5
甲	癸	壬	辛	庚	己	戊	丁	丙	乙
午	巳	辰	卯	寅	丑	子	亥	戌	酉

■解■

處暑라 아직 더위가 남아 있다. 그런데 시지에 巳火가 乙木으로부터 생조를 받아 강건하니 온기가 팽배해져 조후적으로 水氣를 써야 한다. 일간 壬水는 申金이 장생지이고 辰中癸水로부터 방조를 받아 능히 조열한 火氣를 제어할 수가 있다.

또한 사주에 木氣가 너무 강왕하여 흉하다. 그런데 년간에 庚金이 월지 申金에 통근하고 있어 능히 强木을 制御할 수 있다.

대운은 초기부터 희용신으로 흘러 일찍이 대학과 대학원을 나와 교수로 재직 중에 국회의원에 당선되어 현재 정치인의 길을 걷고 있다.

(48) 坤命 1951. 7. 25. 寅時. 陰曆. 4大運

丙	己	丙	辛
寅	亥	申	卯

94	84	74	64	54	44	34	24	14	4
丙	乙	甲	癸	壬	辛	庚	己	戊	丁
午	巳	辰	卯	寅	丑	子	亥	戌	酉

處暑라 온기가 충충한데 월간시간에 丙火가 시지 寅木에 통근하고 있어 火氣가 충천하고 있어 흉한데 일지 亥水가 申金으로부터 생조를 받아 강건하니 능히 丙火의 熱氣를 식혀줄 수 있다.

본 명조는 水氣가 용신이다. 부모궁과 배우자궁에 희용신이 있어 부모덕과 배우자 덕은 있었다. 대운은 초기부터 희용신으로 흘러 일찍이 대학과 대학원을 나와 지방 모 대학에서 교편을 잡고 있다. 남편 또한 모 대학의 석좌교수로 재직 중이다.

(49) 乾命 1923. 7. 12. 寅時. 陰曆. 5大運

甲	戊	庚	癸
寅	辰	申	亥

95	85	75	65	55	45	35	25	15	5
庚	辛	壬	癸	甲	乙	丙	丁	戊	己
戌	亥	子	丑	寅	卯	辰	巳	午	未

〈解〉立秋는 가을의 기운이 들어선다는 계절인데 그러나 아직도 온기가 충충해서 水氣가 필요한데 년간 癸水가 년지 亥水에 통근하고 월지에 申金 또한 癸水를 생조하니 水氣가 왕강하다.

그런데 시지 寅中丙火가 있어 시간 甲木으로부터 생조를 받고 있고 계절이 아직 입추라 온기가 충충하니 능히 水氣운을 제어할 수 있다. 본 명조는 木火가 용신이다. 용신이 모두 시주에 있어 자식 덕은 있다.

대운은 초기부터 희용신으로 흘러 일찍이 고교를 졸업하고 육군 사관학교를 졸업하여 소위로 임관하여 수십 년을 군대에서 보내고 육군대장으로 예편했다. 예편 후 향리에서 전원생활로 자연을 만끽하면서 편안히 지내다 86세로 인생의 소풍 길을 마감했다.

슬하에 4남매를 두었는데 모두 다 대학을 졸업하고 사회에서 제 몫을 톡톡히 하고 있다.

(50) 乾命 1958. 1. 19. 酉時. 陽曆. 4大運

丁	丙	癸	丁
酉	申	丑	酉

94	84	74	64	54	44	34	24	14	4
癸	甲	乙	丙	丁	戊	己	庚	辛	壬
卯	辰	巳	午	未	申	酉	戌	亥	子

〈解〉小寒이라 天寒地凍이다. 火氣가 긴급하다. 그런데 천간에 丙火의 비겁이 띠를 이루고 있어 오히려 겨울가뭄이 들었다. 마침 월간에 癸水가 申金의 생조를 받고 丑土에 통근하고 있어 가히 火의 무리를 대적할 만하다. 마침내 첨병이 월간과 년간에 출병하여 서로

대적하고 있는 형국이라 매우 흉하다.

이렇게 사주원국에 서 각기 큰 세력끼리 전쟁을 하면 고래 싸움에 새우 등 터지는 꼴이 되어 몹시 흉하다. 그러므로 이러한 전쟁을 막으려면 제3국인 木氣를 투입해 외교적으로 해결해야만 전쟁을 막을 수 있다. 그러면 水火冲이 안 되고 水生木 木生火가 되어 싸움이 안 일어나게 된다.

이러한 木氣를 통관용신이라고 한다. 그런데 아무리 눈을 씻고 봐도 사주원국에 木氣가 全無하다. 이런 사주의 주인공은 한평생 평온하게 살 수가 없게 된다. 모진 풍파를 겪어야 할 운수다.

대운마저 忌神으로 흘러 대흉격의 사주다. 본 명조의 주인공은 지방에서 공고를 나와 법무사 사무실에 사무 보조로 들어가 수십 년을 지내면서 각종 사고와 사기를 쳐서 형제 및 친인척에게까지 피해를 주고 각종 구설수에 휘말리고 친구 법무사 사무실 공금을 횡령해 빌라를 구입해서 새로 입주까지 했다.

그러나 얼마 안 가 친구에게 발각되어 사기꾼 소리를 들어야 했다. 결국 빌라는 빼앗기고 식구들은 살 곳이 없어 처제 집에서 신세를 져야만 했다. 그 일로 인해 집안은 박살이 나고 부인과 이혼하고 두 명의 자식들과도 결별하고 현재 소식 두절인 상태다.

이와 같이 용신이 사주원국에 全無하고 대운마저 忌神으로 흐르면 결코 성공할 수가 없다. 그래서 이러한 사주의 주인공은 미리 자기 사주가 주는 정보를 잘 파악하여 반드시 사주에 맞게 살아야 흉이 감소된다는 점을 명심 또 명심해야 할 것이다.

41

古典에 있는
四柱看命 選別 譯解

고전 간명 사례 (임철초-적천수 천미)

1) 丙 壬 戊 癸
　　午 寅 午 卯

　　壬 癸 甲 乙 丙 丁
　　子 丑 寅 卯 辰 巳

任氏曰 : 此造丙火當權 戊癸從化 熇乾壬水 水衰極者 似火也.

初運逢火 從基火旺 豊衣足食 乙卯甲寅名利雙全

癸丑 爭官奪財 破耗而亡.

此造丙火當權(차조병화당권) : 이 명조는 丙火가 당권하고

● **造**(조) : 命造.

● **當權**(당권) : 當令이라고도 하며 午火월에 丙火라 힘이 있다는 뜻임.

戊癸從化(무계종화) : 戊癸가 合하여 火가 되고 그 火가 다시 火의 세력을 따라가고,

燔乾壬水(픽건임수) : 壬水가 말라서 건조하게 되니
- 燔乾(불에 말릴 픽. 하늘 건, 마를 건) : 불에 말려져서 건조하게 됨.
- 乾 : 본 장에서는 마를 건으로 쓰임. 예)乾燥: 건조하다. 말라서 습기가 없다.

水衰極者似火也(수쇠극자사화야) : 水氣는 지극히 쇠약해져서 마치 火와 같다.

初運逢火(초운봉화) : 대운 초기부터 火氣를 만나,
- 運(운) : 10년 대운.

從基火旺(종기화왕) : 그 왕한 火를 따르고,

豊衣足食(풍의족식) : 입을 옷이 풍부하고 먹을 것이 풍족했다.

乙卯甲寅名利雙全(을묘갑인명리쌍전) : 乙卯甲寅대운에는 명예와 이익 두 가지를 모두 얻었다.

癸丑 爭官奪財 破耗而亡(계축 쟁관탈재 파모이망) : 계축 대운에는 관과 쟁송을 하고 재물을 겁탈당해 재물이 다 흩어지고 본인도 죽었다.(즉 木火대운은 희신용신이 되고 水대운은 忌神에 해당되기 때문에 주인공이 계축대운에 망한 것이다)

● **爭官**: 관과 쟁송하다.

● **奪財**: 재물을 잃다.

● **破耗**: 재물이 다 소모되어서 파산하다.

● **亡**(망할 망): 본 문장에서는 죽었다는 뜻임.

2) 庚 壬 癸 癸
　　子 子 亥 亥

　　丁 戊 己 庚 辛 壬
　　巳 午 未 申 酉 戌

任氏曰: 此造四柱皆水 一無剋洩 氣勢沖奔不可過也.

初運壬戌 支逢土旺 早見刑喪 辛酉庚申 干支皆金.

所謂月印千江銀作浪 門臨五福錦鋪花 交己未 妻子皆傷 家業破盡.

戊午運 貧乏不堪 憂鬱而卒

此造四柱皆水(차조사주개수): 이 명조에서는 사주가 모두 水氣로 이루어져 있고,

一無剋洩(일무극설): 단 하나의 극설도 없으니,

氣勢沖奔不可過也(기세충분불가과야) : 물이 세차게 흘러가는 기세니 과히 건너기가 불가하다.

● **沖奔**(힘찰 충, 달릴 분): 세차게 흘러감. 힘차게 달려 나감.

● 過(건널 과, 지나갈 과) : 지나가다. 건너가다.

初運壬戌(초운임술) : 초기 壬戌대운에서는,

支逢土旺 早見刑喪(지봉토왕 조견형상) : 지지에서 왕한 土氣를 만나 일찍이 험한 꼴을 겪었고

● 見(볼 견, 만날 견) : 보다. 만나다. 겪다.

● 刑喪(형벌 형, 죽을 상) : 험한 꼴. 고통을 당함.

● 원문: 辛酉庚申 干支皆金(신유경신 간지개금) : 辛酉庚申대운은 干支가 모두 金이니

● 干支(방패 간, 가를 지) : 천간과 지지를 뜻함.

● 皆(모두 개) : 모두. 전부.

所謂月印千江. 銀作浪(소위월인천강. 은작랑) : 이른바 달은 은물결 일렁이는 1,000줄기 강물 위에 드러나 있고,

● 月印千江(달 월. 도장 인. 흔적 인. 일천 천. 강 강) : 달은 하늘에 하나뿐인데 천 줄기 강물 위에 드러나 있다는 뜻임.

● 銀作浪(은 은. 지을 작. 일으킬 작. 물결 랑) : 은물결이 일렁임.

● 원문 : 門臨五福 錦鋪花(문임오복 금포화): 집안에 오복이 임하니 비단에 꽃을 펼쳐놓은 듯 수를 놓았다.

● 門(문 문): 문전. 집안.

● 五福 :

오복이 문헌상에 나타난 것은 『서경』「홍범편」이다. 그 뒤 여러 경전에 인간 五福에 대한 말이 나오고 시인들의 작품에도 많이 나타난다.

오복은 첫째가 壽(수)로, 인간의 소망이 무엇보다도 長壽를 원하기 때문이다. 둘째가 富로, 富裕하고 豊足하게 살기를 바라는 간절한 소망인 것이며, 셋째가 康寧으로, 일생 동안 건강하게 살고자 하는 욕망 또한 중요하기 때문이다.

넷째가 攸好德(유호덕)으로, 덕을 좋아한다는 뜻은 오래 살고 풍족하고 몸마저 건강하면 그 다음에는 이웃이나 다른 사람을 위하여 보람 있는 봉사를 해보자는 것으로, 선을 권하고 악을 미워하는 善本思想의 발로라고 생각된다.

마지막으로 考終命(고종명)은 죽음을 깨끗이 하자는 소망으로, 모든 사회적인 소망을 달성하고 남을 위하여 봉사한 뒤에는 객지가 아닌 자기 집에서 편안히 일생을 마치기를 바라는 소망이 담겨 있다.

이와 같은 다섯 가지 바람은 소망과는 약간의 차이가 있는 것으로 정치가나 학자 또는 지도계층의 소망이라고 보아야 할 것이다.

민간에서 바라는 오복은 『통속편(通俗編)』에 나오는데 壽·富·貴·康寧·子孫衆多(자손중다)로, 『서경』에 나오는 五福과 다소 차이가 있다.

『서경』 오복의 유호덕이 귀로, 고종명이 자손중다로 바뀐 것은 그럴 만한 이유가 있는 것으로, 서민이나 천민은 귀하게 되는 것이 남을 위하여 봉사하는 것이라 생각하였고 자손이 많은 것이 고종명보다 낫다고 생각하였기 때문이다.

속담에 인간의 치아 [齒] 가 오복에 든다고 하는 것은 사실과는 다르지만 이가 좋아야만 건강할 수 있다는 생각에서 나온 듯하다.

- 錦(비단 금): 비단. 아름다운 것.
- 鋪花(펼 포, 베풀 포, 꽃 화): 꽃을 펼치다.

交己未 妻子皆傷 家業破盡(교기미 처자개상 가업파진) : 己未대운으로 바뀌면서 처자식 모두 마음의 상처를 입고 가업이 파산된 상태이며,
- 交(사귈 교) : 交替(교체)하다.
- 破盡(깨트릴 파, 다할 진) : 완전히 망하다. 파산되다.

戊午運 貧乏不堪 憂鬱而卒(무오운 빈핍불감 우울이졸) : 戊午대운에는 가난하고 궁핍함을 견뎌내지 못하고 우울증으로 죽고 말았다.
- 貧乏(가난할 빈, 가난할 핍) : 가난하고 궁핍함. 몹시 가난함.
- 不堪(아니 불, 견딜 감) : 견디지 못함.
- 憂鬱(근심할 우. 막힐 울) : 답답하고 침울함.

3) 辛 壬 辛 壬
　　丑 子 亥 寅

　　丁 丙 乙 甲 癸 壬
　　巳 辰 卯 寅 丑 子

任氏曰: 此造壬水生于孟冬 支類北方 干皆金水.

水太旺者 似土也 喜其寅木吐秀 至甲寅運 早遂靑雲之志

可謂才藻翩翩 輝映杏壇桃李 文思奕奕 光騰藥籠參苓

乙卯運 宦途順利 交丙而亡

此造壬水生于孟冬(차조임수생우맹동) : 이 명조는 壬水가 초겨울에
출생하여,

● **孟冬**(맏 맹/첫째 맹, 겨울 동) : 초겨울

支類北方(지류북방) : 지지는 亥子丑이라 북방이고,

干皆金水(간개금수) : 천간은 모두 金水이며,

水太旺者似土也(수태왕자사토야) : 水氣가 태왕한 것이 마치 土와 같다.

喜其寅木吐秀(희기인목토수) : 寅木이 수려한 木氣를 내뿜고 있어
기쁘다.

至甲寅運(지갑인운) : 甲寅대운에 이르러,

早遂靑雲之志(조수청운지지) : 일찍이 청운의 뜻을 품고 그 길로
가려 했는데,

● **途**(길 도) : 도로. 길. 내가 가는 길. 내가 가야 할 길

可謂才藻翩翩(가위재조편편) : 가히 재주가 눈에 띄게 뛰어나니

● **才藻**(재주 재, 무늬 조/말 조) : 재주가 뛰어나다.

● **翩翩**(빨리 날 편, 나부낄 편) : 빠르게 날다. 바람에 나부끼다.

輝映杏壇桃李(휘영행단도리) : 광채가 나기로는 제단에 놓인 살구와 복숭아와 자두 같고,

- **輝映**(빛날 휘/광채날 휘, 비출 영/비칠 영) : 광채가 나다.
- **杏壇**(살구 행, 제단 단) : 제단에 있는 살구나무
- **桃李**(복숭아 도, 자두 리) : 복숭아와 자두

文思奕奕(문사혁혁) : 문장력과 어휘력은 몹시 아름답고 뛰어났으며,

- **文思**(글월 문, 생각할 사) : 어휘구사력, 문장력, 문장가의 사상
- **奕奕**(클 혁, 아름다울 혁) : 아름답고 뛰어나다.

光騰藥籠參苓(광등약롱삼령) : 빛나기는 약 채롱에 올려놓은 인삼과 복령 같다.

- **光**(빛 광) : 빛나다.
- **騰藥籠**(오를 등/올려놓을 등, 약 약, 대나무그릇 롱) : 약을 담아 올려놓은 대나무 채롱
- **參苓**(인삼 삼, 복령 령) : 인삼과 복령
- **茯笭**(복령)

복령은 옛 문헌에 복령(伏靈), 복신(伏神)이라 표기되어 있는데 소나무의 신령(神靈)한 기운이 땅속에 스며들어 뭉쳐졌기 때문에 생긴 것이라고 여겨졌으며 주먹 크기의 복령을 차고 다니면 모든 귀신과 재앙을 물리친다는 기록도 있다.

복령은 소나무의 정기가 왕성하여 바깥으로 빠져나가 뭉쳐져서 만들어진 것으로 나머지 령(零)의 의미에서 령(苓)이라는 명칭이 생겼다고도 하며 소나무의 진액이 왕성하지 못하면 나무뿌리 주변에 생겨서 뿌리에서 떨어지지 않고 뿌리를 감싸게 되는데 이것을 복신이라 부른다고도 전해진다.

복령은 거의 냄새가 없고 조금 점액성이고 맛은 달고 밋밋하며 성질은 한쪽으로 치우치지 않고 평하다.[甘淡平] 복령은 소변을 못보고 배와 전신의 부종, 담음으로 해수, 구토, 설사가 있을 때 및 신경과민에 의한 건망증, 유정에 쓰며 심장부종에도 사용한다.

약리작용으로는 이뇨, 억균작용, 장관이완작용, 궤양예방효과, 혈당강하작용, 심장수축력 증가, 면역증강작용, 항종양작용 등이 보고되었다.

乙卯運 宦途順利(을묘운 신도순리) : 乙卯대운에는 벼슬길이 순탄하여 이득이 있었는데,

● **宦途**(벼슬 환, 길 도) : 벼슬길

● **順利**(순할 순, 날카로울 리) : 순조로운 득리

交丙而亡(교병이망) : 병화대운으로 바뀌자 죽고 말았다.

4) 癸 癸 甲 辛
　　亥 卯 午 巳

　　戊 己 庚 辛 壬 癸
　　子 丑 寅 卯 辰 巳

任氏曰: 癸卯日元 生于亥時 日主之氣已貫 喜其無土 財旺自能生官

更妙巳亥遙沖 去火存金 印星得用 木火受制 體用不傷

中和純粹 爲人知識深沈 器重荊山璞玉 財華卓越

光浮鑑水珠璣 庚運助辛制甲 自應台曜高躔朗映紫微之彩

鼎居左列 輝騰廊廟之光 微嫌亥卯拱木 木旺金衰

未免嗣息艱難也 此莫宝齋先生造

癸卯日元生于亥時(계묘일원 생우해시) : 癸卯日柱가 亥時에 출생했는데,

日主之氣已貫(일주지기이관) : 일주의 기운은 이미 水生木 木生火로

이어지고 있다.

● **貫**(꿸 관) : 꿰다. 적중하다. 통과하다. 이어지다.

喜其無土(희기무토) : 토가 없어도 기쁜 것은,

財旺自能生官(재왕자능생관) : 財가 旺해서 능히 스스로 官을 생조할

수 있기 때문이다.

更妙巳亥遙沖 去火存金(갱묘사해요충 거화존금) : 다시 묘한 것은 巳

火를 멀리 있는 亥水가 충을 해서 화는 제거되고 금은 보존되게 되었다.

印星用金 木火受制(인성용금 목화수제) : 인성인 금이 용신이므로 목화를 제어해,

體用不傷 中和純粹(체용불상 중화순수) : 체용이 손상되지 않고 순수하게 중화를 이루었다.

爲人知識深沈(위인지식심침) : 사람됨과 지식은 매우 깊고

● **深沈**(깊을 심/매우 심, 잠길 침/깊이 빠질 침) : 매우 깊다.

器重荊山璞玉(기중형산박옥) : 그릇됨은 형산의 박옥처럼 순박하고,

● **荊山**(모형나무 형/가시나무 형. 뫼산) : 中國 안휘성, 호북성, 산동성, 하남성에 있는 山 이름

● **璞玉**(옥돌 박, 옥 옥) : 가공하지 않은 옥의 원석.

才華卓越 光浮鑑水珠璣(재화탁월 광부감수주기) : 재주는 화려하고 탁월하여 거울같이 맑은 물에 비친 옥구슬 같았는데

● **光浮**(빛 광, 뜰부) : 물 위에 비쳐진 빛

● **鑑水**(거울 감, 물 수) : 거울 같은 물

● **珠璣**(옥구슬 주, 옥구슬 기) : 옥구슬

庚運 助辛制甲(경운 조신제갑) : 庚寅대운에 辛金을 방조하고 甲木을 제어해서

自應台曜高躔(자응태요고전) : 스스로의 힘으로 높은 궤도에 올랐고,

● **自應台曜**(스스로 자, 응할 응, 별 태/양육할 태, 빛날 요) : 스스로 응당 빛나는 별.

● **高躔**(높을 고, 궤도 전) : 높은 궤도.

● **軌道**(길 궤, 길 도) : 천체가 돌아가는 일정한 경로라고도 한다. 기준좌표계에 따라서 다르게 서술되기도 하는데, 좁은 의미로는 일정한 시간 간격을 두고 반복적으로 운동을 하는 물체가 그리는 운동궤적인 폐곡선을 궤도라 하기도 한다.

뉴턴역학에 따르면, 두 질점이 만유인력에 의해서 서로 끌어당기며 운동할 경우, 질점의 궤도는 다른 질점을 하나의 초점으로 하는 원, 타원, 포물선, 쌍곡선 등 2차 곡선이 된다. 태양계 내부에서는 일부 혜성을 제외하고 대부분의 행성·위성·혜성은 타원궤도를 가지고 있다(사실은 태양의 인력 이외에 다른 행성의 인력이 작용하기 때문에 엄밀하게 타원은 아니지만 근사적으로 타원궤도로 취급한다).

행성궤도의 경우, 태양이 그 초점에 있기 때문에 행성이 긴 지름 위의 두 점 가운데 A점에 오면 태양과 행성의 거리는 최소가 된다. 이 점을 근일점(近日點)이라고 한다. 이에 대하여 B점을 원일점(遠日點)이라고 한다.

타원궤도의 방향은 근일전의 방향을 기준으로 결정된다. 또 궤도면의 위치는 기준면과의 경사각과 교점의 방향에 의하여 정해진다.

궤도가 남에서 북으로 지나며 기준면과 만나는 점을 승교점(昇交點), 북에서 남으로 지나며 만나는 점을 강교점(降交點)이라 한다. 기준면 으로는 태양계의 행성에 대해서는 황도면(태양에서 볼 때는 지구의 공전궤 도면)이 이용된다.

긴 반지름의 길이, 이심률(離心率), 근일점 방향, 궤도 경사, 승교점 경도, 근일점 통과 시각의 여섯 가지를 타원궤도의 요소라 하며, 이 6요소를 알면 행성의 궤도상 위치를 시간의 함수로 계산할 수 있다. 행성의 위치관측으로부터 궤도의 6요소를 구하는 방법을 연구하는 학문을 궤도론이라고 한다.

한편, 지상에서 던진 물체는 초속도(初速度)가 매초 7.8km를 넘 으면, 지구 주위를 타원궤도를 그리며 도는데 인공위성의 경우가 이에 해당된다(지구가 완전한 구가 아니기 때문에 엄밀하게는 타원에서 약간 벗어나 있다).

또 초속도를 매초 11.1km 이상으로 하면, 물체는 포물선이나 쌍곡 선을 그리며 지구 밖으로 나가 다시는 되돌아오지 못한다. 그리하여 이것이 태양의 인력에 잡히면 인공행성이 되어 태양 주위를 타원궤 도로 돌게 되는 것이다. 이러한 천체의 궤도에 대한 이론은 20세기 에 들어와 A. 아인슈타인의 일반상대성이론에 의하여 더욱 확실히 증명되었다.

닐스보어와 조마펠트의 고전이론에 따르면, 원자는 원자핵과 전자 로 이루어져 있으며, 전자는 원자핵 주위의 특정한 궤도를 따라 돌 고 있는 것으로 설명된다. 그러나 양자역학의 발전으로 원자핵 둘레를 도는 전자는 천체의 궤도처럼 명확한 궤도를 가지고 있지 않다는 것이 밝혀졌다. 따라서 전자의 궤도란 원자 내부에서 전자가 존재할 확률이 가장 높은 공간을 편의상 그렇게 부르고 있는 것에 불과하다.

朗映紫微之彩(낭영자미지채) : 자미성의 색채로 밝게 비춰주니,

● **紫微**(자줏빛 자, 작을 미) : 자미성.

● **紫微星**(자미성) : 자미원에 있는 별의 우두머리 이름.

● **紫微垣**(자미원) : 북극(北極) 부근(附近)에 있는 15개의 별

● **朗映**(밝을 랑, 비출 영) : 밝게 비추다.

鼎居左列(정거좌열) : 朝廷에서 正一品 반열에 들었고,

● **鼎**(솥 정) : 국가 왕위. 제업

● **居左列**(살 거/차지할 거, 앉을 거, 왼 좌, 벌일 열) : 좌측에 서열하다.

輝騰嗣廟之光(휘등랑묘지광) : 떠오르는 태양이 되어 조정의 빛이 되었다.

● **輝騰**(빛날 휘, 오를 등) : 떠오르는 태양.

● **嗣廟**(행랑 랑, 사당 묘) : 조정의 정사를 논의하는 건물을 뜻하는 말로, 조선 시대에는 의정부(議政府)를 가리킴.(유사어-묘당. 廟堂).

微嫌亥卯拱木(미혐해묘공목) : 조금 싫은 것은 해묘가 서로 손을 맞

잡으니,

- 微(작을 미) : 작다.

- 嫌(싫어할 혐) : 싫어하다.

- 拱(두 손 맞잡을 공) : 두 손을 맞잡다.

木旺金衰(목왕금쇠) : 목이 왕하고 금이 쇠약해져서,

未免嗣息艱難也(미면사식간난야) : 자식을 낳아 대를 잇는 것이 몹시 어려웠는데 그것을 면치 못했다.

- 未免(아닐 미, 면할 면) : 면치 못했다.

- 嗣息(이을 사, 숨쉴 息) : 자식을 낳아 대를 잇다.

- 艱難(어려울 간, 어려울 난) : 몹시 어렵다.

此莫宝齋先生造(차막보재선생조) : 이것은 막보재 선생의 명조이다.

5) 戊 甲 丁 甲
    辰 子 卯 辰

    癸 壬 辛 庚 己 戊
    酉 申 未 午 巳 辰

甲子日坐於卯月 地支兩辰 木之餘氣也 又辰卯東方 子辰拱水
木太旺似金也 以丁火爲用 至巳運 丁火臨旺 名列宮牆

庚辛兩運 南方截脚之金 雖有刑耗而無大患 未運,尅去子水 食廩天儲

午運 子水沖尅 秋闈失意 壬申 金水齊來 刑妻尅子 破耗多端 癸運不祿

● **甲子日坐於卯月 地支兩辰 木之餘氣也**(갑자일좌어묘월 지지양진 목
지여기야) : 甲子日柱가 卯月에 앉아 있고 지지에는 두 개의 辰
土가 있으니 木의 餘氣이다.

● **又辰卯東方 子辰拱水 木太旺似金也**(우진묘동방 자진공수 목태왕사
금야) : 또한 辰卯는 東方이고 子辰은 水와 손을 맞잡고 木을 생
조하니 木이 태왕하게 되어 마치 金과 같다.

● **以丁火爲用 至巳運 丁火臨旺 名列宮牆**(이정화위용 지사운 정화임왕
명렬궁장) : 丁火가 용신이 되는데 巳대운에 이르러 丁火가 왕성해
지니 이름을 궁담장에 도배를 하다시피 했다.

● **庚辛兩運 南方截脚之金 雖有刑耗而無大患**(경신양운 남방절각지
금 수유형모이무대환) : 庚午辛未 두 대운에는 남방에 절각되는
金이라서 비록 고충은 있었으나 큰 근심은 없었다.

● **未運 尅去子水 食廩天儲**(미운 극거자수 식름천저) : 未운에는 子
水를 尅해 제거시키니 먹을 것이 창고 천장에 닿을 정도로 쌓
였다.

인생
사주학

● **午運 子水沖剋 秋闈失意**(오운 자수충극 추위실의) : 午火운에는 印綬인 子水와 충극을 해서 과거에 낙방했다.

● **壬申 金水齊來 刑妻剋子 破耗多端**(임신 금수제래 형처극자 파모다단) : 壬申대운에는 금수가 함께 오는 바람에 처자식은 고통을 당하고 빚은 계속해서 늘어만 갔다.

● **癸運不祿**(계운불록) : 결국 癸酉대운에 사망했다.

6) 乙 甲 乙 癸
　　亥 寅 卯 卯

　　己 庚 辛 壬 癸 甲
　　酉 戌 亥 子 丑 寅

此造四支皆木 又逢水生 六木兩水 別無他氣 木旺極者 似火也
以水爲用 出身祖業本豊 惟丑運刑傷 壬子水勢乘旺
辛亥金不通根 支逢水旺 此二十年經營獲利數萬.

　　　　　　　　　　一交庚戌 土金竝旺 破財而亡

● **此造四支皆木 又逢水生**(차조사지개목 우봉수생) : 이 명조는 4개지 지가 모두 木이고 또한 물을 만나 생조를 받고 있다.

● **六木兩水 別無他氣 木旺極者 似火也**(육목양수 별무타기 목왕극자 사화야) : 여섯 개의 木과 두 개의 水로만 되어 있고 특별히 다른

기운은 없으며 木이 지극히 왕해서 火와 같다.

- **以水爲用 出身祖業本豊**(이수위용 출신조업본풍) : 水가 용신이며 출신 조상은 가업이 본래 풍부했으며,

- **惟丑運刑傷**(유축운형상) : 생각하건대 癸丑대운에는 형상이 많았고,

- **壬子水勢乘旺**(임자수세승왕) : 壬子대운에는 水의 세력을 타고 스스로 왕해졌으며,

- **辛亥金不通根 支逢水旺**(신해금불통근 지봉수왕) : 辛亥대운에는 辛金은 통근하지 못하고 지지에 왕한 水를 만나,

- **此二十年經營獲利數萬**(차이십년경영획리수만) : 壬子대운과 辛亥대운 이 이십 년 동안은 사업을 경영해서 수만금을 벌었으나,

- **一交庚戌 土金竝旺 破財而亡**(일교경술 토금병왕 파재이망) : 庚戌대운으로 한번 바뀌니 왕한 土와 金이 함께 들어와 庚金은 일간인 甲木을 剋하고 戌土는 용신인 水를 剋하니 재산은 다 날아가고 결국 본인도 죽고 말았다.

7) 辛 甲 甲 乙
   未 申 申 丑

   戊 己 庚 辛 壬 癸
   寅 卯 辰 巳 午 未

此造地支土金 木無盤根之處 時干辛金 元神發透 木太衰者 似水也
初運癸未 壬午生木制金 刑喪早見 蔭庇難豊 辛巳 庚辰 金逢生地
自手成家 發財數萬 己卯運 土無根 木得地 遭回祿 破財 至寅運而亡

● **此造地支土金 木無盤根之處**(차조지지토금 목무반근지처) : 이 명조
는 지지가 土金이라 甲木이 뿌리를 내릴 수 없는 곳에 처하고

● **時干辛金 元神發透 木太衰者 似水也**(시간신금 원신발투 목태쇠자
사수야) : 시간에 辛金이 있으니 원신이 투출되었고 木은 지극히
쇠약해져 마치 水와 같다.

● **初運癸未 壬午生木制金 刑喪早見 蔭庇難豊**(초운계미 임오생목제
금 형상조견 음비난풍) : 초운인 癸未. 壬午대운에는 木을 생하고
金을 제어하니 일찍 고충이 많았고 부모 조상의 음덕이 풍부하
지 못했다.

● **辛巳 庚辰 金逢生地**(신사 경진 금봉생지) : 辛巳 庚辰대운에는 金이
生地를 만나서,

● **自手成家 發財數萬**(자수성가 발재수만) : 자수성가로 수만금을 벌
었다.

● **己卯運 土無根 木得地 遭回祿 破財**(기묘운 토무근 목득지 조회록 파
재) : 己卯대운에는 토의 뿌리가 없고 木이 得地하여 回祿(火神)을
만나 재산이 다 날아가고,

● **回祿**(돌 회, 복 록) : 火神(불의 신) : 화재를 비유함

● **回祿의 用例** : 全羅監司李肇源 以法聖鎭民家失火 延燒四百餘戶

公廨及十七漕船之什物 亦皆燒燼 馳啓 敎曰 回祿之災 至及於四

百餘戶 該僉使之所報 雖未及消詳列錄 當此夜又昏黑之時 火烈則

因風而猛 民人則圖生而避 漕船之什物 盡爲燒燼 燒燼餘燄 尙爾

彌滿云 當此塞堗之時 言念民情 極爲矜念…

-순조실록 10권 47장-

● **全羅監司李肇源 以法聖鎭民家失火**(전라감사이조원 이법성진민가실
화) : 전라감사 이조원이 법성진 민가에서 불이 났는데,

● **延燒四百餘戶 公廨及十七漕船之什物 亦皆燒燼 馳啓**(연소사백
여호 공해급십칠조선지십물 역개소진치계) : 사백여 호가 전소되고 공
관과 십칠 척의 배의 집기가 모두 타버렸다고 상소를 올리니,

● **馳啓**(전할 치/달릴 치, 열 계/인도할 계) : 관청이나 벼슬아치가 임금에
게 올리는 글=上疏(윗 상, 트일 소)

● **什物**(열 십, 만물 물) : 집기.

● **公廨**(공변될 공, 관아 해) : 관아 .공관

● **敎曰 回祿之災 至及於四百餘戶**(교왈 회록지재 지급어사백여호) : 순
조 임금이 하교하기를 '회록의 재앙'이 사백여 호에 이르렀고,

● **該僉使之所報 雖未及消詳列錄**(해첨사지소보 수미급소상열록) : 해당
첨사의 보고한 바는 비록 소상하게 벌여 기록한 것은 아니나,

● **僉使**(다 첨, 하여금 사) : 첨절제사(지방 관아의 으뜸 벼슬)

● **當此夜又昏黑之時火烈則因風而猛**(당차야우혼흑지시회열즉인풍이
맹) : 이처럼 밤이 또 저물고 漆黑처럼 캄캄한 때를 당하여 불이

활활 타올라 바람으로 인해 맹렬해지자,

● **民人則圖生而避 漕船之什物盡爲燒燼**(민인즉도생이피 조선지십물 진위소신) : 백성들은 그림과 같이 살려고 피하여 배의 집기가 모 두 타버렸는데,

● **燒燼**(사를 소/ 깜부기불 신) : 다 타버림. 타다 남은 찌꺼기에 붙어있 는 불 즉, 잔불.

● **燒燼餘燄尙爾彌滿云**(소신여염상이미만운) : 타버린 잿더미의 남은 불꽃이 이미 가득 찼다고 한다.

● **當此塞墐之時 言念民情 極爲矜念**···(당차한근지시 언념민정 극위긍 념···) : 이처럼 한기가 온 대지를 엄습한 때를 당하여 백성의 사 정을 헤아리니 지극히 불쌍하구나 하시었다.

● **至寅運而亡**(지인운이망) : 戊寅대운에 이르러 죽고 말았다.

8) 丙 乙 己 己
   戌 酉 巳 巳

   癸 甲 乙 丙 丁 戊
   亥 子 丑 寅 卯 辰

此造地支皆逢剋洩 天干又透火土 全無水氣 木衰剋者 似土也
初交戊辰丁 藉豊盛之蔭庇 美京良多 卯運椿萱竝謝
丙運 大遂經營之願 獲利鉅萬 寅運 剋妻破財 又遭回祿

乙丑支全金局 火土兩洩 家業耗散 甲子 北方水地 不祿宜矣

- **此造地支皆逢剋洩**(차조지지개봉극설) : 이명조는 지지에 모두 剋洩(상관, 편관, 정재)을 만나고,

- **天干又透火土**(천간우투화토) : 天干에는 또 火土가 투출되어 있으며,

- **全無水氣. 木衰極者. 似土也**(전무수기 목쇠극자 사토야) : 水氣가 전혀 없고 木이 지극히 쇠약해져 마치 土와 같다.

- **初交戊辰丁. 藉豊盛之蔭庇. 美京良多**(초교무진정 자풍성지음비 미경량다) : 초기 戊辰대운과 丁대운에는 부모 조상의 음덕이 풍성했고 정원에는 아름다운 경치와 보기에 좋은 것들이 많았는데,

- **卯運椿萱竝謝**(묘운춘훤병사) : 卯대운에서 부모를 여의고,

- **椿萱**(참죽나무 춘, 원추리 훤) : 椿: 위 문구에서는 아버지 또는 부친을 뜻함. 萱: 忘憂草로서 죽음을 뜻함.

- **竝謝**(나란히 병, 물러날 사/사례할 사) : 나란히 이승에서 물러나다.

- **椿萱竝謝** : 즉 부친, 모친, 둘 다 돌아가시다.

- **丙運 大遂經營之願 獲利鉅萬**(병운 대수경영지원 획리거만) : 丙대운에는 사업 경영을 원하는 만큼 크게 이루니 거금을 벌었다.

- **寅運 剋妻破財 又遭回祿**(인운 극처파재 우조회록) : 寅대운에는 처를 剋하고 재산이 날아가고 또 回祿(火의 神. 즉, 회재)까지 만났다.

- **乙丑支全金局 火土兩洩 家業耗散**(을축지전금국 화토양설 가업모산)

: 乙丑대운에는 지지가 모두 金局이 되어 火土가 둘 다 설기를 당하니 가업이 소모되고 흩어졌으며,

● **甲子 北方水地 不祿宜矣**(갑자 북방수지 불록의의) : 甲子대운에는 지지가 北方 水운이 되니 죽음이 마땅하다고 하겠다.

9) 甲 丙 壬 乙
　　午 戌 午 丑

　　丙 丁 戊 己 庚 辛
　　子 丑 寅 卯 辰 巳

丙戌日元 月時兩刃 壬水無根 又逢木洩 火太旺者 似水也

初運庚辰 辛巳 金逢生地.孔懷無輔助之人 親黨少知心之輩

己卯 得際遇 戊寅 全會火局 及丁丑二十年 發財數十萬 至子運而亡

● **丙戌日元 月時兩刃 壬水無根**(병술일원 월시양인 임수무근) : 丙戌일 주에 월지와 시지에 陽刃이 두 개 있고 壬水는 뿌리가 없다.

● **又逢木洩 火太旺者 似水也**(우봉목설 화태왕자 사수야) : 또한 년시 간에 木을 만나 설기를 하니 火의 기운이 태왕해져 마치 水와 같다.

● **初運庚辰 辛巳 金逢生地**(초기 辛巳 庚辰대운에는 金이 養生지를 만나니,

- **孔懷無輔助之人 親黨少知心之輩**(공회무보조지인 친당소지심지배) : 형제들이나 남한테도 전혀 도움 받은 적이 없었고 친척들 중에서도 자신의 마음을 알아주는 사람이 적었다.
- **孔懷**(구멍 공, 품을 회) : 형제를 뜻함.
- **親黨**(친할 친, 무리 당) : 일가친척을 뜻함.
- **己卯 得際遇 戊寅 全會火局**(기묘 득제우 무인 전회화국) : 己卯대운에서는 좋은 인연을 만났고 戊寅대운에는 寅午戌이 만나 완전 火局이 되면서,
- **及丁丑二十年 發財數十萬 至子運而亡**(급정축이십년 발재수십만 지자운이망) : 戊寅대운과 丁丑대운 이십 년간 수십만 금을 벌었으며 子대운에 이르러 사망했다.

10) 甲 丙 丁 戊
    午 寅 巳 寅

    癸 壬 辛 庚 己 戊
    亥 戌 酉 申 未 午

丙火生孟夏 地支兩坐長生而逢祿旺 火旺極者 似土也
初運雖不逢木 喜其南方火地 遺緖豊盈 讀書過目成誦
一交庚運 卽棄詩書 好嬉游 申運家破身亡 此造若逢木運 名利兩全也

● **丙火生孟夏 地支兩坐長生而逢祿旺 火旺極者 似土也**(병화생맹하 지지양좌장생이봉록왕 화왕극자 사토야) : 丙火일주가 초여름에 출생하여 년지 일지 두 군데에 장생지가 있고 왕한록을 만나니 火氣가 지극히 왕하여 마치 土와 같다.

● **初運雖不逢木 喜其南方火地**(초운수불봉목 희기남방화야) : 초운에 비록 木을 만나지는 못했으나 기쁜 것은 대운의 지지가 남방화기라서,

● **遺緒豊盈 讀書過目成誦**(유서풍영 독서과목성송) : 부모 유산이 풍족했으며 독서를 하면 읽는 족족 다 암송했는데,

● **一交庚運 卽棄詩書 好嬉游 申運家破身亡**(일교경운 즉기시서 호희유 신운가파신망) : 대운이 庚운으로 바뀌자 즉시 詩書를 버리고 유희만 좋아하더니 申대운에서 가정이 파괴되고 자신도 죽었다.

● **此造若逢木運 名利兩全也**(차조약봉목운 명리양전야) : 이 명조가 만약 초·중기에 木대운을 만났다면 명예와 이익 두 가지 모두 온전했을 것이다.

11) 辛 丁 丁 辛
　　丑 酉 酉 巳

　　辛 壬 癸 甲 乙 丙
　　卯 辰 巳 午 未 申

丁火生於八月 秋金秉令 又全金局 火太衰者 似木也.

初運 乙未 甲午 火木竝旺 骨肉如同畵餠 六親亦是浮雲 一交癸巳 干

透水 支拱金 出外經營 大得際遇 壬辰運中發財十餘萬

● **丁火生於八月 秋金秉令**(정화생어팔월 추금병령) : 丁火일주가 8월에
  출생하고 가을의 金氣를 잡아 당령했다.

● **又全金局 火太衰者 似木也**(우전금국 화태쇠자 사목야) : 또한 모두
  金局이 되니 火氣가 더욱 쇠약해져서 마치 木과 같다.

● **初運 乙未 甲午 火木竝旺**(초운 을미 갑오 화목병왕) : 초기 乙未 甲
  午대운에는 木火가 나란히 왕해져서,

● **骨肉如同畵餠 六親亦是浮雲**(골육여동화병 육친역시부운) : 형제들
  이 있어도 그림의 떡이었고 육친 역시 뜬구름 같았다.

● **骨肉**(뼈 골, 고기 육) : 骨肉之親으로 父子지간, 兄弟지간을 뜻함.

● **一交癸巳 干透水 支拱金 出外經營 大得際遇**(일교계사 간투수 지
  공금 출외경영 대득제우) : 癸巳대운으로 한 번 바뀌자 水가 천간에
  투출되고 지지에는 金이 서로 손을 맞잡은 상태이고 밖에서 사
  업을 경영하면서 크나큰 인연을 만났으며,

● **壬辰運中發財十餘萬**(임진운중발재십여만) : 임진 대운에는 십여만
  금을 벌었다.

12) 丙 庚 辛 丙
　　 子 辰 丑 辰

　　丁 丙 乙　甲 癸 壬
　　未 午 巳　辰 卯 寅

此造以俗論之 以爲寒金喜火　干透兩丙　獨殺留淸　推其木火運中　名
利雙全 不知支中重重濕土 年干丙火 合辛化水 時干丙火 無根
只有寒濕之氣 竝無生發之意 只得用水 不能用火矣
所以初運壬寅癸卯 制土衛水 衣食頗豊 至丙午丁未二十年
妻子皆傷 家業破盡 削髮爲僧

- **此造以俗論之 以爲寒金喜火**(차조이속론지 이위한금희화) : 이 명조
  에 대해 일반적으로 논하기는 金이 차가우니 火를 기뻐하고,

- **干透兩丙 獨殺留淸 推其木火運中 名利雙全**(간투병화 독살류청 추
  기목화운중 명리쌍전) : 천간에 두 개의 丙화가 투출되었는데 칠살
  이 홀로 맑으니 木火대운에는 명예와 이익이 모두 온전했을 것
  이라고 할 것이다.

- **不知支中重重濕土**(부지지중중중습토) : 그러나 그것은 지지에 습
  토가 중첩되고,

- **年干丙火 合辛化水 時干丙火 無根**(년간병화 합신화수 시간병화무근)
  : 년간에 丙火가 있는데 월간 辛과 合해 水가 되고 시간에 丙

火는 뿌리가 없으니,

● **只有寒濕之氣 竝無生發之意**(지유한습지기 병무생발지의) : 다만 본
명조는 寒濕의 기운이 있을 뿐 조후와 억부가 나란히 발생하는
일은 없으며 그 발현의 의미를 모르는 것이다.

● **只得用水 不能用火矣**(지득용수 불능용화의) : 다만 水를 용신으로
써야지 火를 용신으로 쓰는 것은 불가능하다.

● **所以初運壬寅癸卯 制土衛水 衣食頗豊**(소이초운임인계묘 제토위수
의식파풍) : 이런 까닭에 초기 壬寅 癸卯대운에는 土를 제어하고
물을 지키니 衣食이 자못 풍족했으나,

● **至丙午丁未二十年 妻子皆傷 家業破盡 削髮爲僧**(지병오정미이십
년 처자개상 가업파진 삭발위승) : 丙午 丁未대운에 이르러 이십 년간
은 妻子 모두 상실되고 가업은 파산되어 결국 삭발하고 중이 되
었다.

13) 丁 丙 乙 戊
　　酉 寅 卯 子

　　辛 庚 己 戊 丁 丙
　　酉 申 未 午 巳 辰

丙寅日元 坐於卯月 木火竝旺 土金皆傷 水亦休囚 幼運丙寅丁巳
遺業消磨 戊午己未 燥土不能生金 洩火 經營虧空萬金 逃於外方 交
庚申辛酉二十年 竟獲居奇之利 發財十餘萬

● **丙寅日元 坐於卯月 木火竝旺**(병인일원 좌어묘월 목화병왕) : 丙寅일
주가 묘월에 앉아 木火가 나란히 왕하고,

● **土金皆傷 水亦休囚**(토금개상 수역휴수) : 土金은 모두 손상을 입고
水 역시 休囚되었다.

● **幼運丙寅丁巳 遺業消磨**(유운병인정사 유업소마) : 어릴 때 대운이
丙辰丁巳인데 부모 유산이 점차 감소되고,

● **戊午己未 燥土不能生金 洩火**(무오기미 조토불능생금 설화) : 戊午己
未대운에는 燥土라서 金을 생조하지 못하고 火氣를 설기시키지
도 못하니,

● **經營虧空萬金 逃於外方**(경영휴공만금 도어외방) : 경영난으로 수만
금을 날려 보내고 다른 지역으로 야반도주를 했는데,

● **交庚申辛酉二十年 竟獲居奇之利 發財十餘萬**(교경신신유이십년
경획거기지리 발재십여만) : 庚申辛酉대운 20년 동안 살면서 돈 되는
것은 마다않고 열심히 돈을 벌었고 기발한 아이디어로 득리를
해서 十餘萬金을 벌었다.

14) 庚 庚 庚 庚
　　 辰 申 辰 辰

　　 丙 乙 甲 癸 壬 辛
　　 戌 酉 申 未 午 巳

天干皆庚 又坐祿旺 印星當令 剛之極矣 謂權在一人 行伍出身

壬午 癸未運 水蓋天干 地支之火 難以剋金 故無害

一交甲申酉方金地 乙酉合化皆金 仕至總兵 丙運犯旺神 死於軍中

● **天干皆庚 又坐祿旺 印星當令 剛之極矣 謂權在一人**(천간개경 우
　좌록왕 인성당령 강지극의 위권재일인) : 천간은 모두 庚金一色이고 또
　한 왕한 록에 앉아 있으며 印星이 당령했으므로 강함이 극에
　달했다. 이를 이르러 권세가 일 인에게 있다고 할 것이다.

● **行伍出身 壬午 癸未運 水蓋天干**(행오출신 임오 계미운 수개천간) : 보
　병 출신으로 임오, 계미대운에서 水는 천간을 덮고 있고,

● **地支之火 難以剋金 故無害**(지지지화 낭니극금 고무해) : 지지는 火局
　이므로 金을 剋하기 어려운 상황이다. 그러므로 해는 없었다.

● **一交甲申酉方金地 乙酉合化皆金 仕至總兵**(일교갑신유방금지 을유
　합화개금 사지총병) : 甲申대운과 酉대운으로 한번 바뀌자 西方金
　地가 되어 乙은 천간의 庚과 합해서 金이 되고 酉는 지지에
　辰과 합해 金이 되니 벼슬이 총병(군대 지휘관)에 이르렀다.

● **丙運犯旺神 死於軍中**(병운범왕신 사어군중) : 丙대운에는 왕한 金 神을 犯해 군대에서 복무 중 사망했다.

15) 丙 庚 戊 壬
　　戌 寅 申 戌

　　甲 癸 壬 辛 庚 己
　　寅 丑 子 亥 戌 酉

庚金生於七月 支類土金 旺之極矣 壬水坐戌逢戌 梟神奪盡 時透丙火
支拱寅戌 必以丙火爲用 惜運走四十載土金水地 所以五旬之前 一事
無成.至甲寅運剋制梟神.生起丙火 及乙卯二十年 財發巨萬
所謂蒲柳望秋而凋 松柏經霜益茂也

● **庚金生於七月 支類土金 旺之極矣**(경금생어칠월 지류토금 왕지극의)
　: 庚金일주가 칠월에 출생하고 지지는 土金의 무리이므로 庚
　金의 왕함이 극에 달했다.
● **壬水坐戌逢戌 梟神奪盡**(임수좌술봉무 효신탈진) : 壬水는 戌土에
　앉아서 戌土를 만났으니 편인에게 剋을 당해 탈진 상태다.
● **時透丙火 支拱寅戌 必以丙火爲用**(시투병화 지공인술 필이병화위용)
　: 시간에는 丙火가 투출되었고 지지에는 寅이 戌과 손을 맞잡으
　니 반드시 丙火로서 용신을 삼아야 한다.

- **惜運走四十載土金水地**(석운주사십재토금수지) : 애석하게도 대운이 사십 년간 土金水로 흐르니,

- **所以五旬之前 一事無成**(소이오순지전 일사무성) : 이런 까닭에 오십 전에는 한 가지 일도 이룬 것이 없다.

- **至甲寅運剋制梟神 生起丙火**(지갑인운극제효신 생기병화) : 甲寅대운에 이르러 효신살을 제어하고 丙火를 생조하니,

- **及乙卯二十年 財發巨萬**(급을묘이십년 재발거금) : 甲寅. 乙卯대운 이십 년 동안 거금을 벌었다.

- **所謂蒲柳望秋而凋. 松柏經霜益茂也**(소위포류망추이조 송백경상익무야) : 이른바 갯버들은 가을을 보면 시들고 松柏은 서리가 내리면 더욱 무성하다고 하는 것이다.

16) 甲 庚 戊 壬
　　 申 辰 申 申

　　 甲 癸 壬 辛 庚 己
　　 寅 丑 子 亥 戌 酉

庚金生於七月 地支三申 旺之極矣 時干甲木無根 用年壬子水
洩其剛殺之氣 所嫌者月干梟神奪食 初年運走土金 刑喪早見 祖業無恒
一交辛亥 運轉北方 經營得意 及壬子癸丑三十年 財發十餘萬
其幼年未嘗讀書 後竟文墨 此亦運行水地 發洩菁華之意也

● **庚金生於七月 地支三申 旺之極矣**(경금생어칠월 지지삼신 왕지극의)
: 庚金일주가 칠월에 출생하여 지지에 申金이 3개씩이나 있어 왕함이 극에 이르렀다.

● **時干甲木無根 用年干壬水 洩其剛殺之氣**(시간갑목무근 용년간임수 설기강살지기) : 시간의 甲木은 뿌리가 없으니 년간의 임수를 써서 강한 살의 기를 설기해야 한다.

● **所嫌者月干梟神奪食**(소혐자월간효신탈식) : 싫어하는 바는 월간에 효신인 戊土가 식신인 壬水의 기운을 빼앗는 것이다.

● **初年運走土金 刑喪早見 祖業無恒**(초년운주토금 형상조견 조업무항)
: 초년대운은 토금으로 흘러 일찍이 刑喪을 보았고 유업도 지켜내지 못했다.

● **一交辛亥 運轉北方 經營得意**(일교신해 운전북방 경영득의) : 辛亥대운으로 한번 바뀌자 운이 북방으로 흘러 사업 경영이 잘되어

● **及壬子癸丑三十年 財發十餘萬**(급임자계축삼십년 재발십여만) : 辛亥, 壬子, 癸丑대운 삼십 년간 십여만 금을 벌었다.

● **其幼年未嘗讀書 後竟文墨 此亦運行水地 發洩菁華之意也**(기유년미상독서 후경문묵 차역운행수지 발설청화지의야) : 유년에는 글 읽는 것을 맛도 보지 않았으나 후에 詩書畵를 마스터했다. 이 역시 대운이 水운으로 흘러 水의 氣가 강한 金氣를 설기시키는 아름다움의 의미가 있는 것이다.

17) 丙 壬 丙 壬
　　午 子 午 子

　　壬 辛 庚 己 戊 丁
　　子 亥 戌 酉 申 未

此造水火交戰於天干 火當令 水休囚 喜其無土 日柱不剋 初交丁未
年逢戊午 天剋地沖 財殺兩旺 父母雙亡 流爲乞丐 交申運 逢際遇 己酉
運 發財數萬 娶妻生子成家

● **此造水火交戰於天干 火當令 水休囚 喜其無土 日柱不剋**(차조수
화교전어천간 화당령 수휴수 희기무토 일주불극) : 이 명조는 천간에서
水火가 서로 교전 상태이고 火가 당령했으며 水가 휴수되었다.
다만 기쁜 것은 土가 없어 일주를 극하지 않는 것이다.

● **初交丁未 年逢戊午 天剋地沖 財殺兩旺 父母雙亡 流爲乞丐**(초
교정미 년봉무오 천극지충 재살양왕 부모쌍망 류위걸개) : 초기 정미 대운
에 무오년을 만나 천간에서 土剋水하고 지지에서 水火 충하니
財와 殺 둘 다 왕해져서 두 부모님을 여의고 거지로 떠돌다,

● **交申運 逢際遇 己酉運 發財數萬 娶妻生子成家**(교신운 봉제우 기
유운 발재수만 취처생자성가) : 申대운으로 바뀌면서 좋은 인연을 만
났으며 己酉대운에는 수만금을 벌었고 장가도 들어 자식도 낳
고 가정을 이루었다.

인생
사주학

18) 戊 丙 己 丙
　　　子 寅 亥 子

　　　乙 甲 癸 壬 辛 庚
　　　巳 辰 卯 寅 丑 子

丙火生於孟冬 又逢兩子 天干離衰 地支坎旺 用寅木以升也
至壬寅東方木地 采芹折桂 卯運 出仕 一路運走東南 仕至觀察

- **丙火生於孟冬 又逢兩子 天干離衰 地支坎旺 用寅木以升也**(병
  화생어맹동 우봉양자 천간이쇠 지지감왕 용인목이승야) : 丙火일주가 초겨
  울에 출생하고 또 子水를 둘씩이나 만났는데 천간에는 불이 쇠
  하고 지지에는 水가 왕하니 寅木으로서 용신을 삼아야 상승할
  수 있다.
- **至壬寅東方木地 采芹折桂**(지임인동방목지 채근절계) : 壬寅대운에
  이르러 동방목지가 되니 열심히 일해서 먹고사는 데 지장이 없
  었고 학문과 명예도 얻었다.
- **卯運 出仕 一路運走東南 仕至觀察**(묘운 출사 일로운주동남 사지관
  찰) : 卯대운에는 벼슬길로 나가게 되었는데 대운이 동남방 한길
  로 흘러 벼슬이 관찰사에 이르렀다.

19) 癸 戊 辛 壬
    丑 子 亥 辰

    丁 丙 乙 甲 癸 壬
    巳 辰 卯 寅 丑 子

此造支類北方 水勢汪洋 天干又透金水 土太衰者 似火也
運至甲寅 乙卯 干支皆木 名成利遂 一交丙運 刑妻剋子 破耗多端
至丁巳運 歲運火土 暗傷體用 得風疾而亡

● **此造支類北方 水勢汪洋 天干又透金水 土太衰者 似火也**(차조지
류북방 수세왕양 천간우투금수 토태쇠자 사화야) : 이 명조는 지지가 북
방의 무리이고 水의 勢가 넓은 바다와 같은데 천간에 또 金水가
투출되어 있어 土氣가 크게 쇠약하니 마치 火와 같다.

● **運至甲寅 乙卯 干支皆木 名成利遂**(운지갑인 을묘 간지개목 명성이수)
: 甲寅, 乙卯대운에 이르러 간지가 모두 木이라서 강한 水氣를 설
기하니 名利를 이루었는데,

● **一交丙運 刑妻剋子 破耗多端**(일교병운 형차극자 파모다단) : 丙대운
으로 한번 바뀌자 처와 자식을 형극하고 파산되었는데,

● **至丁巳運 歲運火土 暗傷體用 得風疾而亡**(지정사운 세운화토 암상
체용 득풀질이망) : 丁巳대운에 이르러 세운이 火土가 되면서 體와
用이 손상되니 중풍에 걸려 사망했다.

20) 丁　辛　乙　戊
　　 酉　丑　卯　辰

辛　庚　己　戊　丁　丙
酉　申　未　午　巳　辰

春金氣弱.時殺緊剋　年逢印綬　遠隔不通　又被旺木剋土壞印　不但戊
土不能生化　卽日支之丑土　亦被卯木所壞　此局內無可通之理　中運南
方殺地

碌碌風霜　奔馳未遇　交庚申　剋去木神　得奇遇　分發陝西　屢得軍功
及辛酉二十年　仕至副尹　蓋金能剋木　幇身　印可化殺而通關也

● **春金氣弱 時殺緊剋 年逢印綬 遠隔不通 又被旺木剋土壞印**(춘
금기약 시살긴극 년봉인수 원격불통 우피왕목극토괴인) : 봄에는 金氣가
약한데 시주에는 살이 가까이서 극을 하고 년주에서는 인수를
만났으나 멀리 떨어져 있어서 不通 상태다. 또한 토는 왕한 목
으로부터 극을 받아 인수가 무너질 상태다.

● **不但戊土不能生化 卽日支之丑土 亦被卯木所壞**(부단무토불능생
화 즉일지지축토 역피묘목소괴) : 다만 무토로부터 생조를 받는 것이
불가능하고 즉, 일지의 丑土 역시 卯木으로부터 극을 받아 무너
질 상태다.

● **此局內無可通之理 中運南方殺地 碌碌風霜 奔馳未遇**(차국내무

가통지리 중운남방살지 녹녹풍상 분치미우) : 이 사주는 결국 안에서 통하게 하는 가능한 이치가 없으니 남방살지 대운에 심한 풍상을 겪었고 분주히 노력했는데도 인연이 닿지 않았다.

◉ 交庚申 剋去木神 得奇遇 分發陝西 屢得軍功(교경신극거목신 득기우 분발섬서 누득군공) : 庚申대운으로 바뀌자 목을 극해서 제거하니 특별한 인연을 만나 섬서성에서 분발하여 군에서 지대한 공을 세웠다.

◉ 及辛酉二十年 仕至副尹 蓋金能剋木 幇身 印可化殺而通關也(급신유이십년 사지부윤 개금능극목 방신 인가화살이통관야) : 庚申, 辛酉 이십 년 대운에는 벼슬이 부윤에 이르렀고 대개 金은 능히 木을 극하고 기신을 방조하기 때문에 인수가 살을 설기해서 기신을 생조하는 것이 가능하니 통관이 된 것이다.

21) 辛 己 丙 甲
　　未 亥 寅 子

　　壬 辛 庚 己 戊 丁
　　申 未 午 巳 辰 卯

春土坐亥 財官太旺 最喜獨印逢生 財藏生官 則印綬之原神愈旺
氣貫生時 而日主之氣不薄 更妙連珠生化 尤羨運途不悖
所以恩分雕錦 寵錫金蓮 地近禁城 職居淸要

● 春土坐亥 財官太旺 最喜獨印逢生 財藏生官 則印綬之原神愈旺.(춘토좌해 재관태왕 최희독인봉생 재장생관 즉인수지원신유왕) : 봄의 土가 亥水에 앉아 있고 財官이 태왕한데 최고로 기쁜 것은 년간에 홀로 있는 印綬가 生을 만난 것이다. 財星이 지지에서 官을 생조하고 있으니 즉, 인수의 원신이 더욱 왕해진 것이다.

● 氣貫生時 而日主之氣不薄(기관생시 이일주지기불박) : 氣가 財星에서 官星, 印星, 日柱, 食神까지 통하니 일주의 기운이 결코 약하지 않다.

● 更妙連珠生化 尤羨運途不悖(갱묘연주생화 우선운도불패) : 다시 묘한 것은 구슬이 이어진 것처럼(즉, 년간, 월간, 일간, 시간으로 생이 이어짐) 연달아 生化하니 더욱 부러운 것은 운의 행로도 이지러지지 않았다.

● 所以恩分雕錦 寵錫金蓮地近禁城 職居淸要(소이은분조금 총석금련 지근금성 직거청요) : 이런 까닭에 은혜를 나누어서 비단에 수를 놓고 황금 연꽃처럼 사랑을 받으며 지근금성(아무나 출입할 수 없는 견고한 성) 같은 집에서 벼슬에 탐욕 없이 살았다.

22) 壬 癸 戊 丙
　　戌 巳 戌 戌

　　甲 癸 壬 辛 庚 己
　　辰 卯 寅 丑 子 亥

癸水生於季秋 丙火透而通根 化火斯眞 嫌其時透壬水 剋丙 只中鄉榜
直至卯運 壬水絶地 大挑知縣 歷三任而不升 亦壬水奪財之故也

● **癸水生於季秋 丙火透而通根 化火斯眞**(계수생어계추 병화투이통근
  화화사진) : 계수가 가을에 출생하여 병화는 透干되고 通根까지
  했다. 그리고 戊癸合火가 참으로 잘 이루어졌다.

● **嫌其時透壬水 剋丙**(혐기시투임수 극병) : 그런데 싫어하는 것은 시
  간에 투출된 임수가 년간에 병화를 극하는 것이다.

● **只中鄉榜 直至卯運 壬水絶地 大挑知縣**(지중향방 직지묘운 임수절
  지 대도지현) : 다만 鄉吏에 합격했는데 곧 卯대운에 이르러 壬
  水가 絶地가 되니 크게 두각을 나타내어 고을에서 알아주는 인
  사가 되었다.

● **歷三任而不升 亦壬水奪財之故也**(역삼임이불승 역임수탈재지고야) :
  세 번이나 역임했는데 승진하지 못한 것은 또한 임수가 재성의
  기를 빼앗고 있는 까닭이다.

23) 癸 戊 己 乙
　　 亥 辰 卯 卯

　　 癸 甲 乙 丙 丁 戊
　　 酉 戌 亥 子 丑 寅

戊土生於仲春 木正當權 坐下辰土 蓄水養木 四柱絶無金氣

又得亥時 水旺生木 又無火以生化之 格取從官 非身衰論也

雖非科甲出身 運走丙子 乙亥 連登仕版 位至封疆 至癸酉運 落職而亡

● **戊土生於仲春 木正當權 坐下辰土 蓄水養木**(무토생중춘 목정당권
좌하진토 축수양목) : 戊土일주가 仲春(중춘: 음력 2월)에 출생하여 목
이 당권하고 앉은 자리는 辰土이니 水氣가 축적되어 능히 나무
를 생장시킬 수 있다.

● **四柱絶無金氣 又得亥時 水旺生木**(사주절무금기 우득해시 수왕생목)
: 사주에 金氣가 끊어져 없는 상태인데 또 시주에 亥를 얻어 水
氣가 왕하면서 木을 생조하고 있는데,

● **又無火以生化之 格取從官 非身衰論也**(우무화이생화지 격취종관 비
신쇠론야) : 또한 木을 설기시키고 土를 생조하는 火氣도 없는데
종관격을 취해야지 신약을 논해서는 안 된다.

● **雖非科甲出身 運走丙子.乙亥 連登仕版 位至封疆**(수비과갑출신
운주병자 을해 연등사판 위지봉강) : 비록 갑과 출신은 아니지만 병자,
을해 대운에 연달아 벼슬이 명부에 오르고 지위가 봉강에 이르
렀다.

● **封疆**(받들 봉, 지경 강) : 제후를 봉하여 토지를 내줌.

● **至癸酉運 落職而亡**(지계유운 낙직이망) : 계유대운에 벼슬이 떨어
지고 본인도 죽었다.

● **落職**(떨어질 락, 벼슬 직) : 벼슬이 떨어짐=落仕(떨어질 락, 벼슬 사)

24) 庚 辛 壬 丁
　　寅 亥 寅 卯

　　丙 丁 戊 己 庚 辛
　　申 酉 戌 亥 子 丑

辛金生於孟春 天干壬丁庚辛 陰陽相剋 且金絶火生 地支寅木當令
日時寅亥化木 格取從殺 運走水地 生木助火 一無凶處. 連登甲榜
由縣宰至郡守 生三子 皆秀發

● **辛金生於孟春 天干壬丁庚辛 陰陽相剋**(신금생어맹춘 천간임정경신
　음양상극) : 신금일주가 맹춘(음력 1월)에 출생하고 天干은 丁壬庚
　辛이 있는데 이는 음양이 서로 剋하는 관계다.

● **且金絶火生 地支寅木當令**(차금절화생 지지인목당령) : 또한 金은
　絶地에 있고 火는 生地에 있는데 지지에 寅木이 당령했다.

● **日時寅亥化木 格取從殺**(일시인해화목 격취종살) : 일지와 시지는 寅
　亥合化 木이 되므로 종살격을 취해야 한다.

● **運走水地 生木助火 一無凶處 連登甲榜**(운주수지 생목조화 일무흉
　처 연등갑방) : 대운이 水地로 흘러 木을 생조하고 木은 火를 생조
　하니 흉한 곳이 한 군데도 없어 연이어 甲科에 합격했다.

● **由縣宰至郡守 生三子 皆秀發**(유현재지군수 생삼지 개수발) : 이로 말
　미암아 고을에 재상인 군수에 이르렀고 자식을 셋이나 두었는

데 모두 빼어난 능력을 발휘했다.

25) 丁　己　乙　癸
　　　　卯　未　卯　亥

　　　　己　庚　辛　壬　癸　甲
　　　　酉　戌　亥　子　丑　寅

己土生於仲春.春木當令會局.時干丁火.被年上癸水剋去.
未土又會木局 不得不從殺矣 科甲出身 仕至觀察

● 원문 **己土生於仲春.春木當令會局.時干丁火.被年上癸水剋去**(기
토생어중춘.춘목당령회국.시간정화.피년상계수극거): 己土가 仲春(음력 2
월)에 출생하고 春木이 당령하면서 亥卯未會 木局이 되었다. 시
간에 丁火는 년간에 癸水에게 극을 당해 제거되는 형국인데,

● 원문 **未土又會木局.不得不從殺矣**(미토우회목국.부득불종살의): 未
土 또한 會木局이 되니 부득불 살에 종해야 한다.

● 원문 **科甲出身.仕至觀察**(과갑출신.사지관찰): 甲科 출신으로 벼슬
이 관찰사에 이르렀다.

26) 丙　乙　丙　甲
　　　　戌　酉　子　申

壬 辛 庚 己 戊 丁
午 巳 辰 卯 寅 丑

乙木生於仲冬. 雖逢相位. 究竟冬凋不茂. 又支類西方. 財殺肆逞.
喜其丙火竝透. 則金不寒. 水不凍. 寒木向陽. 兒能救母.
爲人性情慷慨. 雖在經營. 規模出俗. 刱業十餘萬. 其不利於書香者.
由戊土生殺壞印之故也.

● **원문** **乙木生於仲冬. 雖逢相位. 究竟冬凋不茂**(을목생어중동.수봉상
위.구경동조불무) : 乙木일주가 仲冬(중동: 음력 11월)에 출생하여
비록 宰相자리를 만났지만 연구한 결과 겨울나무라 시들어서
결코 무성하지가 않다.

● **원문** **又支類西方. 財殺肆逞**(우지류서방.재살사령) : 또한 지지가 西
方 金의 무리이므로 財星과 官殺의 방자함이 극에 이르고,

● **肆逞**(방자할 사/ 굳셀 령) : 매우 방자함.

● **원문** **喜其丙火竝透. 則金不寒. 水不凍. 寒木向陽. 兒能救母**(희기병
화병투.즉금불한.수불동.한목향양.아능구모) : 기쁜 것은 丙火가 월간과
시간에 나란히 투출된 것인데 즉, 金은 차지 않고 물은 얼지 않
으며 추운 나무가 볕을 향하니 兒能救母가 된 셈이다.

● **兒能救母**(아이 아/ 능할 능/ 구월할 구/ 어미 모) : 아이가 능히 어미를
구원함.

● **원문** **爲人性情慷慨. 雖在經營. 規模出俗. 刱業十餘萬**(위인성정강

개.수재경영.규모출속.창업십여만) : 사람의 성정은 慷慨(강개)하고 비록
사업 경영을 했지만 규모나 매출이 속된 만큼 크지 않았고 창
업 후 십여만 금을 벌었다.

◉ **刱業**(비롯할 창/ 업 업) : 創業과 동일한 뜻으로 사업을 개시하다.

◉ 원문 **其不利於書香者.由戌土生殺壞印之故也**(기불리어서향자.유
술토생살괴인지고야) : 학업을 성취하는 데 불리한 것은 戌土로 말
미암아 殺을 生助하고 동시에 인수를 무너뜨린 까닭이다.

27) 庚　丁　辛　乙
　　戌　巳　巳　亥

乙　丙　丁　戌　己　庚
亥　子　丑　寅　卯　辰

丁巳日元.生於孟夏.月時兩透庚辛.地支又逢生助.巳亥逢沖.
去火存金.夫健怕妻.喜其運走東方木地.助印扶身.大魁天下.宦海無
破.子運.兩巳受制.不祿.

◉ 원문 **丁巳日元.生於孟夏.月時兩透庚辛.地支又逢生助.巳亥逢
沖**(정사일원.생어맹하.월시양투경신.지지우봉생조.사해봉충) : 丁巳일주가
맹하(음력 4월)에 출생하고 월간과 시간 양쪽에는 庚辛이 투출되
었으며 지지에서 또 생조를 만나고 巳亥沖을 만나서,

- **원문** 去火存金.夫健怕妻.喜其運走東方木地(거화존금.부건파처.희기운주동방목지) : 火는 제거되고 金은 남았는데 이는 건강한 지아비가 처를 두려워하는 형국이 된 것이다. 기쁜 것은 대운이 東方木 地로 흐른다는 것이다.

- **원문** 助印扶身.大魁天下.宦海無破(조인부신.대괴천하.환해무파) : 기신이 인수의 도움을 받아 천하의 수령이 되었으며 벼슬길도 풍파 없이 무난했는데,

- **원문** 子運.兩巳受制.不祿(자운.양사수제.불록) : 子水대운에 두 개의 巳火가 제극을 받아 죽고 말았다.

28) 甲 戊 癸 癸
　　 寅 午 亥 亥

丁 戊 己 庚 辛 壬
巳 午 未 申 酉 戌

戊午日元.生於亥月亥年.時逢甲寅.殺旺.財殺肆逞.夫健怕妻.惜乎印星顯露.財星足以破印.以致難就書香.幸而寅拱午印.剋處逢生.以印化殺.
所以武職超羣.

- **원문** 戊午日元.生於亥月亥年.時逢甲寅.殺旺.財殺肆逞.夫健怕妻(무오일원.생어해월해년.시봉갑인.살왕.재살사령.부건파처) ; 戊午일주가

亥月亥年에 출생하여 시에는 甲寅을 만났으니 살이 왕하고 財와 殺은 방자하기 이를 데 없으니 건강한 지아비가 처를 두려위하는 형국이 되었다.

● **원문** 惜乎印星.顯露.財星足以破印.以致難就書香(석호인성.현로.재성족이파인.이치난취서향) : 애석하게도 인성이 나타나 노출되니 재성이 인성을 파극하고 말았는데 이로 인해 학업을 성취하기가 어려웠다.

● **원문** 幸而寅拱午印.剋處逢生.以印化殺(행이인공오인.극처봉생.이인화살) : 다행히 寅木이 인수인 午와 손을 맞잡아 剋處에서 生을 만났으니 인성으로서 살을 洩氣시키게 된다.

● **원문** 所以武職超羣(소이무직초군) : 이런 까닭에 무관벼슬에서 군계일학이 되었다.

● **武職**(무기 무, 굳셀 무/ 벼슬 직) : 무관 벼슬.

● **超羣**(넘을 초/ 무리 군) : 무리에서 뛰어남. 群鷄一鶴과 동일

29) 丙 甲 丁 甲
　　寅 午 丑 午

　　癸 壬 辛 庚 己 戊
　　未 午 巳 辰 卯 寅

甲木生於季冬.火虛而幸通根有焰.格取從兒.木雖進氣.

又逢祿比幇身.所謂從兒不論身强弱也.此則濕土逢燥.地潤天和.生育不悖.聯登甲第.仕至侍郞.

● **원문** 甲木生於季冬.火虛而幸通根有焰.格取從兒(갑목생어계동.화허이행통근유염.격취종아) : 甲木이 겨울에 출생하고 火氣는 허한데 다행히 화염에 통근하고 있어 종아격을 취해야 한다.

● **원문** 木雖進氣.又逢祿比幇身.所謂從兒不論身强弱也(목수진기.우봉록비방신.소위종아불론신강약야) : 木이 비록 진기이면서 또한 록을 만났고 비겁은 기신을 돕고 있어 신강하지만 이른바 종아격은 신강신약을 논하지 않는 것이다.

● **원문** 此則濕土逢燥.地潤天和.生育不悖.聯登甲第.仕至侍郞(차즉습토봉조.지윤천화.생육불패.연등갑제.사지시랑) : 이는 즉, 습토가 조열함을 만나서 땅은 윤택해지고 하늘은 화평하니 생육이 이지러지지 않아서 연거푸 장원급제를 하고 벼슬은 시랑에 이르렀다.

30) 壬 辛 辛 壬
　　辰 亥 亥 寅

　　丁 丙 乙 甲 癸 壬
　　巳 辰 卯 寅 丑 子

辛金生於孟冬.壬水當權.財逢生旺.金水兩涵.格取從兒.讀書一目數行.

至甲寅運.登科發甲.乙卯運.由署郎出守黃堂.丙辰.官印齊來.

又逢丙戌年.沖動印綬.破其傷官.不祿.

● **원문** **辛金生於孟冬.壬水當權.財逢生旺.金水兩涵.格取從兒**(신
금생어맹동.임수당권.재봉생왕.금수양함.격취종아) : 辛金이 맹동(음력 10
월)에 출생하고 壬水가 당령했다. 財星은 生旺을 만나고 金水는
둘다 습기가 충만하니 종아격을 취해야 한다.

● **원문** **讀書一目數行.至甲寅運.登科發甲**(독서일목수행.지갑인운.등과
발갑) : 독서를 하면 한눈에 몇 줄씩 그 뜻을 看破(간파)했다. 甲
寅대운에 이르러 甲科에 급제하고,

● **看破**(볼 간/ 깨트릴 파) : 눈으로 겉만 보고 속내 또는 속뜻을 알아
차림.

● **원문** **乙卯運.由署郎出守黃堂**(을묘운.유서랑출수황당) : 乙卯대운에
는 서랑 출신으로 말미암아 黃堂(黃帝의 祠堂)을 지켰다.

● **黃帝**(황제) : 중국 전설상의 황제.(삼황=복희, 신농, 헌원황제)

● **원문** **丙辰.官印齊來.又逢丙戌年.沖動印綬.破其傷官.不祿**(한자음
없음) : 丙辰대운에는 관성과 인성이 나란히 오고 또한 丙戌년을
만나 인수가 충동을 해서 상관이 파괴되니 결국 사망했다.

● **고전 간명 사례**(서낙오-궁통보감)

❀ 三奇格

1) 丁 丙 庚 辛
    酉 子 寅 亥

    甲 乙 丙 丁 戊 己
    申 酉 戌 亥 子 丑

壯元.庚辛竝透.丙日元坐官.寅亥合印.財官印相生不礙爲貴也.

● **원문** **壯元.庚辛竝透.丙日元坐官.寅亥合印.財官印相生不礙爲**
貴也(장원.경신병투.병일원좌관.인해합인.재관인상생불애위귀야) : 어느 장
원의 명조인데 庚辛이 나란히 투간되고 丙일간은 官에 앉아 있
으며 寅과 亥가 합이되어 印綬가 되고 財官印이 상생하는데 장
애가 없으니 귀격이 되었다.

◉ **食神格**

2) 壬 丙 戊 庚
    辰 寅 寅 寅

    甲 癸 壬 辛 庚 己
    申 未 午 巳 辰 卯

庚壬兩透.詞林.喜得丙火坐寅.木火向旺.財生殺而得戊制.安得不貴.

⦿ **원문** 庚壬兩透.詞林.喜得丙火坐寅.木火向旺.財生殺而得戊制.安得不貴(경임양투.사림.희득병화좌인.목화향왕.재생살이득무제.안득불귀): 庚과 壬이 양쪽에 투간되고 사림이라는 벼슬을 역임했으며 기쁜 것은 丙火가 寅에 앉아 있다는 것이며 木火운이 旺하니 財가 殺을 생하고 戊土가 제어를 하니 어찌 귀격을 이루지 않았다고 하겠는가?

3) 己 丙 己 乙
　　亥 申 卯 亥

　　癸 甲 乙 丙 丁 戊
　　酉 戌 亥 子 丑 寅

用申中庚壬.孝廉.丙臨申位.亥卯會局.當以卯木正印爲用.
⦿ **원문** 用申中庚壬.孝廉.丙臨申位.亥卯會局.當以卯木正印爲用(용신중경임.효염.병임신위.해묘회국.당이묘목정인위용) : 申지장간 중에 庚과 壬이 財와 官으로 쓰이니 벼슬은 효염을 역임했고 丙火는 申자리에 임했으며 亥卯會局이 되니 당연히 正印인 卯木으로써 용신을 삼아야 한다.

4) 壬 丙 丁 壬
　　辰 申 未 寅

　　癸 壬 辛 庚 己 戊
　　丑 子 亥 戌 酉 申

一丁見柱.二壬出干.位至尙書.丁壬合去一殺.而用時上獨殺.通根申宮.財藏殺露.源遠流長.富貴宜也.此明代夏言命造也.

- 원문 **一丁見柱.二壬出干.位至尙書.丁壬合去一殺**(일정견주.이임출간.위지상서.정임합거일살) : 사주에 하나의 丁이 있고 두 개의 壬이 출간되니 지위가 상서에 이르렀다. 丁壬합으로 하나의 살이 제거 되니,

- 원문 **而用時上獨殺.通根申宮**(이용시상독살.통근신궁) : 時上의 홀로 된 살이 용신이 되며 申궁에 통근하고 있다.

- 원문 **財藏殺露.源遠流長.富貴宜也**(재장살로.원원류장.부귀의야) : 재 성인 申金의 지장간에 七殺인 壬水가 노출되고 壬水는 원래 深遠(심원: 깊고 아득함)하고 長久(장구: 길고 오랫동안)히 흐르니 부귀함 이 마땅하다.

- 원문 **此明代夏言命造也**(차명대하언명조야) : 이는 명나라 시대 충

신 하언의 명조다.

※ 官印相生格

5) 戊 丙 甲 己
　 子 子 戌 亥

　 戊 己 庚 辛 壬 癸
　 辰 巳 午 未 申 酉

甲出天干.又逢生地.孝廉.用印制傷存官爲用.

● **원문** **甲出天干.又逢生地.孝廉.用印制傷存官爲用**(갑출천간.우봉생
지.효염.용인제상존관위용) : 천간에 印星인 甲木이 투출되고 또한 생
지를 만나니 효염 벼슬을 역임했다. 印星을 써서 식상을 제어하
고 官星을 보존시키니 印星으로 용신을 삼아야 한다.
※ 殺印相生格

6) 壬 丙 乙 癸
　 辰 午 丑 卯

　 己 庚 辛 壬 癸 甲

未申 酉戌亥子

總河.日元坐刃.七殺透干.殺印格也.妙在乙木正印透干得祿.
行金水之運.有印化之.宜爲大貴之格.

● 원문 總河.日元坐刃.七殺透干.殺印格也(총하.일원좌인.칠살투간.살인
격야): 총하벼슬을 역임한 사람인데 일주가 양인에 앉아 있고 칠
살이 투간되었으니 살인상생격이 되었다.

● 원문 妙在乙木正印透干得祿(묘재을목정인투간득록): 묘한것은 正
印인 乙木이 월간에 투출되고 時支에 祿을 얻은 것이다.

● 원문 行金水之運.有印化之.宜爲大貴之格(행금수지운.유인화지.의위대
귀지격): 金水 대운으로 흐르니 印星과 七殺이 水生木 木生 火로
殺印相生이 되니 마땅히 대귀격이 되었다.

7) 庚甲丙甲
   午寅寅申

   壬辛庚己戊丁
   申未午巳辰卯

甲日寅月木氣當權..時上庚金爲用.火旺金弱凶命.

● 원문 **甲日寅月木氣當權..時上庚金爲用.火旺金弱凶命**(갑일인월목기당권.시상경금위용.화왕금약흉명): 甲木일간이 寅월에 출생하여 木氣가 당령했으니 時上의 庚金이 용신이다. 忌神인 火氣가 왕하고 用神인 金氣가 약하니 흉명이다.

◎ **傷官生財格**

8) 乙 甲 乙 丁
　　亥 寅 巳 卯

　　己 庚 辛 壬 癸 甲
　　亥 子 丑 寅 卯 辰

明府.甲木臨寅.身旺坐祿.亥中壬水得祿.甲木長生.木旺而潤.以丁火洩秀爲用.

● 원문　**明府.甲木臨寅.身旺坐祿.亥中壬水得祿**(명부.갑목임인.신왕좌록.해중임수득록): 명부 벼슬을 역임한 사람인데 甲木이 寅木에 임하고 록에 앉았으니 신왕하다.

● 원문 **亥中壬水得祿.甲木長生**(해중임수득록.갑목장생): 亥는 壬水 의 록이면서 甲木의 장생지인데,

● 원문 **木旺而潤.以丁火洩秀爲用**(목왕이윤.이정화설수위용): 木이 왕

하고 지지는 윤택한데 丁火는 왕한 木을 설기하는 능력이 빼어
나니 丁火를 용신으로 삼아야 한다.

◉ 用殺格

9) 庚 甲 乙 丁
　 午 辰 巳 卯

　 己 庚 辛 壬 癸 甲
　 亥 子 丑 寅 卯 辰

甲木坐辰.通根印庫.不致枯燥.故能取清貴.

● 원문　甲木坐辰.通根印庫.不致枯燥.故能取清貴(갑목좌진.통근인
고.불치고조.고능취청귀) : 甲木이 辰土에 앉아 있고 인수는 고장지
에 통근하므로 건조하지 않은 상태다. 그러므로 능히 맑고 귀하다.

◉ 木火通明格

10) 丙 乙 壬 丁
　 子 卯 寅 丑

丙 丁 戊 己 庚 辛
申 酉 戌 亥 子 丑

貴在丙子.尙書.丁壬一合.兩俱無用.貴在時逢子水.丙火透干.
水火不相礙.

- ● 원문 **貴在丙子.尙書.丁壬一合.兩俱無用**(귀재병자.상서.정임일합.양구
  무용) : 귀함이 병자에 있어 상서 벼슬을 역임했다. 丁과 壬이 한
  번 합을 해서 둘 다 함께 쓸모가 없게 되었다.

- ● 원문 **貴在時逢子水.丙火透干.水火不相礙.**(귀재시봉자수.병화투간.수
  화불상애) : 귀함이 시지에서 子水를 만난 것인데 丙火는 천간에
  투출하고 子水는 지지에 투출되어서 水와 火가 서로 장애가 되
  지 않는다.

❀ **食傷制殺格**

11) 庚 乙 丙 甲
    辰 卯 寅 寅

壬 辛 庚 己 戊 丁
申 未 午 巳 辰 卯

御使.辰藏癸水.乙木不燥.丙火食神爲用.時上庚金爲病.

喜其去病爲貴也.

● 원문 御使.辰藏癸水.乙木不燥.丙火食傷爲用(어사.진장계수.을목불
조.병화식상위용) : 암행어사의 명조이다. 辰土지장간에 癸水가 있
어 乙木이 건조하지 않다. 丙火상관이 용신이다.

● 원문 時上庚金爲病.喜其去病爲貴也(시상경금위병.희기거병위귀야) :
시상에 庚金이 病神인데 기쁜 것은 病神을 상관인 丙火가 제거
를 해서 귀하게 된 것이다.

◉ 印綬格

12) 癸 丁 庚 辛
　　卯 酉 寅 巳

　　丙 乙 甲 癸 壬 辛
　　申 未 午 巳 辰 卯

如命.富貴.此造女命.財官有力.富貴之象.

● 원문 如命.富貴.此造女命.財官有力.富貴之象(여명.부귀.차조지명.재
관유력.부귀지상) : 여자의 명조이고 부귀격이다. 이 명조는 여자의 명
조로서 財와 官이 뿌리를 얻어 힘이 있으니 부귀의 상을 이루었다.

13) 庚 丁 癸 丁
   戌 卯 卯 卯

  丁 戊 己 庚 辛 壬
  酉 戌 亥 子 丑 寅

鼎甲.庚透乙藏.財印不相礙爲貴也.

● **원문 鼎甲.庚透乙藏.財印不相礙爲貴也**(정갑.경투을장.재인불상애위
귀야) : 정갑 벼슬을 역임한 명조이다. 財星인 庚金이 시간에 투
출되고 印星인 乙木은 卯中에 감춰져 있어 財星과 印星이 서로
장애가 되지 않으니 귀격이 되었다.

❁從殺格

14) 壬 戊 癸 丁
   子 寅 卯 卯

  己 戊 丁 丙 乙 甲
  酉 申 未 午 巳 辰

女命.壬癸得所.年月日木旺.戊土日主.孤立無援.從殺命造.

● 원문 **女命.壬癸得所.年月日木旺**(여명.임계득소.년월일목왕) : 여자의
명조인데 壬癸가 투출되어 子水에 통근하고 연월일 모두 木이라
목이태왕한데 戊土일주는 도와주는 이 하나 없어 고립무원이
되었으므로 관살인 木에 종하는 명조가 되었다.

● **孤立無援**(외로울 고/ 설 립/ 없을 무/취할 원) : 고립되어 구원 받을 데
가 없음.

❈ 用殺格

15) 甲 戊 戊 己
　　寅 寅 辰 未

　　壬 癸 甲 乙 丙 丁
　　戌 亥 子 丑 寅 卯

身旺殺旺.戊日得令.時甲旺强.高官命造.水木吉方.

● 원문 **身旺殺旺.戊日得令.時甲旺强.高官命造.水木吉方**(신왕살왕무
일득령.시갑왕강.고관명조.수목길방) : 己身도 왕하고 칠살도 왕한데 戊
土일간은 辰月에 득령을 했다. 시간에 칠살인 甲木이 왕강하여

고관의 명조가 되었다. 水와 木방향이 吉方이다.

◉食傷制殺格

16) 乙 己 乙 癸
　　丑 巳 卯 卯

　　己 庚 辛 壬 癸 甲
　　酉 戌 亥 子 丑 寅

卯月己日.官殺太旺.取用巳中庚金.壯元.金運發福.

◉**원문**　卯月己日.官殺太旺.取用巳中庚金.壯元.金運發福(묘월기
일.관살태왕.취용사중경금.장원.금운발복) : 己土일주가 卯월에 출생하
고 관살이 태왕하니 巳中에 庚金을 용신으로 취할 수 있으므로
결국 장원이 되었다. 金대운에 발복했다.

◉雜氣財官格

17) 壬 己 甲 壬
　　申 卯 辰 子

　　庚 己 戊 丁 丙 乙

戌 酉 申 未 午 巳

雜氣財官格.壯元.甲透癸藏.惜無丙火暖照.故主淸貴也.

● 원문 雜氣財官格.壯元.甲透癸藏.惜無丙火暖照.故主淸貴也(잡
기재관격.장원.갑투계장.석무병화난조.고주청귀야) : 잡기재관격이며 장원
이 되었다. 甲木이 천간에 투출하고 癸水는 지장간에 있어 윤택
한데 애석한 것은 丙火가 없어 따뜻한 햇볕을 비출 수가 없는
것이다. 그런데도 사주가 맑고 귀하게 되었다.

❀ 用印殺格

18) 庚 庚 壬 壬
　　 辰 申 寅 子

戊 丁 丙 乙 甲 癸
申 未 午 巳 辰 卯

水盛金寒 專用丙戊 早年困苦 入東南運入泮 水盛金寒 用寅中丙戊
而丙戊俱不透 寒薄之命

● 水盛金寒 專用丙戊 早年困苦 入東南運入泮(수성금한 전용병무 조
년곤고 입동남운입반) : 水氣가 왕성하고 金氣는 한랭하니 오로지

丙火와 戊土로서 용신을 삼아야 한다. 어린 시절엔 사는 것이 困苦(곤고)하여 입학도 못했는데 대운이 동남방에 들어서야 겨우 학교에 입학하게 되었다.

- **困苦**(괴로울 곤, 쓸 고/ 괴로워할 고) : 어렵고 괴롭다.
- **入泮**(들 입, 학교 반) : 학교에 입학하다.
- **泮**(학교 반) : 周나라 때 제후의 국학
- **水盛金寒 用寅中丙戊 而丙戊俱不透 寒薄之命**(수성금한 용인중병무 이병무구불투 한박지명) : 水氣가 왕성하고 金氣는 한랭하므로 寅中에 丙과 戊로 용신을 삼아야 하는데 丙과 戊가 모두 투출되지 않아 춥고 박복한 운명이 되었다.

❀**用比肩格**

19) 丁 庚 己 庚
　　丑 寅 卯 申

　　乙 甲 癸 壬 辛 庚
　　酉 申 未 午 巳 辰

貴自富得 慷慨好施 申合卯 甲藏寅 財旺生官 貴從富得

- **貴自富得 慷慨好施 申合卯 甲藏寅 財旺生官 貴從富得**(귀자부득

강개호시 신묘합 갑장인 재왕생관 귀종부득) : 스스로 부귀를 얻은 명조인데 의롭지 않은 일을 보았을 땐 비통해하며 울분을 금치 못하고 남에게는 베풀기를 좋아하였으며 卯申合水가 되어 財를 생조하고 甲木 또한 寅中에 있으니 財는 왕해지고 왕한 財가 官을 생조하니 부귀를 모두 얻게 되었다.

◉ 用印殺格

20) 壬 己 甲 己
　　申 丑 戌 巳

　　戊 己 庚 辛 壬 癸
　　辰 巳 午 未 申 酉

甲丙取用 旺土制土 調候丙火 科甲長壽

● **甲丙取用 旺土制土 調候丙火 科甲長壽**(갑병취용 왕토제토 조후병화 과갑장수) : 월주에 甲木과 년지에 巳中丙火를 용신으로 삼아야 한다. 甲木은 土가 왕하니 土를 제어해야 하고 조후로서는 丙火를 써야 한다. 甲科 출신으로 장수했다.

◉ 用印殺格

21) 壬 己 癸 甲
　　　申 未 酉 寅

　　　己 戊 丁 丙 乙 甲
　　　卯 寅 丑 子 亥 戌

食傷太過 印比要求 日支未土 己土不弱 正官取用 木火吉福

● **食傷太過 印比要求 日支未土 己土不弱 正官取用 木火吉福**(식

상태과 인비요구 일지미토 기토불약 정관취용 목화길복) : 식상이 태과하

니 印星이 요구된다. 일지에 未土가 있어 己土는 약하지 않다.

정관인 甲木을 용신으로 삼아야 한다. 木火 방향이 吉方이요 福

方이다.

❀用殺印格

22) 壬 戊 戊 丙
　　　子 寅 戌 戌

　　　甲 癸 壬 辛 庚 己
　　　辰 卯 寅 丑 子 亥

用殺印格 身旺財旺 富貴雙全 此造富格 七殺爲用

● **用殺印格 身旺財旺 富貴雙全 此造富格 七殺爲用**(용살인격 신왕
재왕 부귀쌍전 차조부격 칠살위용) : 용살인격으로서 身旺財旺하고 부
귀가 쌍전했다. 이 명조는 칠살이 용신이므로 부귀격이다. 칠살
을 용신으로 삼아야 한다.

❀ **用殺印格**

23) 己 戊 戊 丙

　　未 辰 戌 寅

　甲 癸 壬 辛 庚 己

　辰 卯 寅 丑 子 亥

戊戌戊辰魁罡 猛虎巡山格 官至少保 丙火透出 殺印相生 貴格 非稼
穡格也

● **戊戌戊辰魁罡 猛虎巡山格 官至少保**(무술무진괴강 맹호순산격 관지
소보) : 戊戌은 괴강살이고 戊辰은 백호살이므로 맹호가 산을 순
회하는 격이다. 벼슬은 소보에 이르렀다.

● **丙火透出 殺印相生 貴格 非稼穡格也**(병화투출 살인상생 기격 비기
색격야) : 丙火가 년주에 투출되어 살인상생이 되었으며 귀격을

이루었다. 년지에 寅木이 있어 가색격은 이루어지지 않는다.

◉ **用財格**

24) 甲 丁 己 庚
   辰 丑 卯 辰

   乙 甲 癸 壬 辛 庚
   酉 申 未 午 巳 辰

尙書 庚透乙藏 財印不相礙爲貴也

● **尙書 庚透乙藏 財印不相礙爲貴也**(상서 경투을장 재인불상애위귀야)
: 상서를 역임한 명조이다. 庚金이 년주에 투출되고 乙木은 지장
간에 감춰져 있어 재성과 인성이 서로 장애가 되지 않으니 귀격
이 되었다.

◉ **建祿格**

25) 甲 丁 甲 辛
   辰 未 午 巳

戊 己 庚 辛 壬 癸

子 丑 寅 卯 辰 巳

此建祿格 位至總兵 此亦用甲引丁 辰未土洩火氣

但丁未火土炎燥 貴而就武

● **此建祿格 位至總兵 此亦用甲引丁 辰未土洩火氣**(차건록격 위지
총병 차역용갑인정 진미토설화기) : 이 명조는 건록격이다. 지위는 총
병에 이르렀고 이 또한 甲木이 丁火를 끌어 쓰고 辰土와 未土는
火氣를 설기시키고 있어 火氣가 약한 편이다.

● **但 丁未火土炎燥 貴而就武**(단 정미화토염조 귀이취무) : 그러나 丁未
火土는 조열하므로 火氣가 약하지 않으니 귀격이 되어 무관이
되었다.

◈ 用財官格

26) 乙 丁 甲 丙

巳 丑 午 寅

庚 己 戊 丁 丙 乙

子 亥 戌 酉 申 未

甲透庚得所 富貴極品 巳丑相合 庚金暗藏也 亦以甲木引丁爲用

● **甲透庚得所 富貴極品 巳丑相合 庚金暗藏也**(갑투경득소 부귀극품
사축상합 경금암장야) : 甲木이 투출하고 巳中에 庚金을 얻은 바로
부귀의 품격이 극에 달했다. 巳丑이 서로 합을 이루고 庚金이
巳火에 암장되었다.

● **亦以甲木引丁爲用**(역이갑목인정위용) : 이 또한 甲木이 丁火를 끌어
썼기 때문이다.

◈ 用財官格

27) 癸 丁 甲 丙
　　卯 酉 午 子

　　庚 己 戊 丁 丙 乙
　　子 亥 戌 酉 申 未

殺印傷生 大貴 己運盡節 此明代陽椒山命造也
殺印相生 以甲印化殺爲用
己運合印化傷而制殺 盡節

● **殺印傷生 大貴 己運盡節 此明代陽椒山命造也**(살인살생 대귀 기

324 ㅣ 325

운진절 차명대양초산명조야) : 살인 상생하므로 대귀하다. 己대운에
절명했다. 이 명조는 명나라 양초산의 명조다.

● **殺印相生 以甲印化殺爲用**(살인상생 이갑인화살위용) : 印星인 甲
木이 살을 설기해 살인 상생이 되었으므로 칠살인 癸水가 용신
이다.

● **己運合印化傷而制殺 盡節**(기운합인화상이제살 진절) : 己대운에 印
星인 甲木과 합을 해 食傷인 土가 되어 용신인 칠살 癸水를 제
극하니 절명하고 말았다.

❀ **炎上格**

28) 丙　丁　丁　丁
　　午　未　未　卯

　　辛　壬　癸　甲　乙　丙
　　丑　寅　卯　辰　巳　午

武進士 四柱木火 格成炎上 究嫌火土偏燥 貴在武科

● **武進士 四柱木火 格成炎上 究嫌火土偏燥 貴在武科**(무진사.사주
목화.격성염상.구혐화토편조.귀재무과) : 武科에서 進士을 역임한 명조
다. 사주는 거의 木火로 陳(늘어놓을 진)을 치니 염상격을 이루었

다. 모두가 火土의 조열함이 편중되는 것은 싫어하는데도 오직
염상격의 귀함이 있어 武科에 급제할 수 있었다.

29) 丙 丁 丙 辛
　　午 丑 申 亥

　　庚 辛 壬 癸 甲 乙
　　寅 卯 辰 巳 午 未

大富命 此爲火煉秋金 丁火陰干不怕弱 運行東南 宜爲大富

● **大富命 此爲火煉秋金 丁火陰干不怕弱 運行東南 宜爲大富**(대
부명 차위화련추금 정화음간불파약 운행동남 의위대부) : 큰 부자의 명조
다. 이것은 火氣가 가을 金을 제련하는 형국이다. 丁火는 陰干이
지만 결코 약함을 두려워하지 않는다. 대운이 東南木火 方向으
로 흐르니 큰 부자가 되는 것이 마땅하다.

● **用印格**

30) 戊 丁 丙 辛
　　申 卯 申 亥

庚 辛 壬 癸　甲 乙

寅 卯 辰 巳　午 未

庚甲兩全 會元 亥卯會局 生起丁火 財旺用印也 亦喜運行東南

● **庚甲兩全 會元 亥卯會局 生起丁火 財旺用印也 亦喜運行東南**

(경갑양전 회원 해묘회국 생기정화 재왕용인야 역희운행동남) : 申中庚金과

卯中甲木이 양쪽에 있어 회원 벼슬을 역임했다.

亥卯會局이 되어 丁火를 생조하니 丁火가 생기를 얻었다.

財星이 왕하니 印星으로서 용신을 삼아야 한다. 또한 기쁜 것

은 대운이 印星인 東南木火 方向으로 흐르는 것이다.

◎ **用劫格**

31) 丙 丁 丙 辛

午 酉 申 卯

庚 辛 壬 癸　甲 乙

寅 卯 辰 巳　午 未

無甲用乙丙 富而不貴 日祿歸時 以財爲用 富格也

● **無甲用乙丙 富而不貴 日祿歸時 以財爲用 富格也**(무갑용을병 부이불귀 일록귀시 이재위용 부격야) : 甲木이 없어 乙과 丙으로 용신을 삼으니 富는 얻었으나 貴는 얻지 못했다. 일간 丁은 時에 귀록이 있고 신왕하니 능히 財星을 쓸 수가 있어 富格이 되었다.

※ **用殺格**

32) 丙　丁　甲　庚
　　午　未　申　辰

　　庚　己　戊　丁　丙　乙
　　寅　丑　子　亥　戌　酉

甲庚丙皆透 位至尙書 印劫扶身 庚金透出 眞神得用 貴顯無疑.

● **甲庚丙皆透 位至尙書 印劫扶身 庚金透出 眞神得用 貴顯無疑**

(갑경병개투 위지상서 인겁부신 경금투출 진신득용 귀현무의) : 甲庚丙이 모두 사주에 투출되고 지위가 상서에 이르렀다. 인성과 겁재가 기신을 돕고 있으니 신강하며 申월에 庚金이 투출되어 眞神을 얻었으니 귀함이 발현되는 것은 의심할 여지가 없다.

※ **從財格**

33) 辛 丁 己 丁

　　亥 丑 酉 未

　　癸 甲 乙 丙 丁 戊

　　卯 辰 巳 午 未 申

從財格 太守 丁火雖通根未宮 有丑沖而去之

丁火無根 辛金透露 不能不從財也

● **從財格 太守 丁火雖通根未宮 有丑沖而去之**(종재격 태수 정화수통
　근미궁 유축충이거지) : 종재격 명조인데 태수를 역임했다. 丁火가 비
　록 未宮에 통근했지만 丑土와 沖이 있어 未中丁火가 제거되었다.

● **丁火無根 辛金透露 不能不從財也**(정화무근 신금투로 불능부종재야)
　: 丁火가 지지에 뿌리가 없는데 辛金이 시간에 투출되었으니 財
　星에 종하지 않을 수 없다.

❀(用印格)女命

34) 丙 丁 甲 己

　　午 卯 戌 亥

　　庚 己 戊 丁 丙 乙

　　辰 卯 寅 丑 子 亥

女命 甲丙高透 丁火得祿.大富 此造雖炎上失時

喜得木火氣順 有土洩其秀.

● **女命 甲丙高透 丁火得祿 大富.此造雖炎上失時**(여명 갑병고투 정

화득록 대부 차조수염상실시) : 여자 명조인데 甲과 丙이 천간에 투

출되고 丁火가 時支에서 록을 얻으니 大富格이다.

이 명조에서는 비록 염상격이 안되었으나,

● **喜得木火氣順 有土洩其秀**(희득목화기순 유토설기수) : 다만 기쁜 것

은 木火의 氣가 유순하고 土의 설기가 빼어난 것이다.

⊛ 從殺格

35) 辛　丁　癸　癸

　　亥　亥　亥　亥

　　丁　戊　己　庚　辛　壬

　　巳　午　未　申　酉　戌

從殺格. 侍郎 亥中雖藏木 而水旺木微 濕木無焰 必從殺也.

● **從殺格 侍郎 亥中雖藏木 而水旺木微 濕木無焰 必從殺也**(종살

격.시랑.해중수장목.이수왕목미.습목무함.필종살야) : 본 명조는 종살격이

며 시랑 벼슬을 역임했다. 비록 亥中에 甲木이 암장되었지만 水
氣가 왕하고 木氣는 미약하다. 습한 나무는 불을 댕길 수가 없
으니 반드시 칠살에 종해야 한다. 즉, 水氣가 왕해서 亥中甲으로
는 木生火가 안 되니 신약한 丁火는 왕한 水氣를 반드시 따라가
야 吉한 것이다.

◉正官格

36) 庚 丁 丁 乙
　　戌 未 亥 卯

　　辛 壬 癸 甲 乙 丙
　　巳 午 未 申 酉 戌

正官格 甲木逢生 庚透壬旺 壯元 亥卯未三合木局 乙木出干
官星氣洩 以庚金破印存官 亥宮壬水得祿 爲財官格也.

● **正官格 甲木逢生 庚透壬旺 壯元 亥卯未三合木局 乙木出干**(정
관격.갑목봉생.경투임왕.장원.해묘미삼합목국.을목출간) : 본 명조는 정관
격이며 亥中甲木이 生을 만나고 庚金이 시간에 투출되어 정관인
壬水가 왕해지니 장원이 되었다. 또한 亥卯未三合木국이 되고
乙木이 년간에 투출하여,

● 官星氣洩 以庚金破印存官 亥宮壬水得祿 爲財官格也(관성기설
이경금파인존관 해궁임수득록 위재관격야) : 관성의 기운을 설기하니
庚金으로서 印星인 木氣를 파손시키고 정관인 壬水를 보존시켰
는데 亥宮에서 정관인 壬水가 록을 얻으니 財官格이 되었다.

◉ 曲直仁壽格

37) 丙 乙 丁 甲
　　 子 未 卯 寅

　　 癸 壬 辛 庚 己 戊
　　 酉 申 未 午 巳 辰

加丙照癸滋 貴至總兵 曲直仁壽格 癸藏丙透 不相礙爲貴

● 加丙照癸滋 貴至總兵 曲直仁壽格 癸藏丙透 不相礙爲貴(가병
조계자 귀지총병 곡직인수격 계장병투 불상애위귀) : 시간에 丙火가 투출
하여 일간인 乙木에 빛을 비춰주고 癸水는 乙木의 자양분이 되
어 주니 귀격이 되어 벼슬이 총병에 이르렀다. 본 명조는 곡직인
수격이다. 癸水는 子水에 암장되어 있고 丙火는 시간에 투출되
니 서로 장애가 되지 않아서 귀격이 되었다.

38) 丁 乙 庚 庚
　　亥 酉 辰 午

　　丙 乙 甲 癸 壬 辛
　　戌 酉 申 未 午 巳

此造從化格 但不逢時 一富翁耳 乙從庚合 辰從酉合 不能不化
年月二庚 不爭不妬 年午時丁 逆金之勢 爲假化 非眞化

● **此造從化格 但不逢時 一富翁耳 乙從庚合 辰從酉合 不能不化**
(차조종화격 단불봉시 일부옹이 을종경합 진종유금 불능불화) : 이 명조는
종화격인데 단지 때를 못 만나서 이순의 늙은이가 될 때까지 한
가지 富만 이루었다. 乙木은 庚金과 합을 해서 따라가고 辰土는
酉金과 합을 해서 따라가니 능히 종화격을 이룰 수가 있는데 능
력이 없어 化격을 이루지 못했다.

● **年月二庚 不爭不妬 年午時丁 逆金之勢 爲假化 非眞化**(년월이경
부쟁불투 년오시정 역금지세 위가화 비진화) : 년간과 월간에 두 개의
庚은 서로 다투지도 않고 시기하지도 않는데 년지의 午火와 시
간의 丁火는 金氣를 거스르는 세력이므로 假從化格은 될 수 있

어도 眞從化格은 못된다. 즉, 본 명조는 乙庚合化金과 辰酉合化
金이 되어 金에 종하는 종화격인데 火氣가 강해 金氣를 剋하니
결국 眞從化格은 못되고 假從化格만 되는 形局이다.

◉用殺格

39) 丙 甲 辛 甲
　　寅 戌 未 申

　　丁 丙 乙 甲 癸 壬
　　丑 子 亥 戌 酉 申

庚金得祿 官至尙書 明崔呈秀尙書命造 財生官爲用
而貴氣則在申中壬水生庚祿也 丙合辛官 申沖寅祿
凶死固宜.

● **庚金得祿 官至尙書 明崔呈秀尙書命造 財生官爲用**(경금득록 관
지상서 명최정수상서명조 재생관위용) : 庚金이 년지申金에서 록을 얻
으니 벼슬이 상서에 이르렀다. 上記는 명나라 최정수 상서의 명
조인데 재성이 관성을 생조하여 관성이 강하니 관성으로서 용
신을 삼는다.

● **而貴氣則在申中壬水生庚祿也 丙合辛官 申沖寅祿 凶死固宜**(

이귀기즉재신중임수생경록야 병합신관 신충인록 흉사고의) : 귀기인즉 申中에서 인성인 壬水가 庚祿으로부터 생조를 받고 있는 것이다. 식신 丙火와 관성인 辛금이 합을 하고 申金이 甲의祿인 寅木을 冲剋하니 凶死는 마땅한 이치라고 할 수 있다.

◉食神制殺格

40) 丙 甲 庚 戊
　　寅 寅 申 午

　　丙 乙 甲 癸 壬 辛
　　寅 丑 子 亥 戌 酉

縣令 丑運去官 身殺兩旺而有制 美格也 惜爲丙火而非丁火 貴不足

● **縣令 丑運去官 身殺兩旺而有制 美格也 惜爲丙火而非丁火 貴不足**(현령 축운거관 신살양왕이유제 미격야 석위병화이비정화 귀부족) : 현령을 역임하다 丑대운에 관직에서 물러났다. 기신과 칠살 둘 다 왕한데 칠살을 제어하는 식신이 있어 격국이 아름다워졌다. 애석한 것은 사주에 丁火가 없어 용신이 못 되고 丙火가 용신이 되었다는 것이다. 이런 까닭에 귀함이 부족하게 된 것이다. 즉, 본 명조에서는 칠살인 庚金이 있어 흉한데 이 庚金을 제어하는

것이 丙火보다 丁火가 제격인데 丁火가 없으니 꿩 대신 닭이라고
丙火를 용신으로 삼을 수밖에 없으니 그것이 애석할 따름이다.

◉用官格

41) 丁 甲 乙 乙
　　卯 子 酉 未

　　己 庚 辛 壬 癸 甲
　　卯 辰 巳 午 未 申

丁火高照.太守命 丁火高照者 言配合之美也
甲子坐印 木有癸水滋扶 丁火高照 木得陽氣融和.

● **丁火高照.太守命 丁火高照者 言配合之美也**(정화고조 태수명 정화
　고조자 언배합지미야) : 태수를 역임한 명조다. 하늘에서는 丁火가
　일간을 비춰주고 있으며 하늘에서 일간을 비춰준다는 것은 "配
　合의 美가 있는 것이다."라고 언급할 수 있다.

● **甲子坐印 木有癸水滋扶 丁火高照 木得陽氣融和**(갑자좌인 목유계
　수자부 정화고조 목득양기융화) : 甲木은 印綬인 子水에 앉아 있다. 나
　무는 癸水로부터 자양분을 공급받고 丁火가 하늘에서 비춰주
　니 나무는 양의 기운을 얻어 융화가 잘 되었다. 즉, 甲木이 가을

에 태어나 몹시 약한데 다행히 천간에 丁火가 있어 온기를 공급하고 지지에는 子水가 있어 자양분을 공급하니 비록 가을나무라 할지라도 조후의 융화가 잘되어 귀격이 되었다.

◉ 官印相生格

42) 甲 甲 乙 乙
　　子 子 酉 巳

　　己 庚 辛 壬 癸 甲
　　卯 辰 巳 午 未 申

朱文端公造 巳酉會局 甲子坐印 殺印相生之局也
好在巳中有丙火暗藏 豈不爲貴乎

● **朱文端公造 巳酉會局 甲子坐印 殺印相生之局也**(주문단공조 사유회국 갑자좌인 살인상생지국야) : 주문단공의 명조다. 巳와 酉가 모여 金국을 이루고 甲木은 인수인 子水에 앉아 있으니 살인상생의 형국이다.

● **好在巳中有丙火暗藏 豈不爲貴乎**(호재사중유병화암장 기불위귀호) : 좋은 것은 巳중에 丙火가 암장되어 있으니 어찌 귀하지 않다고

하겠는가? 즉, 甲木이 가을에 태어나 연약한데 지지에는 인수인 子水가 있고 월지에는 정관인 酉金이 있어 관인상생이 되었다. 또한 巳中에 丙火가 있어 온기를 더해주니 더욱 귀격이 되었다.

◉ 用官格

43) 丁 甲 丁 丙
　　卯 寅 酉 戌

　　癸 壬 辛 庚 己 戊
　　卯 寅 丑 子 亥 戌

孝廉 卯終 身强丙丁竝透 官星被制太過
幸運行金水之地 得擧孝廉而終

● **孝廉 卯終 身强丙丁竝透 官星被制太過**(효염 묘종 신강병정병투 관성피제태과) : 효염 벼슬을 역임했고 卯대운에 사망했다. 甲木일간은 지지에 록이 있어 신강하고 丙火와 丁火가 나란히 천간에 투출했다. 관성인 酉金은 태과한 식상으로부터 제극을 받고 있다.

● **幸運行金水之地 得擧孝廉而終**(행운행금수지지 득거효염이종) : 다행히 대운이 金水로 흘러가니 과거에 급제해서 효염 벼슬을 역임

하고 사망했다.

◉傷官制殺格

44) 庚 甲 庚 壬
　　 午 午 戌 午

　　 丙 乙 甲 癸 壬 辛
　　 辰 卯 寅 丑 子 亥

庚丁兩旺 一品當朝 明丞相命造 丁火因會而動
庚金透干 七殺有制也

● **庚丁兩旺 一品當朝 明丞相命造 丁火因會而動**(경정양왕 일품당조
명승상명조 정화인회이동) : 칠살인 庚金과 상관인 丁火가 둘 다 왕
하니 조정에서 일품 벼슬이 되는 것은 당연한 것이다. 이는 명
나라 승상의 명조로서 午中丁火로 인해 午戌이 만나니 火氣가
발동했다.

● **庚金透干 七殺有制也**(경금투간 칠살유제야) : 칠살인 庚金이 천간
에 투출되고 상관이 있어 칠살을 제어하니 大貴해졌다.

❀傷官制殺格

45) 戊 甲 丙 庚
　　辰 戌 戌 戌

　　壬 辛 庚 己 戊 丁
　　辰 卯 寅 丑 子 亥

武庫 富而且壽 此造丙戊竝透 幸地位置配得宜
以丙去庚 專用戊土偏財 故富 僅取武庫

● **武庫 富而且壽 此造丙戊竝透 幸地位置配得宜**(무상 부이차수 차조병무양투 행지위치배득의) : 무상의 벼슬을 지낸 명조다. 부자이면서 장수까지 했다. 이 명조는 丙火와 戊土가 나란히 천간에 투출되었다. 다행인 것은 지지에 자리 배합이 마땅히도 잘되었다는 것이다.

● **以丙去庚 專用戊土偏財 故富 僅取武庫**(이병거경 전용무토편재 고부 근취무상) : 식신인 丙火로서 칠살인 庚金을 제거하고 오로지 편재인 戊土로 용신을 삼아서 부자가 되었지만 벼슬은 겨우 무상에 머물렀다.

◎用食財格

46) 丙 甲 辛 壬
　　寅 戌 亥 辰

　　丁 丙 乙 甲 癸 壬
　　巳 辰 卯 寅 丑 子

耑用戊土 先貧後富 辛壬丙透 水旺木浮 喜時上丙寅
寅宮甲丙戊皆得用 爲食神生財格 宜乎利在晚年矣

● **耑用戊土 先貧後富 辛壬丙透 水旺木浮**(단용무토 선빈후부 신임병
투 수왕목부) : 처음부터 戊土가 용신인데 처음엔 빈곤했지만 나
중엔 부자가 되었다. 辛壬丙이 천간에 투출되고 水가 왕하니
木이 물 위에 뜨는 형국이다.

● **喜時上丙寅 寅宮甲丙戊皆得用 爲食神生財格 宜乎利在晚年矣**
(희시상병인 인궁갑병무개득용 위식신생재격 의호리재만년의) : 기쁜 것은
시주에 丙寅이 있고 寅中甲丙戊를 모두 쓸 수 있어 식신생재격
이 되었다는 것이다. 마땅히 만년까지 복리가 있었다.

◎用食財格

47) 甲 甲 戊 乙
　　子 寅 子 亥

　　壬 癸 甲 乙 丙 丁
　　午 未 申 酉 戌 亥

以財星損印爲用 喜日臨寅宮 甲戊皆有氣也

● **以財星損印爲用 喜日臨寅宮 甲戊皆有氣也**(이재성손인위용 희일임

　인궁 갑무개유기야) : 재성인 戊土가 왕한 인성인 水氣를 손상시키

　니 재성인 戊土를 용신으로 삼아야 한다. 기쁜 것은 일간 甲

　木이 寅宮에 臨해서 甲木은 록을 얻어 왕하고 戊土는 寅中丙

　火의 생조를 받아 강하니 甲戊 모두 기세가 있는 것이다.

◉**殺刃格**

48) 丁 甲 庚 丙
　　卯 午 子 子

　　丙 乙 甲 癸 壬 辛
　　午 巳 辰 卯 寅 丑

丁丙兩透 又加丙火除寒氣 官至王侯 殺刃格也

喜日臨午宮 丙丁通根 以印爲用

● **丁丙兩透 又加丙火除寒氣 官至王侯 殺刃格也**(정병양투 우가병화
제한기 관지왕후 살인격야) : 丁火와 丙火가 양쪽에 투간되고 또한 년
간에 丙火가 寒氣를 제거해주니 벼슬이 왕후에 이르렀고 시지
에 양인이 있고 월간에 칠살이 있으니 살인격이 되었다.

● **喜日臨午宮 丙丁通根 以印爲用**(희일임오궁 병정통근 이인위용) : 기
쁜 것은 일간 甲木이 午宮에 임했고 丙火와 丁火가 地支午火에
통근하니 인수로서 용신을 삼는다. 즉, 甲일주가 子월에 출생해
득령하여 신강한데 丙火와 丁火가 지지 午火에 통근하여 강한
온기로 겨울의 한기를 중화시키니 길한데 거기에다 양인과 편관
이 함께 있어 왕후가 될 수 있었다. 그런데 사주에 식상이 왕강
하니 인수로서 용신을 삼는다.

❀印綬格

49) 庚 甲 戊 乙
　　午 辰 子 巳

　　壬 癸 甲 乙 丙 丁

午 未 申 酉 戌 亥

大將軍 庚金透干 丙丁藏地 亦以印爲用

● **大將軍 庚金透干 丙丁藏地 亦以印爲用**(대장군 경금투간 병정장지 역이인위용) : 대장군의 명조이다. 庚金이 시상에 투간되고 丙火와 丁火는 지장간에 암장되어 있으니 중화의 덕이 있어 길하다. 본 명조 역시 식상이 강하니 인수로서 용신을 삼는다. 즉, 甲木일 주가 子月에 출생해 득령하니 신강하고 지지에 巳火午火가 있어 겨울의 온기를 더해주니 조후가 중화되어 길한데 시간에 庚金편관이 辰土로부터 생조를 받으니 대장군이 될 수 있었다. 사 주에 식상이 강해 인수로서 용신을 삼는다.

❀用財格

50) 壬 甲 戊 乙
　　申 辰 子 巳

　　壬 癸 甲 乙 丙 丁
　　午 未 申 酉 戌 亥

一派水局 申運溺死 壬透干 支成水局 水泛木浮之象

● 一派水局 申運溺死 壬透干 支成水局 水泛木浮之象(일파수국 신

운익사 임투간 지성수국 수범목부지상) : 하나의 물결이 水局을 이루니

申대운에 익사했다. 壬水가 시간에 투출되고 지지에는 申子辰合

水局을 이루었다. 물이 범람하니 나무가 물위에 뜨는 형상이다.

즉, 甲木이 子월에 출생하여 신강한데 지지에 申子辰水局까지

이루니 오히려 甲木이 물 위에 떠내려갈 판국이다. 기쁜 것은 년

지에 巳火가 있어 한기를 중화시킬 수 있고 월간에 戊土가 있으

니 왕한 水氣를 어느 정도는 억제시킬 수 있다는 것이다. 그러

므로 본 명조는 식신과 재성이 용신이다.

※ 用印格

51) 丙 庚 庚 辛

　　戌 戌 寅 巳

　　甲 乙 丙 丁 戊 己

　　申 酉 戌 亥 子 丑

支成火局 僧道 寅戌會局而透丙 火局成也

年支逢巳 煅煉太過 必須壬水爲救 原局無救 而比劫重見

又不能從 宜爲孤窮之命也

● 支成火局 僧道 寅戌會局而透丙 火局成也(지성화국 승도 인술회국

인생
사주학

이투병 화국성야) : 지지에 火局을 이룬 어느 승도의 명조다. 寅과 戌이 만나 局을 이루고 丙火가 시간에 투출되니 火局이 이루어졌다.

● **年支逢巳 煆煉太過 必須壬水爲救 原局無救**(년지봉사 단련태과 필수임수위구 원국무구) : 년지에서 巳火를 만나니 金을 煆煉시키는 火氣가 태과하다. 반드시 壬水로 왕한 火氣를 구원해야 하는데 사주원국에는 이 위기를 구원해줄 자가 없다.

● **而比劫重見 又不能從 宜爲孤窮之命也**(이비겁중견 우불능종 의위고궁지명) : 사주에 비겁이 중첩되니 또한 종하는 것도 불가능하므로 마땅히 외롭고 궁핍한 명조가 된 것이다.

◉ **用食傷格**

52) 壬 庚 乙 丙
　　午 寅 未 午

　　辛 庚 己 戊 丁 丙
　　丑 子 亥 戌 酉 申

壬透制火 懸令 大有才幹 壬水雖無根 而能潤土

● **壬透制火 懸令 大有才幹 壬水雖無根 而能潤土**(임투제화 현령 대유재간 임수수무근 이능윤토) : 시간에 壬水가 투출하여 丙火를 제어하니 현령 벼슬을 역임했으며 큰 재능이 있는 人才다. 비록 壬水가 뿌리가 없다 해도 능히 土氣를 윤택하게 할 수 있다. 즉, 庚金일주가 未월에 출생해서 뜨거운데 지지가 모두 화토일색이어서 조열함이 극에 이르렀다.

그런데 기쁜 것은 시간에 壬水가 투출하여 조열함을 조금이나마 해소시켜 주는 것이다. 이런 까닭에 벼슬이 현령에 이르렀다. 다만 아쉬운 것은 壬水가 지지에 뿌리가 없어 힘이 약하니 조열함을 모두 해소는 못해도 燥土를 潤土로 만들 수는 있는 것이다. 그러므로 식신인 壬水가 용신이다.

● **潤土**(젖을 윤, 흙 토) : 습기를 머문 윤택한 땅.

⊛官印相生格

53) 丙 己 甲 壬
　　　寅 卯 辰 子

　　　庚 己 戊 丁 丙 乙
　　　戌 酉 申 未 午 巳

甲丙癸全 殺旺身强 一品 甲丙透而通根於寅

長生 癸藏子得祿 三者皆得地也 以印化殺爲用

● 甲丙癸全 殺旺身强 一品 甲丙透而通根於寅長生(갑병계전 살왕신강 일품 갑병투이통근어인장생) : 甲丙癸가 온전하고 살이 왕하고 신강하니 벼슬이 일품에 이르렀다. 甲木은 천간에 투출하여 록지인 寅木에 통근하고 丙火 역시 천간에 투출하여 장생지인 寅木에 통근하니 기세가 당당하고,

● 癸藏子得祿 三者皆得地也 以印化殺爲用(계장자득록 삼자개득지야 이인화살위용) : 癸水는 子水에 암장되어 록을 얻었으니 甲丙癸가 모두 득지해서 강하므로 인수인 丙火를 써서 살을 설기시키니 관인상생이 되었다. 그러므로 인수가 용신이다.

◈用財格

54) 甲 己 壬 辛
    子 巳 辰 未

    丙 丁 戊 己 庚 辛
    戌 亥 子 丑 寅 卯

身旺任財 富翁 丙藏巳 癸藏子 日元坐印

身旺任財 而月令財透也

● **身旺任財 富翁 丙藏巳 癸藏子 日元坐印**(신왕임재 부옹 병장사 계장 자 일원좌인) : 신왕하면서 재가 있으니 늙을 때까지 부자가 되었다. 丙火는 巳火에 암장되고 癸水는 子水에 암장되었으며 일주는 인수 위에 앉아 있다.

● **身旺任財 而月令財透也**(신왕임재 이월령재투야) : 신왕하고 재가 있으며 월령에서 재성이 월간에 투출하고 子水에 통근했으므로 부자가 될 수 있었다.

◉ 從旺格

55) 戊　己　己　己
　　　辰　巳　巳　巳

　　癸　甲　乙　丙　丁　戊
　　亥　子　丑　寅　卯　辰

火土全備 從旺格 雖有巳中庚金無力

火土吉福 水木凶禍

● **火土全備 從旺格 雖有巳中庚金無力**(화토전비 종왕격 수유사중경금 무력) : 사주가 전부 화토로만 되어 있으니 종왕격이다. 비록 巳 中에 庚金이 있지만 무력한 상태다.

● **火土吉福.水木凶禍**(화토길복.수목흉화) : 火土는 吉과 福이요, 水 木은 凶과 禍다. 즉, 火土에 종했으므로 火土가 용신이다.

❀用食傷格

56) 辛 己 辛 乙
　　 未 巳 巳 巳

　乙 丙 丁 戊 己 庚
　亥 子 丑 寅 卯 辰

月時上辛金透出 巳中庚金暗藏 非從格 金水吉運 木火土凶運

● **月時上辛金透出 巳中庚金暗藏 非從格 金水吉運 木火土凶運**(월시상신금투출 사중경금암장 비종격 금수길운 목화토흉운) : 월간, 시간 에 辛金이 투출되고 巳中에 庚金이 암장되어 있으니 종격이 아 니다. 金水가 吉運이고 木火는 凶運이다.
　즉, 己土일주가 巳월에 출생해 따뜻한데 지지를 火氣로 에워싸니 조열함이 극에 이르렀다. 水氣가 있어야 뜨거운 열기를 식혀주는데 사주에 피 같은 물 한 방울 없는 것이 못내 아쉽다. 이런 까닭에 본 명조에서는 金이 용신이다. 그것은 태왕한 土氣를 설기시켜주기 때문이다. 하여 金水대운에는 발복하지만 木火대운에는 고전을 면치 못하게 되는 형국이다.

◈(用印殺格) 女命

57) 乙 己 癸 丙
　　亥 亥 巳 申

　　丁 戊 己 庚 辛 壬
　　亥 子 丑 寅 卯 辰

女命 金水太旺 官印吉星 丙透巳通根 貞敬夫人

● **女命 金水太旺 官印吉星 丙透巳通根 貞敬夫人**(여명 금수태왕 관인길성 병투사통근 정경부인) : 여자 명조로서 金水가 태왕하고 관성과 인성이 吉星이다. 년간에 투출된 丙火는 월지 巳火에 통근하니 정경부인이 되었다. 즉, 己土일간이 巳월에 출생해 따스한데 水氣가 왕한 것이 흠이다. 그런데 년간에 丙火가 투출하여 월지 巳火에 통근하니 능히 왕한 水氣를 제어하고 살의 기운을 설기

하여 살인상생이 되니 정경부인이 되었다. 이런 까닭에 丙火로
서 용신을 삼아야 한다.

◉用印格

58) 己 己 癸 壬
　　巳 卯 丑 子

　　己 戊 丁 丙 乙 甲
　　未 午 巳 辰 卯 寅

財旺生殺格 壯元 喜得時逢己巳 暗藏丙火
寒谷回春 運行東南 自然貴顯 否則 雖財旺生殺 何能取貴乎

● **財旺生殺格 壯元 喜得時逢己巳 暗藏丙火**(재왕생살격 장원 희득시
봉기사 암장병화) : 왕한 財星이 殺을 생조하는 격이니 장원이 되었
다. 기쁜 것은 시주에서 己巳를 만난 것이다. 丙火는 巳火에 暗
藏되어 있다.

● **寒谷回春 運行東南 自然貴顯 否則 雖財旺生殺 何能取貴乎**(한
곡회춘 운행동남 자연귀현 부즉 수재왕생살 하능취귀호) : 추운 계곡에 봄
이 돌아오고 대운이 동남으로 흐르니 자연적으로 귀기가 발현

한다. 그런데 부정적인 측면은 비록 왕한재성이 살을 생조한다
고 해도 巳火 중에 丙火가 천간에 투출되지 않아 왕한 水氣와
중화를 이루지 못하니 어찌 능히 귀함을 취할 수 있겠는가?

즉, 己土일간이 丑월에 출생해 하늘은 차고 땅은 결빙되었으니
온기가 급히 필요하다. 그런데 시지에 巳火가 있어 온기를 더해
주는데 천간에 巳中丙火가 투출이 안 돼 온기가 미약하여 결국
발복이 안될 형상이다. 그렇지만 巳火 덕분에 장원은 할 수 있
었다.

못내 아쉬운 것은 丙火만 투출되었어도 일품 벼슬을 기대했을
것이다. 이런 까닭에 인수인 巳火를 용신으로 삼아야 한다.

❀ 用印殺格

59) 丙 戊 甲 己
　　辰 辰 戌 酉

　　戊 己 庚 辛 壬 癸
　　辰 巳 午 未 申 酉

丙甲出干 孝廉 取用印殺

● **丙甲出干 孝廉 取用印殺**(병갑출간 효염 취용인살) : 인성인 丙火와

칠살인 甲木이 월간과 시간에 투출되니 효염 벼슬을 역임할 수 있었다. 그러므로 인성과 칠살을 용신으로 삼아야 한다. 즉, 甲木은 관성이면서 억부용신이 되고 丙火는 인성이면서 조후용신이 되는 것이다.

❀ 用殺印格

60) 癸 戊 庚 丁
　亥 戌 戌 亥

　甲 乙 丙 丁 戊 己
　辰 巳 午 未 申 酉

庠生 殺印不足 大富不貴 守錢奴命造

● **庠生 殺印不足 大富不貴 守錢奴命造**(상생 살인부족 대부불귀 수전노명조) : 관살과 인성이 부족하여 상생에 머물렀다. 신왕하고 재왕하므로 大富者는 되었지만 大貴하지는 못했다. 이는 수전노(구두쇠) 명조다. 즉, 戊土일간이 戌월에 태어나고 사주가 燥濕한데 관성인 木이 없고 인성인 火가 약해 결국 상생에 머물렀다. 본 명조는 재운은 좋은데 관성과 인성과 조후가 약한 것이 흠이다. 신강재왕하면서 관성과 인성이 겸비되고 조후까지 겸한다

면 누가 뭐래도 大富貴格이다.

● 고전 간명 사례(심효첨-자평진전)

◈ 正官格

1) 戊 乙 壬 甲
　　寅 巳 申 申

　　戊 丁 丙 乙 甲 癸
　　寅 丑 子 亥 戌 酉

如薛相公命 壬印戊財 以乙隔之 水與土不相礙 故爲大貴

● **如薛相公命**(여설상공명) : 설상공의 명조를 예로 들면,

● **壬印戊財**(임인무재) : 인성인 임수와 재성인 무토가 있는데,

● **以乙隔之**(이을격지) : 戊와 壬 사이에 을이 가로 막고 있어

● **隔**(사이뜰 격/가릴 격)

● **水與土不相礙**(수여토불상애) : 水와 土가 서로 장애가 되지 않았다.

● **礙**(꺼릴 애) : 방해하다. 가로막다.

● **故爲大貴**(고위대귀) : 그러므로 대귀하다.

❀雜氣正官格

2) 乙 戊 丁 壬
　　卯 申 未 戌

　　癸 壬 辛 庚 己 戊
　　丑 子 亥 戌 酉 申

雜氣正官 透干會支 最爲貴格 而壬財丁印 二者相合 仍以孤官無輔
論 所以不上七品

- **雜氣正官**(잡기정관) : 이는 잡기정관격이다.
- **透干會支**(투간회지) : 정관 乙이 투출하여 지지에 卯未합목에 통근하고 있어
- **最爲貴格**(최위귀격) : 최고의 귀격이라 할 수 있다.
- **而壬財丁印二者相合**(이임재정인이자상합) : 그런데 재성인 壬水와 인성인 丁화가 서로 합을 한 상태다.
- **仍以孤官無輔論**(잉이고관무보론) : 이러함으로 인해 고관무보라 할 수 있다.
- **孤官無輔**(고관무보) : 재성과 인성이 없어 正官이 외롭게 된 것.
- **所以不上七品**(소이불상칠품) : 이런 까닭에 벼슬이 칠품 이상 오를 수 없었다.

◉正官格

3) 庚 丁 丁 乙
　　戌 未 亥 卯

　　辛 壬 癸 甲 乙 丙
　　巳 午 未 申 酉 戌

如金狀元命 此並用財印 無傷官而不雜殺 所謂去其忌而存其喜者也

- **如金狀元命**(여김장원명) : 김장원 명조를 예로 들면,
- **此並用財印**(차병용재인) : 이는 재성과 인성이 나란히 용신이 되는 사주다.
- **無傷官而不雜殺**(무상관이불잡살) : 상관이 없고 관살이 혼잡되지 않았으니,
- **所謂去其忌而存其喜者也**(소위거기기이존기희자야) : 이른바 기신은 제거되고 희신은 존재하는 형국이라고 할 수 있는 것이다.

◉正官格

4) 辛 壬 辛 己
　　亥 寅 未 卯

乙 丙　丁 戊 己　庚
丑 寅　卯 辰 巳　午

如宣參國命 未中己官透干 支會木局 兩辛解之 用淸 是遇傷而佩印也

- **如宣參國命**(여선참국명) : 선참국 명조를 예로 들면,
- **未中己官透干**(미중기관투간) : 未 중에 己가 官인데 년주에 투간되어 있고,
- **支會木局**(지회목국) : 지지에 亥卯未 木局을 이루었는데,
- **兩辛解之**(양신해지) : 두 개의 辛이 亥卯未木局을 풀었다.
- **用淸 是遇傷而佩印也**(용청 시우상이패인야) : 상관을 만났으나 인수 辛金이 지지에 木을 극하니 용신인 己土가 木으로부터 극을 받지 않아 맑아졌다.

✹正官格

5)　戊 甲 乙 庚
　　辰 子 酉 寅

　　辛 庚 己 戊 丁 丙
　　卯 寅 丑 子 亥 戌

李參政命 甲用酉官 庚金混雜 乙以合之 合殺留官 是雜殺而取清也

- **李參政命**(이참정명) : 이참정의 명조이다.
- **甲用酉官**(갑용관유) : 갑목이 유금을 정관으로 쓰는데,
- **庚金混雜**(경금혼잡) : 경금이 혼잡되어 있고,
- **乙以合之**(을이합지) : 을목이 그 경금과 합을 하니,
- **合殺留官**(합살유관) : 살은 합이 되고 정관은 남아 있으니,
- **是雜殺而取淸也**(시잡살이취청야) : 이는 살이 혼잡되었지만 종국 엔 맑게 되었다.

◈正官格

6) 丙 己 壬 丁
    寅 巳 寅 丑

    丙 丁 戊 己 庚 辛
    申 酉 戌 亥 子 丑

如范太傅命 支具己丑 會金傷官 丙丁解之 透壬豈非破格
却不知丙丁竝透 用一而足 以丁合壬而財去 以丙制傷而官淸
無情而愈有情 此正造化之妙 變幻無窮 焉得不貴

- **如范太傅命**(여범태부명) : 범태부 명조를 예로 들면,

- **支具巳丑.會金傷官**(지구기축회금상관) : 지지에 사축을 갖추고 있어 상관인 사유축금국을 이루었는데,

- **丙丁解之**(병정해지) : 병화정화가 금국을 극해서 그 합을 풀었다.

- **透壬豈非破格**(투임기비파격) : 壬수가 투출해서 丙丁을 극하니 어찌 파격이 아니겠는가.

- **却不知丙丁竝透**(각부지병정병투) : 그러나 그것은 병정이 나란히 투출되어 임수를 물리치는 것을 알지 못하는 것이다.

- **用一而足.以丁合壬而財去**(용일이족이정합임이재거) : 화기는 하나만 써도 족하다. 정임합을 하여 재성인 임수가 제거되고,

- **以丙制傷而官淸**(이병제상이관청) : 병화로써 상관을 제어하니 정관이 맑아졌다.

- **無情而愈有情**(무정이유유정) : 무정했는데 병이 나아서 유정해졌다.

- **此正造化之妙**(차정조화지묘) : 이것이 명조가 바르게 되는 묘미이다.

- **變幻無窮.焉得不貴**(변환무궁언득불귀) : 이토록 사주의 변화가 무궁무진한데 어찌 귀하지 않음을 얻었다고 실망하겠는가.

✿財格

7) 辛 庚 壬 壬
　　巳 辰 寅 寅

戊 丁 丙 乙 甲 癸
申 未 午 巳 辰 卯

如陽侍郞之命 透官身弱 則格壞矣

● **如陽侍郞之命**(여양시랑지명) : 양시랑의 명조를 예로 들면,
● **透官身弱 則格壞矣**(투관신약 즉격괴의) : 관이 투출되었는데 신약
   하면 격국이 무너진다.

◉財格

8) 壬 辛 辛 甲
   辰 酉 未 子

   丁 丙 乙 甲 癸 壬
   丑 子 亥 戌 酉 申

如汪學士命 甲透未庫 逢辛爲劫 壬以化劫生財

● **如汪學士命**(여왕학사명) : 왕학사 명조를 예로 들면,
● **甲透未庫 逢辛爲劫**(갑투미고 봉신위겁) : 甲木이 투출하여 木의
   庫인 未에 통근하였는데 월간에 辛을 만나 재를 겁탈당하고 있

는데,

- **壬以化劫生財**(임이화겁생재) : 壬水로서 비겁의 기운을 설기시키
  고 재를 생조하니 전화위복이 되었다.

◎財格

9) 戊 甲 庚 乙
　　辰 午 辰 酉

甲 乙 丙 丁 戊 己
戌 亥 子 丑 寅 卯

如毛壯元命 有財帶七殺者 惑合殺存財 惑制殺生財 皆貴格也 此命
合殺存財也

- **如毛壯元命**(여모장원명) : 모장원 명조를 예로 들면,
- **有財帶七殺者**(유재대칠살자) : 재격에 대찬칠살이 있는 경우,
- **惑合殺存財**(혹합살존재) : 혹, 殺과 합하여 財를 존속시키거나
- **惑制殺生財**(혹제살생재) : 혹, 살을 제어하고 財를 생조한다면,
- **皆貴格也**(개귀격야) : 이 모두가 귀격이 되는 것이다.
- **此命合殺存財也**(차명합살존재야) : 이 명조는 겁재인 乙木이 財
  星인 戊土를 剋하는 상황인데 칠살인 庚金이 乙木을 合去하여

財星인 戊土를 존속시킨 예이다.

◉財格

10) 甲 戊 戊 庚
　　寅 寅 子 辰

　　甲 癸 壬 辛 庚 己
　　午 巳 辰 卯 寅 丑

如李御史命 制殺生財也

● **如李御史命 制殺生財也**(여이어사명 제살생재야) : 이어사의 명조인
데 食神庚金이 七殺인 甲木을 제어하고 財星인 子水를 생조하는
예이다.

◉財格

11) 乙 己 丁 乙
　　亥 亥 亥 丑

　　辛 壬 癸 甲 乙 丙

巳　午　未申　酉　戌

如趙侍郎命 化殺而卽以解凍 又不露財以雜其印 所以貴也

若財用殺印而印獨 財殺竝透 非特不貴亦不富也

● **如趙侍郎命**(여조시랑명) : 조시랑의 명조를 예로 들면,

● **化殺而卽以解凍**(화살이즉이해동) : 인성인 丁火가 칠살인 乙木으
　　로부터 생조를 받아 丁火의 氣가 강해지니 능히 亥월의 언 땅을
　　해동시킬 수 있고,

● **又不露財以雜其印**(우불로재이잡기인) : 또한 財星인 水가 천간에
　　노출되어 있지 않아 인성인 丁火가 손상되지 않는다.

● **所以貴也**(소이귀야) : 이런 까닭에 귀한 것이다.

● **若財用殺印而印獨 財殺竝透**(약재용살인이인독 재살병투) : 재격에
　　서는 칠살과 인성을 함께 써야 좋은데 사주에 칠살은 없고 인성
　　만 홀로 투출되어 있거나 재살이 나란히 투간되어 있다면,

● **非特不貴亦不富也**(비특불귀역불부야) : 특별하지도 않으며 귀하지
　　도 않고 또한 부유하지도 못하다.

◉**財格**

12) 庚　丙　甲　乙
　　　寅　申　申　未

戊 己 庚 辛 壬 癸

寅 卯 辰 巳 午 未

如曾參政之命 有財格佩印者 蓋孤財不貴 佩印幫身 卽以取貴

● **如曾參政之命**(여증참정지명) : 증참정의 명조를 예로 들면,

● **有財格佩印者**(유재격패인자) : 재격에 인수가 있을 때,

● **蓋孤財不貴**(개고재불귀) : 대개는 재성이 외로우면 귀하지 못하다.

● **佩印幫身 卽以取貴**(패인방신 즉이취귀) : 그러나 인수가 있어 기신
  을 도우면 귀하게 된다.

❀ **財格**

13) 辛 庚 己 乙

   巳 寅 卯 未

   癸 甲 乙 丙 丁 戊

   酉 戌 亥 子 丑 寅

然財印不宜相竝 乙與己兩不相能. 小富而已 卽有好處

● **然財印不宜相竝**(연재인불의상병) : 그런데 財星과 印星이 서로 나

란히 붙어 있는 것은 마땅치 않다.

● **乙與己兩不相能**(을여기양불상능) : 본 명조에서는 乙木과 己土둘이 붙어 있어 서로 능력을 발휘할 수가 없다.

● **小富而已**(소부이이) : 이런 까닭에 큰 부자는 못 되고 작은 부자가 되었다.

● **卽有好處**(즉유호처) : 즉, 인성과 재성은 서로 좋은 위치에 있어야 되는 것이다.

❀食神格

食神本屬洩氣 以其能生正財 所以喜之 故食神生財 美格也
財要有根 不必偏正疊出 如身强食旺而財透 大貴之格

● **食神本屬洩氣**(식신본속설기) : 식신은 본래 설기하는 오행에 속한다.

● **以其能生正財 所以喜之**(이기능생정재 소이희지) : 능히 정재를 생조하는 까닭에 식신을 기뻐한다.

● **故食神生財 美格也**(고식신생재.미격야) : 그러므로 식신생재가 되면 미려한 격국이 된다.

● **財要有根**(재요유근) : 재성은 뿌리가 있는 것을 요한다.

● **不必偏正疊出**(불필편정첩출) : 정편재가 중첩해서 투출할 필요는 없다.

● **如身强食旺而財透 大貴之格**(여신강식왕이재투 대귀지격) : 만약에

신강하면서 식신이 왕하고 재성까지 투출했다면 대귀격이다.

◎食神格

14) 癸　癸　癸　丁
　　丑　亥　卯　未

　　丁　戊　己　庚　辛　壬
　　酉　戌　亥　子　丑　寅

如梁丞相之命(식신격인 양승상의 명조이다.)
身旺한데 食神이 亥卯未合木局을 이루어 旺하고 財星인 丁火까지
투출되어 未土에 통근하니 대귀격이다.

◎食神格

15) 庚　戊　壬　己
　　申　子　申　未

　　丙　丁　戊　己　庚　辛
　　寅　卯　辰　巳　午　未

如謝閣老之命(식신격인 사각로의 명조이다.)

戊土가 年柱 己未로부터 방조를 받아 약하지 않고 月支에 食神은 時柱庚申으로 부터 방조를 받아 旺하고 月干에 壬水財星은 日支子水에 통근하여 힘이 왕성하니 대귀격이다.

✺食神格

16) 甲 癸 癸 丁
　　寅 卯 卯 亥

　　丁 戊 己 庚 辛 壬
　　酉 戌 亥 子 丑 寅

如沈路分命 藏食露傷 主人性剛

● **如沈路分命**(여심로분명) : 심로분의 명조를 예로 들면,
● **藏食露傷**(장식로상) : 식신이 지지에 있고 상관이 투출해 있으면,
● **主人性剛**(주인성강) : 주로 인성이 강직하다.

✺食神格

17) 丙 癸 丁 甲
　　辰 丑 卯 午

　　癸 壬 辛 庚 己 戊
　　酉 申 未 午 巳 辰

此命偏正疊出 富貴不巨

● **此命偏正疊出**(차명편정첩출) : 이 명조는 식신, 상관, 정재, 편재,
　정관, 편관이 중첩해서 투출돼 있어,
● **富貴不巨**(부귀불거) : 富와 貴가 크지 않았다.

◎**食神格**

18) 丙 甲 己 己
　　寅 寅 巳 未

　　癸 甲 乙 丙 丁 戊
　　亥 子 丑 寅 卯 辰

如黃都督命 夏木用財 火炎土燥 貴多就武

● **如黃都督命**(여황도독명) : 황도독의 명조를 예로 들면,

● **夏木用財 火炎土燥**(하목용재 화염토조) : 여름 나무로서 火가 치열하고 土가 조열하므로 財星이고 濕土인 己土를 용신으로 써야 한다.

● **貴多就武**(귀다취무) : 본 명조의 주인공은 武官으로 진출해 평생 많은 貴福을 누렸다.

◉食神格

19) 己 癸 辛 辛
　　未 酉 卯 卯

　　乙 丙 丁 戊 己 庚
　　酉 戌 亥 子 丑 寅

如常國公命 若不用財而就殺印 最爲威權顯赫

● **如常國公命**(여상국공명) : 상국공의 명조를 예로 들면,

● **若不用財而就殺印**(약불용재이취살인) : 만약 사주에 財가 없어 쓰지는 못하고 다만 칠살과 인성이 있는 경우에 그 칠살과 인성을 취한다면,

● **最爲威權顯赫**(최위위권현혁) : 본 명조의 주인공처럼 지위와 권세

가 최고로 혁혁할 것이다.

◎ 食神格

20) 戊 丙 壬 戊
    戌 子 戌 戌

    戊 丁 丙 乙 甲 癸
    辰 卯 寅 丑 子 亥

如胡會元命 若無印綬而單露偏官 只要無財 亦爲貴格

- **如胡會元命**(여호회원명) : 호회원의 명조를 예로 들면,
- **若無印綬而單露偏官**(약무인수이단로편관) : 만약에 인수가 없고 편
  관만이 홀로 투출되었다면,
- **只要無財.亦爲貴格**(지요무재 역위귀격) : 다만 중요하게 여기는 것
  은 재가 없어야 또한 귀격이 되는 것이다.

◎ 食神格

21) 丁 辛 壬 丁
    酉 巳 子 亥

丙　丁　戊　己　庚　辛
午　未　申　酉　戌　亥

如舒尙書命　若金水食神而用殺　貴而且秀

- **如舒尙書命**(여서상서명) : 서상서의 명조를 예로 들면,
- **若金水食神而用殺**(약금수식신이용살) : 만약 위 명조처럼 금수식
  신격에 칠살을 쓴다면,
- **貴而且秀**(귀이차수) : 귀하게 되고 또한 총명하게 된다.

◉**食神格**

22)　丙　甲　癸　丙
　　　寅　子　巳　午

　　　己　戊　丁　丙　乙　甲
　　　亥　戌　酉　申　未　午

如錢參政命　至於食神忌印　夏火太炎而木焦　透印不碍

- **如錢參政命**(여전참정명) : 전참정의 명조를 예로 들면,
- **至於食神忌印**(지어식신기인) : 食神格엔 印綬가 忌神인데,

● **夏火太炎而木焦 透印不碍**(하화태염이목초 투인불애) : 본 명조와 같이 여름의 火가 치열하여 초목이 다 타버릴 기세에는 비록 인수인 癸水가 투출하여도 결코 장애가 되지 않는다.

● **포인트**

食神忌官 金水不忌 卽金水傷官可見官之謂

至若單用食神 作食神有氣 有財運則富 無財運則貧

更有印來奪食 透財以解 亦有富貴 須就其全局之勢而斷之.

至於食神而官殺竸出 亦可成局 但不甚貴耳

● **食神忌官 金水不忌**(식신기관 금수불기) : 식신격은 관을 꺼리지만 금수상관격은 관을 꺼리지 않는다.

● **卽金水傷官可見官之謂**(즉금수상관가견관지위) : 즉, 금수상관격에서는 관을 보는 것이 옳다고 할 수 있다.

● **至若單用食神**(지어단용식신) : 만약 단독으로 식신을 쓰는 경우엔,

● **作食神有氣**(작식신유기) : 식신이 유기적이어야 하고,

● **有財運則富 無財運則貧**(유재운즉부 무재운즉빈) : 대운 방향으로 흐르는 재성이 있다면 부유하게 되고 대운 방향으로 흐르는 재성이 없다면 가난하게 된다.

● **更有印來奪食 透財以解 亦有富貴**(갱유인래탈식 투재이해 역유부귀) : 인수가 식신의 氣를 빼앗으려 할 때 투출된 재성이 다시 이를 해소하면 이 또한 부귀하다.

- **須就其全局之勢而斷之**(수취기전국지세이단지) : 반드시 전국의 기세를 보고 그러한 것들을 판단해야 한다.
- **至於食神而官殺競出**(지어식신이관살경출) : 식신격에 관살이 경쟁하듯 투출되어 있다면,
- **亦可成局 但不甚貴耳**(역가성국 단불심귀이) : 이 또한 국을 이룰 수는 있다. 하지만 매우 귀하지는 않다.

◈食神格

23) 乙 己 辛 癸
　　 亥 卯 酉 酉

　　 乙 丙 丁 戊 己 庚
　　 卯 辰 巳 午 未 申

如劉提台命 至於食神透殺 本忌見財 而財先殺後 食以間之
而財不能黨殺 亦可就貴

- **如劉提台命**(여유제태명) : 유제태의 명조를 예로 들면,
- **至於食神透殺 本忌見財**(지어식신투살 본기견재) : 식신격에 칠살이 투출되었다면 본래 재성 보기를 꺼린다.
- **而財先殺後 食以間之**(이재선살후 식이간지) : 그러나 재성이 앞에

있고 칠살이 뒤에 있는데 그 사이에 식신이 있다면,

● **而財不能黨殺 亦可就貴**(이재불능당살 역가취귀) : 재가 칠살을 생
조하는 것이 불가능하므로 이 또한 귀하게 된다.

◉傷官格

24) 乙 庚 壬 壬
　　卯 午 子 申

　　戊 丁 丙 乙 甲 癸
　　午 巳 辰 卯 寅 丑

如葛參政命 豈非財露 惟其生官 所以不忌也

● **如葛參政命**(여갈참정명) : 갈참정의 명조를 예로 들면.

● **豈非財露**(기비재로) : 재가 천간에 분명히 투출되어 있는데 어찌
재가 노출된 것이 아니라고 하겠는가.

● **惟其生官**(유기생관) : 생각하건대 재성이 관성을 생조하니 관성이
힘을 얻어 비겁을 제어하는 묘미가 있다.

● **所以不忌也**(소이불기야) : 이런 까닭에 비겁이 있다 해도 꺼리지
않는 것이다.

◈傷官格

25) 戊 辛 乙 甲
　　子 未 亥 子

　　辛 庚 己 戊 丁 丙
　　巳 辰 卯 寅 丑 子

如羅狀元命 干頭之甲 通根於亥 然又會未成局 化水爲木 化之生財
尤爲有情 所以傷官生財 冬金不貴 以凍水不能生木 若乃連水化木
不待於生 安得不爲狀元乎

● **如羅狀元命**(여나장원명) : 나장원의 명조를 예로 들면,
● **干頭之甲 通根於亥**(간두지갑 통근어해) : 년간에 甲木이 투출되어
　월지 亥에 통근하고 있다.
● **然又會未成局**(연우회미성국) : 그런데 또 亥未가 모여 국을 이루니,
● **化水爲木 化之生財**(화수위목 화지생재) : 水가 변화되어 木이 되었
　고 財를 생조하는 상관이 木으로 변화되었으니,
● **尤爲有情**(우위유정) : 더욱 유정하게 되었다.
● **所以傷官生財**(소이상관생재) : 이런 연유로 상관생재가 되었으나,
● **冬金不貴 以凍水不能生木**(동금불귀 이동수불능생목) : 겨울의 金은
　귀하지 못한데 그것은 겨울 물은 결빙되었기 때문에 木을 생조

하는 것이 불가능하기 때문이다.

- **若乃連水化木 不待於生**(약내연수화목 불대어생) : 만약에 연이어
  水가 변화하여 木이 되고 생조를 기다리지 않는다면

- **安得不爲壯元乎**(안득불위장원호) : 어찌 장원이 되지 못하겠는가?

◎ **傷官格**

26) 庚 丙 丁 己
　　寅 寅 丑 卯

　　辛 壬 癸 甲 乙 丙
　　未 申 酉 戌 亥 子

如秦龍圖命 己與庚同根月令是也
至於財傷有情 與化傷爲財者 其秀氣不相上下

- **如秦龍圖命**(여진룡도명) : 진룡도의 명조를 예로 들면,

- **己與庚同根月令是也**(기여경동근월령시야) : 己土와 庚金이 모두 월
  령에 통근하고 있다.

- **至於財傷有情**(지어재상유정) : 財와 상관이 유정한 것과,

- **與化傷爲財者**(여화상위재자) : 상관이 財로 변화된 것은

- **其秀氣不相上下**(기수기불상상하) : 그 빼어난 氣는 서로 上下 구별

이 없다.

◉傷官格

27) 壬 甲 丙 壬
   申 午 午 申

   壬 辛 庚 己 戊 丁
   子 亥 戌 酉 申 未

如羅平章命 傷官旺 印根深 身又弱 又是夏木逢潤 其秀百倍
所以爲一品之貴 然印旺根深 不必多見 偏正疊出 反爲不秀
故傷輕身重而印綬多見 貧窮之格也

- **如羅平章命**(여나평장명) : 나평장의 명조를 예로 들면,
- **傷官旺 印根深身又弱**(상관왕 인근심신우약) : 상관이 왕하고 인수
  의 뿌리가 깊으며 기신 또한 약하다.
- **又是夏木逢潤 其秀百倍**(우시하목봉윤 기수백배) : 또한 여름 나무
  인 甲木이 壬水를 만났으니 그 빼어남이 백배에 이른다.
- **所以爲一品之貴**(소이위일품지귀) : 이런 까닭에 일품의 귀를 누렸다.
- **然印旺根深 不必多見**(연인왕근심 不必多見) : 그런데 인수가 왕하고
  뿌리가 깊은데 인수가 많은 것은 오히려 불필요한 것이다.

- **偏正疊出 反爲不秀**(편정첩출 반위불수) : 편인이나 정인이 중첩되어 투출되면 오히려 빼어나지 못하다.
- **故傷輕身重而印綬多見 貧窮之格也**(고상경신중이인수다견 빈궁지격야) : 그러므로 상관은 경미하고 기신은 강한데 인수가 많으면 오히려 빈궁격이 된다.

◎ 傷官格

28) 壬 戊 己 丁
　　子 子 酉 酉

　　癸 甲 乙 丙 丁 戊
　　卯 辰 巳 午 未 申

如都統制命 財太重而帶印 而丁與壬隔以戊己 兩不相碍
且金水多而覺寒 得火融和

- **如都統制命**(여도통제명) : 도통제의 명조를 예로 들면,
- **財太重而帶印**(재태중이대인) : 재가 태중한데 년간에 인수가 있고,
- **而丁與壬隔以戊己 兩不相碍**(이정여임격이무기 양불상애) : 그리고 丁과 壬 사이에 戊己가 있는데 서로에게 장애가 되지 않는다.
- **且金水多而覺寒 得火融和**(차금수다이각한 득화융화) : 또한 사주에

金水가 많아 한랭한데 火를 얻어 융화가 되었다.

❀傷官格

29) 丁　戊　己　壬
　　巳　午　酉　戌

　　乙　甲　癸　壬　辛　庚
　　卯　寅　丑　子　亥　戌

又如一丞相命 印太重而帶財 亦隔戊己 而丁與壬不相碍
反是則財印不竝用而不秀矣.

● **又如一丞相命**(우여일승상명) : 또 어느 한 승상의 명조를 예로 들면,
● **印太重而帶財**(인태중이대재) : 인수가 태중하고 년간에 재가 있는데,
● **亦隔戊己 而丁與壬不相碍**(역격무기 이정여임불상애) : 또 財와 印綬 사이에 戊己가 있는데 丁과 壬이 서로 장애가 되지 않았다.
● **反是則財印不竝用而不秀矣**(반시즉재인불병용이불수의) : 오히려 재성과 인수가 어깨를 나란히 하고 있으면 함께 쓰지도 못할 뿐더러 그 氣가 빼어나지도 못하다.

◎ 傷官格

30) 丙 庚 丙 己
　　子 子 子 未

　　壬 辛 庚 己 戊 丁
　　午 巳 辰 卯 寅 丑

如蔡貴妃命 有傷官用殺印者 傷多身弱 賴殺生印以幇身而制傷

- **如蔡貴妃命**(여채귀비명) : 채귀비의 명조를 예로 들면,
- **有傷官用殺印者**(유상관용살인자) : 상관격에 칠살과 인수를 쓰는 경우,
- **傷多身弱**(상다신약) : 상관이 많고 기신이 약하면,
- **賴殺生印以幇身而制傷**(뢰살생인이방신이제상) : 칠살이 생조한인수 의 도움에 의지하고 그리고 인수는 상관을 제어한다.

◎ 傷官格

31) 壬 丙 丁 壬
　　辰 寅 未 寅

癸 壬 辛 庚 己 戊
丑 子 亥 戌 酉 申

如夏閣老命 殺因傷而有制 兩碍其矣宜 只要無財 便爲貴格

- **如夏閣老命**(여하각로명) : 하각로의 명조를 예로 들면,
- **殺因傷而有制**(살인상이유제) : 칠살은 상관으로부터 제어를 당하고,
- **兩得其宜**(양득기의) : 칠 살과 인수 둘을 얻었으니 그것은 살인상생이 마땅하다.
- **只要無財 便爲貴格**(지요무재 변위귀격) : 다만 인수를 용신으로 쓸 때는 재성이 없는 것을 요하는데 본 명조 또한 재성이 없으니 귀격이 된다.

◉**傷官格**

32) 丁 庚 甲 戊
丑 午 子 申

庚 己 戊 丁 丙 乙
午 巳 辰 卯 寅 丑

如丞相之命 藏癸露丁 戊甲爲輔 官又得祿 所以爲丞相之格

若孤官無輔 惑官傷竝透 則發福不大矣

- **如丞相之命**(여승상지명) : 승상의 명조를 예로 들면,
- **藏癸露丁**(장계로정) : 癸水는 지장간에 있고 丁화는 천간에 투출되어 있다.
- **戊甲爲輔 官又得祿**(무갑위보 관우득록) : 戊土와 甲木이 정관인 丁火를 보좌하고 또한 정관인 丁火는 일지에 록을 얻었다.
- **所以爲丞相之格**(소이위승상지격) : 이런 까닭에 승상격이 되었다.
- **若孤官無輔**(약고관무보) : 만약에 보필하는 이 없는 외로운 관이거나,
- **惑官傷竝透**(혹관상병투) : 혹은 상관정관이 나란히 천간에 투출되었다면,
- **則發福不大矣**(즉발복불대의) : 발복이 크지 않았다. 즉, 크게 발복하지 못했을 것이다.

◎傷官格

33) 己 辛 己 戊

　　亥 未 亥 申

乙 甲 癸 壬 辛 庚
巳 辰 卯 寅 丑 子

如鄭丞相命 若冬金用官 而又化傷爲財 則尤爲極秀極貴

- **如鄭丞相命**(여정승상명) : 정승상의 명조를 예로 들면,
- **若冬金用官**(약동금용관) : 만약 겨울에 金일간이 정관을 쓰는데,
- **而又化傷爲財**(이우화상위재) : 상관이 합화하여 財星이 되었다면,
- **則尤爲極秀極貴**(즉우위극수극귀) : 더욱 더 빼어남이 극에 이르게 되고 귀함도 극에 이르게 된다.

◉傷官格

34) 辛 己 壬 甲
　　未 亥 申 子

　　戊 丁 丙 乙 甲 癸
　　寅 丑 子 亥 戌 酉

如章丞相命 然亦有非金水而見官 何也 化傷爲財 傷非其傷 作財旺
生官
而不作傷官見官

● **如章丞相命**(여장승상명) : 장승상의 명조를 예로 들면,

● **然亦有非金水而見官何也**(연역유비금수이견관하야) : 그런데 또한 금수상관격이 아니면서 정관을 쓰는 경우가 있는데 어떤 경우인가?

● **化傷爲財傷非其傷**(화상위재상비기상) : 상관이 합화하여 재가 되면 상관은 木으로 변하기 전에 그러한 상관이 아니다.

● **作財旺生官**(작재왕생관) : 상관이 合化해서 財가 되면 財가 왕성해지고 관성을 생조할 뿐이지,

● **而不作傷官見官**(이부작상관견관) : 상관견관이 된 것이라고 할 수 없다.

● **傷官見官**(상관견관) : 상관이 정관을 충극하므로 대흉하다.

◉印綬格

35) 辛 壬 丙 辛
　　亥 申 申 酉

　　庚 辛 壬 癸 甲 乙
　　寅 卯 辰 巳 午 未

如汪侍郞命 若印輕財重 又無劫財以救 則爲會財破印 貧賤之局也

- **如汪侍郎命**(여왕시랑명) : 왕시랑의 명조를 예로 들면,
- **若印輕財重**(약인경재중) : 만약 인성은 경미한데 재성이 중하고,
- **又無劫財以救**(우무겁재이구) : 또 한 겁재가 인성을 구원함이 없다면,
- **則爲貪財破印 貧賤之局也**(즉위식재파인 빈천지국야) : 즉, 재를 탐내어 인성을 파하니 결국 빈천한 격국이 된다.
- **貪財破印**(탐재파인) : 재를 탐하여 인성을 파손함.

❁印綬格

36) 壬 丁 己 乙
　　寅 酉 卯 亥

　　癸 甲 乙 丙 丁 戊
　　酉 戌 亥 子 丑 寅

如臨淮侯命 己爲乙制 己不碍官也

- **如臨淮侯命**(여임회후명) : 임회후의 명조를 예로 들면,
- **己爲乙制 己不碍官也**(기위을제 기불애관야) : 己土가 乙木으로부터 제어를 당하고 있어 정관이 己土로부터 장애가 되지 않았다. 즉, 정관인 壬水가 己土로부터 극을 받지 않아 보존되니 吉하게 되었다.

◎印綬格

37) 己 丙 乙 戊
　　　亥 午 卯 戌

　　　辛 庚 己 戊 丁 丙
　　　酉 申 未 午 巳 辰

如李狀元命 若印淺身輕 而用層層傷食 則寒貧之局矣

● **如李狀元命**(여이장원명) : 이장원의 명조를 예로 들면,
● **若印淺身輕**(약인천신경) : 인수가 약하고 기신도 약한데
● **而用層層傷食**(이용층층상식) : 식신과 상관이 층층이 있다면,
● **則寒貧之局矣**(즉빈한지국의) : 즉, 빈한한 격국이 된다.

◎印綬格

38) 壬 辛 戊 丙
　　　辰 未 戌 戌

　　　甲 癸 壬 辛 庚 己
　　　辰 卯 寅 丑 子 亥

如朱尙書命 壬爲戊制 不傷官也

● **如朱尙書命**(여주상서명) : 주상서 명조의 예이다.

● **壬爲戊制 不傷官也**(임위무제 불상관야) : 壬수가 戊土로부터 제어를 당해 정관을 손상시키지 못하니 官운이 吉하다.

◉ 印綬格

39) 庚 己 辛 乙
　　午 巳 巳 丑

　　乙 丙 丁 戊 己 庚
　　亥 子 丑 寅 卯 辰

如孫布政命 有用殺而兼帶傷食者 則用殺而有制 生身而有洩
不論身旺印重 皆爲貴格

● **如孫布政命**(여손포정명) : 손포정 명조의 예이다.

● **有用殺而兼帶傷食者**(유용살이겸대상식자) : 인수격에서 칠살을 쓸 때 식신과 상관을 겸비했다면

● **則用殺而有制**(즉용살이유제) : 즉, 칠살을 쓸 때 왕한 칠살을 제어하는 기능이 있다.

- **生身而有洩**(생신이유설) : 인수가 기신을 생조하면 기신이 너무 왕해지는 경우가 있는데 식신상관은 그 왕한 기신을 설기하는 기능도 있다.
- **不論身旺印重 皆爲貴格.**(불론신왕인중 개위귀격) : 이런 경우 기신 이 왕하고 인수가 중첩된 것을 불논하고 모두 귀격이 된다.

◈陽刃格

40) 丙 壬 丙 己
　　午 寅 子 酉

　　庚 辛 壬 癸 甲 乙
　　午 未 申 酉 戌 亥

如丞相命 官透有力 旺財生之

- **如丞相命**(여승상명) : 승상의 명조를 예로 들면,
- **官透有力**(관투유력) : 정관 己土가 년간에 투출되었는데 힘이 있고,
- **旺財生之**(왕재생지) : 왕성한 財星인 丙火가 正官己土를 생조하니 대귀하다. 그러므로 승상이 되었다.

⊛陽刃格

41) 壬 丙 甲 辛
　　辰 申 午 丑

戊 己 庚 辛 壬 癸
子 丑 寅 卯 辰 巳

亦丞相命 透殺根淺 財星助之

- **亦丞相命**(역승상명) : 이 또한 승상의 명조이다,
- **透殺根淺**(투살근천) : 정관 壬水가 時干에 투출되었으나 그 근원
  지가 얕은데,
- **財星助之**(재성조지) : 財星인 金이 官星인 壬水를 생조하고 있다.
  이러한 까닭에 승상이 되었다.

⊛陽刃格

42) 戊 庚 癸 甲
　　寅 寅 酉 午

己 戊 丁 丙 乙 甲

卯　寅　丑　子　亥　戌

如穆同知命 癸水傷寅午之官 而戊以合之 所謂印護也

- **如穆同知命**(여목동지명) : 목동지 명조의 예이다.
- **癸水傷寅午之官**(계수상인오지관) : 癸水가 寅午의 正官을 손상시키는 형국인데,
- **而戊以合之**(이무이합지) : 戊土로서 癸水를 합거하니
- **所謂印護**也(소위인호야) : 이른바 인성이 官을 보호한 것이다.

◉陽刃格

43) 甲　戊　庚　甲
　　　寅　申　午　寅

　　丙　乙　甲　癸　壬　辛
　　子　亥　戌　酉　申　未

如賈平章命 殺兩透而根太重 食以制之 所謂裁損也

- **如賈平章命**(여가평장명) : 가평장 명조의 예이다.
- **殺兩透而根太重**(살양투이근태중) : 칠살이 두 개나 투간되었고 뿌

리마저 태중한데

- **食以制之**(식이제지) : 식신으로서 칠살을 제어하니
- **所謂裁損也**(소위재손야) : 이른바 식신이 칠살을 조탁(彫琢)한 것이다.
- **彫琢**(새길 조, 쫄 탁) : 工作物이나 文章 등을 매끄럽게 다듬는 것.
- **裁損**(마를 재, 덜 손) : 의류나 工作物 등을 원하는 대로 자르거나 붙이거나 다듬는 것.

陽刃格

44) 壬　庚　丁　丙
　　　午　申　酉　戌

　　　癸　壬　辛　庚　己　戊
　　　卯　寅　丑　子　亥　戌

又如 官殺競出 而壬合丁官 殺純而不雜 況陽刃之格 利於留殺
所謂取淸也

- **又如**(우여) : 또 예를 들면,
- **官殺競出**(관살경출) : 관살이 경쟁하듯 나란히 천간에 투출되어 있고,

● **而壬合丁官**(이임합정관) : 食神인 壬水와 正官인 丁火가 합거하니,

● **殺純而不雜**(살신이불잡) : 칠살이 혼잡되지 않고 홀로 순수했다.

● **況陽刃之格. 利於留殺**(황양인지격 이어류살) : 양인격에서는 正官을 제거하고 칠살을 남기는 것이 유리한 상황이니,

● **所謂取淸也**(소위취청야) : 이른바 정관을 버리고 칠살을 취함으로써 양인격이 맑아진 것이다.

◈ **七殺格**

45) 辛 壬 戊 丙
　　丑 戌 戌 寅

甲 癸 壬 辛 庚 己
辰 卯 寅 丑 子 亥

如何參政命 戊與辛同通月令 是殺印有情也

● **如何參政命**(여하참정명) : 하참정 명조의 예이다.

● **戊與辛同通月令**(무여신동통월령) : 戊土와 辛金이 동시에 칠살인 월령에 통근하니,

● **是殺印有情也**(시살인유정야) : 이에 칠살과 인수가 유정하게 되었다.

❀ 七殺格

46) 庚 丁 甲 戊
　　戊 未 子 戌

庚 己 戊 丁 丙 乙
午 巳 辰 卯 寅 丑

如周丞相命 戊被甲制 不能伏殺 時透庚財 卽以淸食者生不足之殺
生殺卽以制殺 兩得其用 尤爲大貴

● **如周丞相命**(여주승상명) : 주승상 명조의 예이다.

● **戊被甲制 不能伏殺**(무피갑제 불능복살) : 戊土가 甲목으로부터 제
어를 당해 칠살을 무릎 꿇리는 것이 불가능하다.

● **時透庚財**(시투경재) : 時干에 庚金인 財가 투출되어,

● **卽以淸食者生不足之殺**(즉이청식자생부족지살) : 재성이 인수를 제
어해서 食傷이 맑아지고 氣가 부족한 칠살을 생조하니,

● **生殺卽以制殺**(생살즉이제살) : 칠살을 생조하는 것이 곧 칠살을
제어하는 것이므로,

● **兩得其用 尤爲大貴**(양득기용 우위대귀) : 그 재성을 써서 두 가지
를 얻으니 일거양득(一擧兩得)이 되어 더욱 대귀해졌다.

● **一擧兩得**(일거양득) : 하나를 움직여 둘을 얻다.

47) 庚 丙 乙 甲
　　寅 戌 亥 申

　　辛 庚 己 戊 丁 丙
　　巳 辰 卯 寅 丑 子

如劉運使命 有身重殺輕 殺又化印 用神不淸 而借財以淸格 亦爲貴格

● **如劉運使命**(여유운사명) : 유운사 명조의 예이다.
● **有身重殺輕**(유신중살경) : 기신은 강하고 칠살은 약한데
● **殺又化印.用神不淸**(살우화인.용신불청) : 또 인수가 칠살의 氣를 洩
　氣하니 용신이 맑지 못하다,
● **而借財以淸格 亦爲貴格**(이차재이청격 역위귀격) : 그러나 재성을 빌
　려 인성을 제어하고 칠살을 생조하니 격이 맑아졌다. 역시 귀격
　이다.

◈ 七殺格

有殺而雜官者 惑去官 惑去殺 取淸則貴
(유살이잡관자 혹거관 혹거살 취청즉귀)

칠살격에 관살이 혼합된 사주는 혹, 정관을 제거하거나 혹, 칠살을
제거하면 격이 맑아져서 귀하게 된다.

48) 庚 庚 丁 癸
　　辰 寅 巳 卯

　　辛 壬 癸 甲 乙 丙
　　亥 子 丑 寅 卯 辰

如岳統制命 去官留殺也 夫官爲貴氣 去官何如去殺 豈知月令偏官
殺爲用而官非用 各從其重 若官格雜殺而去官留殺 不能如是之淸矣

- **如岳統制命**(여악통제명) : 악통제 명조의 예이다.
- **去官留殺也**(거관류살야) : 정관은 제거되고 칠살은 남은 상황이다.
- **夫官爲貴氣**(부관위귀기) : 무릇 정관은 귀기가 되는데,
- **去官何如去殺**(거관하여거살) : 본 명조에서는 어찌 정관을 제거하
  고 칠살은 제거하지 않는가?
- **豈知月令偏官**(기지월령편관) : 그것은 월령이 편관이라는 것을 알
  아야 한다.
- **殺爲用而官非用**(살위용이관비용) : 본 명조에서 편관인 칠살은 용
  신이 되지만 정관은 용신이 안 되기 때문이다.
- **各從其重**(각종기중) : 각각 정관과 칠살 중에 중요한 것을 따라야

한다.

- **若官格雜殺而去官留殺**(약관격잡살이거관류살) : 만약에 정관격에 칠살이 혼잡되었을 때 정관을 제거하고 칠낧을 남긴다면,
- **不能如是之淸矣**(불능여시지청의) : 정관격이 맑아지는 것이 불가능하다. 그러므로 흉격이 된다.

◎ 七殺格

49) 辛 辛 甲 丙
　　卯 亥 午 子

庚 己 戊 丁 丙 乙
子 亥 戌 酉 申 未

如沈郞中命 子沖午而剋殺 是去殺留官也

- **如沈郞中命**(여심낭중명) : 심낭중 명조의 예이다.
- **子沖午而剋殺**(자충오이극살) : 子午沖으로 七殺을 沖剋하니
- **是去殺留官也**(시거살류관야) : 이에 칠살은 제거되고 정관은 남게 된 것이다.

❀七殺格

50) 戊 戊 甲 戊
　　午 寅 寅 辰

　　庚 己 戊 丁 丙 乙
　　申 未 午 巳 辰 卯

如趙員外命 有殺無食制而用印當者

● **如趙員外命**(여조원외명) : 조원외 명조의 예이다.
● **有殺無食制而用印當者**(유살무식제이용인당자) : 본 명조에서 칠살
　격에 칠살의 무리를 제어하는 食神인 庚申이 없다면 印綬인 午
　火를 써서 칠살 무리의 氣를 洩氣시키는 것이 당연한 것이다.

❀建祿月劫格

51) 丁 癸 戊 庚
　　巳 卯 子 午

　　甲 癸 壬 辛 庚 己
　　午 巳 辰 卯 寅 丑

如王少師命 有官而兼帶財印者 所謂身强値三奇 尤爲貴氣

三奇者 財官印也 只要以官隔之 使財印兩不相傷 其格便大.

- **如王少師命**(여왕소사명) : 왕소사 명조의 예이다.

- **有官而兼帶財印者**(유관이겸대재인자) : 건록격에 정관이 있으면서
  재성과 인성을 겸했다면,

- **所謂身强値三奇 尤爲貴氣**(소위신강치삼기 우위귀기) : 이른바 身强
  値三奇라 하여 더욱 귀기가 될 것이다.

- **身强値三奇**(신강치삼기) : 신강하면서 삼기까지 있음.

- **三奇**(삼기) : 財, 官, 印

- **三奇者.財官印也**(삼기자.재관인야) : 삼기라는 것은 재성, 관성, 인
  성을 말한다.

- **只要以官隔之**(지요이관격지) : 다만 삼기에서 요하는 것은 正官이
  財星과 印綬 사이에 있으면서,

- **使財印兩不相傷 其格便大**(사재인양불상상 기격편대) : 財와 印綬
  둘 다 서로 손상되지 않게 해야 그 격이 완벽하고 큰 것이다.

◈建祿月劫格

52) 壬 癸 丙 甲
     辰 丑 子 子

壬 辛 庚 己 戊 丁

午 巳 辰 卯 寅 丑

如張都統命 祿劫用財 須帶食傷 蓋月令爲劫而以財作用

二者相剋 必以傷食化之 始可轉劫生財

● **如張都統命**(여장도통명) : 장도통 명조의 예이다.

● **祿劫用財.須帶食傷**(록겁용재.수대식상) : 건록월겁격에 財를 쓰는
  경우에는 마땅히 식신이나 상관이 있어야 한다.

● **蓋月令爲劫而以財作用**(개월령위겁이이재작용) : 대개는 월령이 비
  겁이면서 財를 쓰는 경우에는,

● **二者相剋 必以傷食化之**(이자상극 필이상식화지) : 財와 劫財가 서
  로 충극하므로 반드시 食神이나 傷官으로서 비겁을 설기하고
  財星을 생조해야 한다.

● **始可轉劫生財**(시가전겁생재) : 처음에 비겁이 식상을 생조하고 다
  시 식상이 財星을 생조해야 옳게 되는 것이다.

⊛**建祿月劫格**

53) 辛 丁 己 甲

   丑 酉 巳 子

乙 甲 癸 壬 辛 庚

亥 戌 酉 申 未 午

至於化劫爲財 與化劫爲生 尤爲秀氣

丑與巳酉會 卽以劫財之火爲金局之財 安得不爲大貴

所謂化劫爲財也

- **至於化劫爲財**(지어화겁위재) : 겁재가 합화하여 財가 되거나,

- **與化劫爲生**(여화겁위생) : 겁재가 합화하여 겁재가 생하는 것으로 되면(즉, 식상으로 되면)

- **尤爲秀氣**(우위수기) : 더욱 빼어난 氣가 된다.

- **丑與巳酉會 卽以劫財之火爲金局之財**(축여사유회 즉이겁재지화위 금국지재) : 丑과 巳酉가 회국이 되니 즉, 겁재인 火가 金局인 財星이 되었다.

- **安得不爲大貴**(안득불위대귀) : 어찌 대귀하지 않음을 얻었다고 하겠는가?

- **所謂化劫爲財也**(소위화겁위재야) : 이른바 화겁위재라고 하는 것이다.

- **化劫爲財**(화겁위재) : 겁재가 합화하여 財星으로 변하는 것.

인생
사주학

54) 甲 庚 甲 庚
　　申 子 申 子

　　庚 己 戊 丁 丙 乙
　　寅 丑 子 亥 戌 酉

如高尙書命 卽以劫財之金 化爲生財之水 所謂化劫爲生也

- **如高尙書命**(여고상서명) : 고상서 명조의 예이다.
- **卽以劫財之金 化爲生財之水**(즉이겁재지금 화위생재지수) : 즉, 겁재인 金이 식상과 합화하여 財星인 甲木을 생조하는 水局이 되었다.
- **所謂化劫爲生也**(소위화겁위생야) : 이른바 화겁위생이 되니 대귀격이다.
- **化劫爲生**(화겁위생) : 비겁이 식상과 합화하여 식상이 됨.

⊛建祿月劫格

55) 己 癸 壬 丁
　　未 卯 子 巳

丙 丁 戊 己 庚 辛

午 未 申 酉 戌 亥

祿劫用殺 必須制伏 如婁參政命 壬合丁財以去其黨殺 卯未會局以制伏

● **祿劫用殺 必須制伏**(록겁용살 필수제복) : 건록월겁격에 칠살이 쓰인 경우에 반드시 제복해야 한다.

● **如婁參政命**(여누참정명) : 상기는 누참정 명조의 예이다.

● **壬合丁財以去其黨殺**(임합정재이거기당살) : 겁재인 壬水가 財星인 丁火와 合木이 되어 칠살의 무리를 제거하는 형국이고.

● **卯未會局以制伏**(묘미회국이제복) : 卯未會木局이 되어 칠살을 제복하고 있다. 그러므로 格局이 맑아졌다.

◈ **建祿月劫格**

56) 丙 壬 癸 戊

　　午 午 亥 辰

　　己 戊 丁 丙 乙 甲

　　巳 辰 卯 寅 丑 子

至用殺而又帶財 本爲不美 然能去殺存財 又成貴格

如袁內閣命 合殺存財

● **至用殺而又帶財 本爲不美**(지용살이우대재 본위불미) : 칠살이 쓰인
상황에서 또다시 財星이 있으면 본래 아름답지 못한 것이다.

● **然能去殺存財 又成貴格**(연능거살존재 우성귀격) : 그런데 칠살을 제
거하고 財를 남긴다면 이 또한 귀격이 이루어진다.

● **如袁內閣命 合殺存財**(여원내각명 합살존재) : 원내각 명조의 예인
데 칠살과 겁재는 합거되고 財는 남게 되니 귀격이다.

＠**建祿月劫格**

其祿劫之格 無財官而用傷食 洩氣太過 亦爲秀氣 唯春木秋金
用之則貴 蓋木逢火則明 金生水則靈

● **其祿劫之格**(기록겁지격) : 건록월겁격에서,

● **無財官而用傷食 洩氣太過 亦爲秀氣**(무재관이용상식 설기태과 역위
수기) : 財星이나 官星이 없으면 食傷을 써야 하는데 食傷이 그 太
過한 比劫의 氣를 설기한다면 역시 빼어난 氣가 된다.

● **唯春木秋金 用之則貴**(유춘목추금 용지즉귀) : 오직 春木엔 火를 쓰
고 秋金엔 水를 써야 곧 대귀해지는 것이다.

● **蓋木逢火則明 金生水則靈**(개목봉화즉명 금생수즉령) : 무릇 木은
火를 만나면 通明하게 되고 金은 水를 生하므로 인해 곧 靈通하

게 된다.

57) 丙 甲 丙 甲
　　寅 子 寅 子

　　壬 辛 庚 己 戊 丁
　　申 未 午 巳 辰 卯

如張狀元命 木火通明

● **如張狀元命**(여장장원명) : 장장원 명조의 예이다.
● **木火通明**(목화통명) : 목화통명이 되니 귀격이다.
● **木火通明**(나무 목, 불 화, 통할 통, 밝을 명) : 木은 火(태양빛)을 만나야
　빛과 통하고 광합성이 잘되어 발복한다는 뜻임.

◎**建祿月劫格**

58) 庚 庚 庚 癸
　　辰 子 申 卯

　　甲 乙 丙 丁 戊 己
　　寅 卯 辰 巳 午 未

金水相涵

● **金水相涵**(금수상함) : 금수상함이 되니 귀격이다.
● **金水相涵**(쇠 금, 물 수, 서로 상, 젖을 함) : 金은 水를 만나야 상생하게
되므로 발복한다는 뜻임.

✵**建祿月劫格**

更有祿劫而官殺競出 必取淸 方爲貴格

● **更有祿劫而官殺競出**(갱유록겁이관살경출) : 건록월겁격에 관살이
경쟁하듯 나란히 천간에 투출되면
● **必取淸 方爲貴格**(필취청 방위귀격) : 반드시 맑아져야 바야흐로 귀
격이 된다.

59) 乙 甲 庚 辛
　　亥 辰 寅 丑

　　甲 乙 丙 丁 戊 己
　　申 酉 戌 亥 子 丑

如一平章命 合殺留官也

● **如一平章命**(여일평장명) : 어느 평장 명조의 예이다.
● **合殺留官也**(합살류관야) : 겁재와 칠살이 합거되니 정관만 남았
다. 그러므로 대귀하다.

◎ **建祿月劫格**

60) 丙 甲 庚 辛
　　寅 申 寅 亥

　　甲 乙 丙 丁 戊 己
　　申 酉 戌 亥 子 丑

又一如 制殺留官

● **又一如**(우일여) : 또 하나의 예를 들면,
● **制殺留官**(제살류관) : 식신이 칠살을 제어하여 정관이 元氣를 회
복하니 대귀하다.

이 책은 명리학을 처음 배우는 초학자 및 명리학 강의를 하는 분들에게도 도움이 되도록 기초부터 고전(적천수, 궁통보감, 자평진전)에 있는 사주간명을 소개하고 또한 사주를 연구하는 분들께 조금이라도 도움을 드리려고 원문에 음독을 달아서 설명하였다.

기초 분야는 그동안 임상하면서 확인된 것과 구전되어 오는 이야기와 그리고 비전되어 오는 이론들을 총망라했다.

사주간명론에서는 고전에 있는 내용 중 참신한 것들만 엄선해서 소개했으니 사주를 간명하는 데 참조가 될 것이다. 그리고 될 수 있는 대로 원문에 가깝게 번역하려고 노력했다. 또한 필자가 직접 간명한 사람들의 사주도 함께 실었다.

무릇 사주의 근본 원리라 함은,

强則折 弱則曲(강즉절 약즉곡), 강한 것은 부러지고 약한 것은 휜다.
그러므로 강한 것은 부러지지 않게 해주어야 하며 약한 것은 휘지 않게 해주어야 한다.

多者損之 少者充之(다자손지 소자충지), 많은 것은 덜어내고 적은 것은 채워줘야 한다.

寒者溫之 熱者冷之(한자온지 열자냉지), 추운 것은 따듯하게 해 줘야 하고 더운 것은 식혀 줘야 한다.

나름대로 심혈을 기울여 이 책을 출간하는 바이니 부디 많은 역학도들이 이 명서를 읽고 조금이라도 도움이 된다면 그것만으로도 큰 영광이 될 것이다.

參考文獻

三命通會-萬育吾　　　命理探原-袁樹珊

滴天髓闡微-任鐵樵　　命譜-袁樹珊

子平眞詮-沈孝瞻　　　命理存驗-林庚白

淵海子平-徐升　　　　論衡-王允

窮通寶鑑-徐樂吾　　　中國古代算命述-姜玉珍

滴天髓補註-徐樂吾　　周易本義-朱喜

滴天髓輯要-陳素庵　　李虛中命書-李虛中

滴天髓輯要評註-李鐵筆　造化元鑰評註-徐樂吾

子平粹言-徐樂吾　　　太玄經-揚雄

神峰通考-張楠　　　　史記-司馬遷

千里命稿-韋千里　　　皇極經世書-邵康節

呱呱集-韋千里　　　　珞琭子三命消息賦諸家註-趙子澤

精選命理約言-韋千里　星平會海-武當山月金山人